KB186462

어디서 어떤 장사를 해야
돈을 벌까

왜 지금 다시 창업인가

'갈 만한 가치가 있는 곳이라면, 그곳이 어떤 곳이든 그곳에 가는 지름길은 없다.' 창업도 마찬가지다. 쉬운 지름길은 없다. 창업에 대해 차근차근 준비하면서 한 걸음씩 나아갈 때 비로소 돈을 버는 혜안이 생긴다.

지금 우리나라는 엄청난 소용돌이 속에서 신음하고 있다. 심지어 1997년 외환위기 때보다도 현재가 더 고통스럽다고 소상공인들은 이야기한다. 지금과 같은 불황기에는 성공 확률이 더 낮아질 수밖에 없다. 경기는 순환한다. 사이클에 따라서 불황과 호황이 주기적으로 교차되는 것이다. 지금은 불황의 늪으로 곤두박질치고 있는 것뿐이다.

2020년 10월 현재 우리나라뿐만 아니라 전 세계가 '코로나 19'라는 전염병으로 인해 유례없이 심각한 타격을 입고 있다. 하지만 이 어려움이 지나가면 다시 경제는 돌아갈 것이고, 여기에서도 성공하는 사람과 실패하는 사람으로 양분되어 나타날 것이다. 그 사이 마냥 손을 놓고 있을 것인가. 그럴 이유도, 필요도 없다. 기회는 예기치 못한 순간에 다가올 것이다. 즉시 창업시장에 뛰어들어야 한다. 창업시장 트렌드와 핵심 키워드에 맞추어서 재창업을 해야 한다. 그래도 창업이 '희망'이기 때문이다.

이 책을 마무리하고 머리말을 쓰고 있는 지금, 필자가 창업시장에 뛰어든지 어언 28년이 되었다. 강산이 세 번이나 바뀔 정도이건만 발전은커녕, 말 그대로 강산만 바뀌고 필자를 포함한 사람들의 삶은 뱅글뱅글 돌다 다시 예전의 자리로 돌아가곤 했던 세월같다. 혼자의 힘으로는 어찌할 수 없는 안타까움을 가지고 바라봐온 세월이기도 하다. 하지만 창업시장이나 상가시장이 아무리 암울해도 모두가 다시 일어설 수 있음을 필자는 여전히 믿고 있다. 다시금 책을 내기에 이른 것은 다름 아니라 '희망'이라는 끈 때문이다.

　이 책은 창업에 있어서의 필수사항인 업종별 핵심 키워드와 창업 성공 전략, 아이템 개발과 입지 선정 및 권리금 분석 이외에 부진 점포 진단과 그 대책에 이르기까지, 창업실무와 경영실무에 대해서 심도 있게 설명했다. 완벽한 창업과 경영실무 지침서가 되도록 심혈을 기울인 것이다.

　본서의 내용은 모두 땀방울과 눈물이 짙게 배어 있는 현장에서 이루어진 것이다. 창업 현장에서 그리고 주요 대학이나 언론사 및 공기관에서 주최한 창업 과정, 창업 전문가 과정, 프랜차이즈 전문가 과정, 외식산업 최고경영자 과정, 부동산 최고위 과정, 상권 분석 전문가 과정 등에서 숱하게 강의와 현장실습을 진행하고 컨설팅하면서, 느끼고 깨달은 내용을 중심으로 썼다. 사실, 심지어 생사고락마저 함께하며 이 길을 걸어온 지가 28년이나 되는데도 이루어 놓은 일이 별로 없다는 자괴감이 집필의 단초가 되기도 했다.

　아울러 8권에 이르는 졸저를 애독하여 주신 독자 여러분과 예비 창업자에게 '창업 성공'이라는 희망의 메시지를 드리기 위한 충정으로 이 책을 집필하게 되었음을 헤아려주기 바라는 마음이 크다.

　여러분은 나열되어 있는 지식들을 습득하기보다 창업의 성패를 가르는 핵심을 체득하는 데 모든 힘을 집중시켜서 가닥을 잡고, 그 가닥을 중심 삼아 현장에서 몸으로 체득하기 바란다. 이를 통해 창업 성공을 위해서 필수사항인 서비스나 마케팅 능력 배양 등을 차근차근 이뤄나가는 방법으로 창업을 준비해야 한다.

　한편, 창업의 핵심은 아이템에 맞는 상권과 입지이다. 결국 상권 분석인 것이다. 상권 분석의 핵심은 예상매출액 산정에 있다. 예상매출액은 점포의 상권과 입지에 의해 결정된다. 따라서 예상매출액 산정에 대해 자세히 설명했다. 어렵지만 체득하려고 노력하기 바란다. 최근의 상가건물임대차보호법 개정과 가맹사업거래의 공정화에 관한 법률 개정 내용, 특히 예비 창업자들이 숙독해야 할 내용을 담았다. 2014년 2월 14일부터 시행된 '예상매출액 산정서'의 산정 근거가 무엇인지, 권리금은 어떻게 산출하는지, 건물주의 권리금 협력의 의무는 무엇인지에 대해서도 상세하게 설명했으며, 2020년 7월 31일과 9월 29일 개정된 상가건물임대차보호법과 2020년 11월 1일 시행 예정인 동법 시행령의 주요 골자도 기술하였다.

점포 하나하나의 예상매출액 산정도 중요하고 살아남는 것도 중요하지만 최근의 창업시장 상황을 보라. 최저임금의 급격한 인상도 문제이고, 과도한 임대료 인상도 문제이다. 더불어 최근에는 일본의 무도한 경제침략에 의해 더욱 소자본 창업시장이 어려워지고 있다. 설상가상으로 2020년도 들어서 코로나 19가 소자본 창업시장에 직격탄을 날리고 있지 아니한가. 이제는 나 하나 잘되고 안되고의 문제가 아니라 창업시장 자체가 살고 죽는 문제가 대두되고 있다. 그중에서도 가장 어려운 한계상황에 빠져 있는 골목상권에 주목해야 할 때이다. 정부와 지방자치단체는 코로나 19로 변화된 환경에 맞게 전환할 수 있도록 골목상권을 지원해야 한다. 이에 대해서도 상세히 기술하였다. 본 책의 구성과 내용은 위와 같은 사항을 비롯, 죽은 상가 살리기까지 모두 포함하여 상권 분석의 지침서가 되도록 심혈을 기울인 것이다.

이 책이 점포개발 관련 부동산 중개업자, 프랜차이즈 본부 상가개발팀과 임직원, 기업체나 공기관 상가 및 부동산개발팀 모두에게 오로지 하나밖에 없는 반려이자 길잡이가 되리라 믿는다. 무엇보다도 전문가 그룹이 아닌 창업 성공을 바라는 예비 창업자와 대학생들에게 시금석이 되어 큰 성공으로 이어지길 바란다. 자그마한 성공이 밑바탕이 되어야 웅지를 펼 수 있음을 명심하기 바라면서 계획하는 사업의 성공을 희망하는 바이다.

'삶에 대한 깊은 절망 없이는 삶에 대한 희망도 없다.'는 말로 여러분의 성공을 바라는 마음 대신하면서 건투를 빈다.

끝으로, 부족한 아빠를 믿고 따르는 큰딸 소영이와 사위 영훈이, 작은딸 소희에게 '사랑한다'라는 말을 전하면서, 본서를 흔쾌히 출간하여 주신 도서출판 예문에 깊이 감사드린다.

2020년 11월 늦가을에, '희망'을 꿈꾸면서

박경환

Contents

Contents

chapter 5 ｜ 상권과 입지 ｜
숨어있는 골목상권을 찾아라

Contents

---

chapter 8 | 점포 운영 |

불경기에도 줄 서는 작은 가게의 비밀

chapter 9 | 점포 개선과 매도 |

골목상권 살리기

chapter *1*

—

| 창업 |

그래도
창업이 희망이다

01 창업에 '돈 되는 보석'이 있다

살다 보면 필요하고도 좋은 것들이 많고도 많다. 그중에서 가장 필요하면서도 좋은 것을 꼽는다면 단연코 "돈"이라고 할 것이다. 뭐니 뭐니 해도 머니Money가 최고다. 미국에는 "Money talks"라는 속담이 있고, 우리나라에도 돈과 관련된 속담이 많은데 그중 대표적인 것은 "돈이 양반이다."라는 것이다. 중국에서는 장례나 제사에 거액의 지전(모형지폐)을 태운다.

돈 버는 데는 장사가 최고다

돈의 위력과 관련된 이러한 것들은 돈으로 무엇이든 해결할 수 있음을 의미한다. 얼마나 간결한가! 돈이 말해준다(Money talks). 얼마나 존귀한가! 돈이 신분을 바꾼다(돈이 양반이다). 얼마나 위대한가! 죽어 귀신이 되어서도 결국 돈으로 해결해야 한다. 얼마나 신성한가!

사람들은 흔히 이렇게 말한다. "돈은 중요한 게 아니야." 사실 돈이 인생에서 가장 중요한 것은 아니다. 훌륭한 행동이나 활동을 하는 데에서 느끼는 자기만족은 돈으로는 살 수 없다. 하지만 이제는 그동안 정신적 가치로 여겨왔던 행복마저도 돈으로 살 수 있을 듯하다. 돈의 많고 적음이 단지 편리함과 불편함의 차이가 아니라 행복과 불행의 차이를 만들 수도 있다는 것이다. 미국 하버드대학교의 저명한 정치철학자 마이클 샌델Micheal J. Sandel 교수는 ≪정의란 무엇인가JUSTICE : What's the right thing to do?≫라는 저서에서 행복이라는 개념을 "대개는 부유한 삶과 동일시된다."라고 말했다. 물론 그는 '행복이란 개념은 워낙 광범위해서 사회복지 같은 비경제적 부문도 포함하지만'이라는 단서를 붙이기는 했으나 비경제적인 정신적 가치마저도 돈의 위력에 흔들리는 모양새인 것은 분명해 보인다.

돈은 돌아야 한다

돈은 돌고 도는 것이다. 돌고 돌기 때문에 "돈"인지도 모른다. 돈은 경제를 순환시키는 매개체다. 인체의 혈관에 찌꺼기가 쌓이면 뇌졸중이나 심장마비가 오는 것처럼 돈이 막혀 있으면 국가 경제는 성장이 멈추고 기업은 적자가 나고 서민들의 삶은 더욱 피폐해진다.

기업의 경우 흑자 부도가 나는 경우도 있는데, 이러한 현상은 돈이 돌지 않았기 때문이다. 회사 장부에 자산은 많더라도 현금흐름이 이어지지 않는다면 당장 필요한 자금을 집행하지 못하여 어음거래를 하다가 결국 어음을 막지 못하여 부도가 나고 만다.

개인의 경우도 마찬가지다. 지금 살고 있는 아파트의 시가가 10억 원이고, 소유 토지의 시가도 10억 원이라면 외관상으로는 형편이 나아 보인다.

그런데 만약 일정한 현금흐름(소득)이 없다고 한다면 상황은 완전히 달라진다. 의식주 소요비용 및 세금과 공과금은 피할 수 없다. 아마 처음에는 부동산을 담보로 여러 가지 문제를 해결할 수 있을 것이다. 그러나 그것들이 쌓이고 쌓이면 결국 경매로 부동산이 넘어가는데, 매각대금은 자신이 생각했던 것보다 훨씬 낮아 부동산 소유자에 대한 배당금은 거의 없는 경우가 많다. 국가든 회사든 가계든 돈이 돌도록 하여 자금 경색으로 망하는 일이 없도록 하여야 한다.

2020년 현재 우리나라 상태가 바로 이러하다. 정부는 돈이 돌도록 하는 데에 모든 역량을 집중해야 할 것이다.

돈은 공기公器, 空氣이다

여기서 공기는 두 가지 의미를 내포하고 있다. 먼저 돈은 공기公器이다. 즉, 공적인 물건으로서 공공의 기물이다. 공공의 기물은 누구나 함께 쓸 수 있어야 한다. 그런데 만들어진 이래 돈은 모두 사유화되고 말았다. 사유화되는 정도가 아니라 너무나 불공평하게 분배되어 이제는 공기의 기능이 의심스러울 정도이다. 외국뿐만 아니라 우리나라에서도 이제는 '억대, 100억대'뿐만 아니라 '천 억대, 조' 단위가 예사로 들리는 세상이다. 2017년 한 해를 휩쓴, 대통령을 탄핵으로 몰고 간 주된 이유도 결국 공기公器로 써야 할 돈을 사적으로 유용한 탓이다.

또 다른 의미로 돈은 공기空氣라고 할 것이다. 공기가 없으면 숨을 쉴 수 없다. 오늘날 돈도 마찬가지다. 돈이 없으면 살 수가 없다. 인간으로서 최소한의 자존심을 지킬 수가 없다. 돈이 없으면 의식주는 물론 다른 사람들에게, 나라와 사회에 그리고 자식과 친척들에게도 떳떳하지 못하다. 따라서 돈을 벌어야 하되, 떳떳하게 벌고 쓰는 것이 필요하다. 공기인 돈을 악용한다면 그것은 공공의 기물을 훼손하거나 우리가 숨 쉬는 대기를 오염시키는 것이기 때문에 부자가 된다면 이 부분에 각별히 신경을 써야 한다. 땀 흘리면서 정직하게 돈을 벌고 쓰라는 것이다.

돈 버는 데에는 장사가 최고다

여하튼, '돈은 중요하다.' 돈으로 행복을 살 수는 없지만 지옥 같은 궁핍에서는 벗어날 수 있다. 돈은 분명히 가난보다 낫다. 재물이 많으면 현명한 자는 뜻을 손상하기 쉽고 어리석은 자는 과오가 생길지라도 수많은 사람들의 한결같은 소망은 거의 돈 버는 데에 있다. 우리가 돈을 벌어야 하는 이유는 자명하다. 공기인 돈은 본래 모두가 주인이 되어야 할 것이기 때문에 주인으로서 구실을 해야 하고, 사람으로서 최소한의 품위를 유지하기 위하여서인 것이다.

그렇다면 무엇을 어떻게 해야 돈을 벌 수 있는가? 참으로 쉬우면서도 어려운 명제이다. 돈 버는 데에 쉬운 길은 없다. '갈 만한 가치가 있는 곳이라면 어떤 곳이 되었든 그곳까지 가는 지름길은 없다.'는 것이다. 주식시장이나 부동산시장에서 돈을 벌 수도 있지만 안정적이지 않다. 그나마 창업이 희망적이다. '돈 버는 데는 장사가 최고다.' 하지만 모두 창업해서 돈 버는 것은 아니다. 창업시장에서 보이는 잘못된 정보 중 가장 흔한 것은 '어떤 사업을 하면 엄청난 돈을 벌 수 있다.'라는 것이다. 환상에서 깨어나기를 바란다. 일확천금은 없다. 창업에 대해 제대로 알고 차근차근 준비하면서 한 걸음씩 나아갈 때 비로소 돈을 버는 혜안이 생긴다.

부동산시장과 상가시장에 대한 전망

부동산시장 전망 흐리다

2002년도 이후 기승을 부리던 부동산 가격 상승 국면이 2010년을 기점으로 하락 국면으로 전환되기 시작했다. 2010년부터 2014년 초까지 이어지던 부동산 가격 하락 국면은 2014년을 기점으로 다시 상승 국면으로 돌아섰다. 2014년부터 다시 시작된 부동산 가격의 상승은 2017년 이후 더욱 가팔라져 2020년 현재에도 이어지고 있다. 하지만 지속적인 상승을 기대하기 어려운 것이 현실이다. 전 세계가 코로나로 인해 경제가 완전 초토화되어서 상승을 견인할 여력이 없는 데다가 옳든 그르든 부동산에 대한 정부의 강력한 의지로 인해 더 이상 부동산 가격의 상승은 없을 것이다.

지난 2008년 6월에 출간하였던 ≪상가특강≫이란 저서에서 '이미 부동산 가격은 최고점에 이르러 더 이상의 부동산 가격 상승은 바람직하지 못하며, 부동산 가격의 안정적인 연착륙이 필요하다.'고 주장하였던 것은 부동산 가격 폭락과 폭등이 경제 전반에 미치는 폐해를 막고자 하였던 것이다. 물론 그 주장의 이면에는 창업시장을 살리기 위한 목적이 있었기는 하지만 말이다. 부동산 가격 상승이 상가 임대료 폭등을 부채질하는 주범이었기 때문에 창업시장에 미치는 폐해가 말할 수 없이 컸다. 이제 두 번 다시 부동산 가격 폭등과 임대료 폭등이 벌어져서는 안 될 것이다.

상가시장 전망 역시 흐리다

상가시장은 어떠한가. 그동안 부동산시장의 가격 상승 파급효과로 인해 상가분양가가 폭등하였으며, 그만큼 상가투자자들로서는 시세차익 실현과 적정 임대소득 실현이 어려울 수밖에 없었다. 또한 내수경기침체, 즉 내수소비율의 하락으로 인해 여전히 창업시장이 침체되어 상가시장 역시 전반적으로 침체될 수밖에 없었다. 따라서 수익률이 떨어지는 대부분의 신규 분양 상가는 거래가 부진하였고, 분양 후 고임대료로 인해 공실로 남아 상가투자가 실패로 이어진 사례가 많았다.

'묻지 마'식 상가투자는 오히려 실패를 낳는다는 것을 명심해야 한다. 상가투자는 상가마다 개별적으로 분석하여 선별하는 안목이 필요하다. 먼저 상권과 입지조건 분석을 실시하고, 그리고 투자수익률을 고려하여 결정한다. 다만 아직 부동산 가격이 고평가되어 있으므로 상가 구입에 여유를 갖고 조정되는 시기를 택해서, 그리고 선별적인 투자를 해야 하는 것은 불문가지이다.

부동산 폭등이 두 번 다시 일어나서는 곤란하다

정부는 부동산 가격 하락의 연착륙에 초점을 맞추어야 할 것이다. '호미로 막을 수 있는 것을 가래로 막는 우'를 범해서는 곤란하다. 부동산 가격의 상승은 상가 가격의 상승(분양가 등)을 낳고, 상가 가격의 상승은 곧바로 임대가의 상승으로 이어진다. 임대가의 상승은 창업자의 사업성을 잠식한다. 결국 창업자의 몰락은 부메랑이 되어 다시 상가투자자의 실패로, 상가투자자의 실패는 상가시장의 침체로 이어지면서 부동산시장 전체에 먹구름을 드리우게 된다. 부동산시장의 몰락은 모든 시장에 영향을 미친다. 이처럼 부동산 가격의 상승은 상가투자자의 시세차익 실현을 불가능하게 만들기도 하지만 나아가 국가 전체의 명운을 좌지우지하기도 한다.

따라서 이러한 악순환의 연결고리를 끊기 위해서라도 더 이상의 부동산 가격 상승이 있어서는 안 된다. 부동산 가격의 안정 기조를 강조하는 당위성이 여기에 있는 것이다.

부동산시장이 침체일수록 창업이 답이다

자영업자의 수익구조를 보자. 총매출액에서 매출원가와 판매 및 일반관리비(인건비, 임대료 등) 그리고 기타 세금 등을 제한 나머지가 수익이 된다. 즉 자영업자가 수익을 내려면 매출액을 올리든지 아니면 지출비용을 줄여야 한다.

| 월 매출액 | − | 월 비용 | = | 월 수익 |

이 구조에 해답이 있다. 매출액을 올리는 것은 어렵다. 현실적으로 가장 실천 가능한 것은 비용을 줄이는 것이다. 즉 임대료를 낮추는 것이다.

첫째, 매출액을 올리려면 국가적으로나 개인적으로나 소비가 늘어나야 한다.

그런데 빈부격차 심화, 내수부진, 소비심리 위축 등의 문제로 소비 진작이 어려운 것이 현실이다. 이의 해결을 위해 정부가 강제할 수 있는 정책에도 한계가 있으며, 또한 단기간에 해결할 수 있는 문제도 아니다.

둘째, 다음으로 실천 가능한 것이 바로 비용을 줄이는 것이다. 그중에서 임대료를 낮추는 것이다.

인건비 문제는 자영업자 개인들이 알아서 할 일이고 또 실제로 장사가 안되면 안되는 만큼 조정이 되고 있기 때문에 논의의 대상이 되지 않는다. 중요한 것은 임대료를 낮추는 것이다. 임대료를 낮추는 문제는 정부가 개입할 것은 아니지만 그 당위성 등 분위기를 조성하는 데 있어서나 파급효과에 있어서나 정부만큼 힘을 발휘하는 곳이 없다.

실제로, 임대료를 낮춘 전례가 멀리도 아닌 1998년도에 있었던 것을 상기해 보라. IMF 직후 모두가 힘들 때에 임대료를 낮추는 운동 아닌 운동이 벌어졌고, 각 방송 매체에 의해 미담 사례로 소개되면서 전국적으로 확산된 사실이 엄연히 있지 않은가 말이다. 바로 지금이 그러한 전례를 활용해야 할 시점이라는 것이다.

상가투자 및 창업의 바로미터 '금융'

이자율은 상가투자 및 창업의 바로미터이다

돈의 가격은 이자율(금리)로 표시된다. 이자율이 높으면 상대적으로 돈의 가격이 높은 상태이고, 이자율이 낮으면 상대적으로 돈의 가격이 낮은 상태이다. 즉, 전자의 경우 경기가 활성화되어 돈이 귀한 것이고, 후자의 경우 경기가 침체되어 돈이 덜 귀한 것이다. 이자율이 높으면 대출이 어려워진다. 대출수요는 많은데 돈이 귀하여 대출 여력이 낮아지기 때문이다. 반대로 이자율이 낮으면 대출은 쉬워진다.

금융과 관련하여 중요한 고려사항은 투자 시에 금융을 일으켜 레버리지 효과를 고려할 것인지와 어느 정도의 투자수익을 목표로 하는지의 두 가지이다. 특히 투자수익은 상가 가격이나 창업과 직접 관련이 있다. 일반적으로 금리가 높다면 상가 가격은 높고 창업 투자수익률은 낮아지며, 금리가 낮다면 상가 가격은 낮고 창업 투자수익률은 높게 형성될 확률이 높다. 물론 그 반대의 경우가 나타나기도 한다.

레버리지효과는 필수이다

대출이자율이 기대수익률보다 낮다면 금융기관에서 대출을 받아 투자하는 것이 자기자본만 투자하는 것보다 투자수익률이 높아진다. 이때에는 자기자본수익률이 종합수익률보다 높다. 저금리 시대에는 자기자본보다 금융권대출이 많을수록 투자수익률이 높아진다. 이와 같이 금융기관의 대출금을 지렛대 삼아 자기자본수익률을 높이는 것을 레버리지효과Leverage effect (지렛대효과)라고 한다. 지렛대 원리는 도구를 이용하여 작은 힘으로 큰 물건을 움직이는 것이다. 그래서 작은 자본을 바탕으로 큰돈을 투자하는 것인데 이에는 주의가 필요하다. 대출비율이 총투자금액 40%가 넘을 경우 오히려 위험에 처할 수 있음을 명심해야 한다. 금융비용을 감당하지 못하고 파산할 수 있다. 금융비용이 높아질 때는 부채를 줄여 자본을 견고히 하는 디레버리지Deleverage를 고려하여야 한다.

상가는 균형과 조화가 필요한 '종합예술'

상가 이해당사자들 간의 균형과 조화

상가와 관련된 이해당사자는 상가개발자, 상가투자자, 그리고 창업자 세 그룹이다. 이 세 그룹은 상가를 바라보는 시각과 입장이 완전히 다르다. 분양 상가 개발자는 상권이 좋든 말든, 다시 말해 상가를 분양받는 상가투자자나 창업자가 망하든 말든 상가를 개발하고 분양하여 최대의 수익을 추구하는 것이 목적이자 목표다. 상가투자자나 창업자는 장사가 되어야 한다. 상권과 입지가 좋아야 상가투자자는 투자수익률이, 창업자는 사업투자수익률이 나온다.

이처럼 상가를 바라보는 입장이 서로 상치된다. 상가개발자가 지나치게 개발이익추구에만 매달리면 상가투자자나 창업자는 몰락을 겪는다. 균형과 조화를 강조하는 이유가 여기에 있다. 상가개발자와 상가투자자, 창업자 모두 상호 손해를 보지 않는 접점을 찾아야 하지 않겠는가.

상가시장, 부동산시장, 창업시장의 균형과 조화

상가투자의 목적은 시세차익과 적정 임대소득의 실현에 있다.

여기서 상가투자 시세차익 실현을 위해서는 부동산시장과 상가시장의 관계를 알아야 한다. 부동산 가격의 등락이 상가에 미치는 영향을 알고 있어야 한다는 것이다. 한편, 적정 임대소득과 사업소득의 실현을 위해서는 상가시장과 창업시장의 상호 연관 관계를 알고 있어야 한다. 이러한 3자 간의 관계를 알아야 비로소 창업시장에 대한 이해가 가능하다.

고분양가 하에서는 더 이상의 시세차익도 불가능하지만, 적정임대소득 실현도 불가능하다. 고분양 상가투자자들은 투자수익률을 맞추기 위해서 부득이 임대료를 고가로 책정할 수밖에 없게 된다. 그러면 고임대료가 창업자에게 고스란히 전가되어야 하겠지만, 이를 그대로 받아들일 창업자는 없다. 신규 분양 상가들의 태반이 장사도 안 되지만 설령 장사가 된다 해도 고임대료 하에서는 수익창출이 어렵기 때문에 창업을 주저하고 포기하게 된다는 것이다. 당연히 상가는 공실로 남게 되어 적정 임대소득이 불가능해지며, 임대소득이 없는 상가는 상가가치가 없어 장래 시세차익의 실현까지 불가능하게 만든다.

이러한 악순환의 고리를 끊기 위해서라도 더 이상 부동산 가격 상승이 있어서는 안 된다. 부동산 가격의 안정기조를 강조하는 당위성이 여기에 있다.

정부는 2005년 초에 창업시장 침체의 원인을 경기 침체, 자금 부족 등의 원인도 있으나 무엇보다도 과잉 진입 때문으로 분석했었고 그 기조는 최근까지도 같다.

그동안 정부가 과잉진입 때문에 자영업자의 몰락이 초래되고 있다고 본 것은 눈에 보이지 않는 것을 간과한 표피적인 진단이다. 2002년 이후 경기가 악화일로를 걷고, 반대로 자영업자 수가 더 늘기는 하였지만 이것이 자영업자 몰락의 주범은 아니다. 이보다도 더욱 창업시장에 악영향을 끼친 것이 있는데, 2002년도에 전국에 걸쳐 임대료가 폭등했던 사실이다. 2020년도 현재 창업시장 몰락의 커다란 축을 담당하고 있는 것 또한 과도한 임대료이다. 물론 임대료 이외에 내수소비 증가율 둔화도 창업시장 침체에 한몫하지만 말이다.

2017년 10월 4일 MBN 8시 뉴스에서 보도한 자료를 보아도 그러하다. 우리나라 인구의 5분의 1 정도인 1,008만여 명, 이 숫자는 지난 10년간 창업한 자영업자 수이다. 그중 20%인 202만 명만 영업을 하고 있고, 806만

명은 문을 닫았다. 2016년도만 보아도 자영업 창업자는 110만여 명, 폐업한 자영업자는 무려 83만 9천 명에 달했다. 이것이 오로지 과잉진입 때문에 실패하는 것이라고 정부가 책임을 회피해서는 곤란하다. 물론, 산업 전반에 걸친 위기가 실물경제의 침체를 가중시키면서 자영업자의 몰락을 초래하고 있는 현시점을 더 이상 방치해서는 곤란하다고 인지하고 있는 것 같기는 하다. 하지만 뾰족한 대책이 없는 것은 매한가지다.

그동안 정부의 창업자 대책이 이처럼 지리멸렬했다고 해서 가만히 손 놓고 있을 것인가. 앞으로 제대로 된 정책을 내놓지 않을까 기대해보면서 재창업에 매진해야 할 것이다. 창업자들의 10~20%는 여전히 성공하고 있다. 따라서 창업시장 트렌드에 맞추어서 재창업을 한다면 성공은 눈앞에 있을 것이다. 최근의 흐름을 보라. 이제는 오프라인과 온라인을 병행해야 하는 것은 너무도 당연하며, 이에 따라 배달은 기본적인 사항이 되었다. 이번 코로나 19 때문에 벌어진 '드라이브스루'도 지속적으로 흐름을 탈 것이다. 당연히 접목할 필요가 있는 업종은 적극 반영해야 할 것이다. 앞으로는 이러한 흐름에 민감하게 반응해야 한다. 이것이 트렌드이다. 물론, 유행 업종을 따라다녀서는 안 되지만 말이다.

희망이 보이는 창업시장, 당연히 유망업종이어야 한다

이제부터 창업시장은 차차 살아날 것으로 보인다. 이는 정부가 경제를 살리기 위해서 전방위적으로 주도하고 있는 정책 및 분위기와 무관치 않다. 하지만 고용 없는 성장으로 인한 청년실업 증가, 가처분소득 감소 및 가계부채의 증가로 인한 소비력 감소, 저출산과 인구고령화로 인한 경쟁력 감소 등의 악재에다가 코로나 19의 재앙으로 인해 바로 창업시장이 좋아지지는 않을 것이다. 하지만 서서히 살아날 것이다.

물론, 전 업종에 걸쳐서 살아나는 것은 아니다. 사양업종이나 유행업종이 아닌 유망업종이어야 함은 너무도 당연하다. 더불어 한정된 매장의 효율을 극대화하기 위해 단위 시간당 회전율을 높이거나 테이크아웃을 병행하거나, 매장에서 두 가지 콘셉트를 복합적으로 운영하는 멀티형 등 하이브리드 업종으로 지속적인 업그레이드를 통해 경쟁력을 갖추어야만 한다. 결국 경기흐름에 편승한 일시적 유행업종보다 '안정'과 '실속'을 갖춘 업종이면서, 웰빙 · 여성 · 신세대 · 오락 · 레저 등과 연관된 유망업종이면 좋다.

희망이 보이는 정부 정책

위와 같이 실낱같은 희망의 끈이 보이는 창업시장을 확실하게 살리기 위해 정부의 역할이 그 어느 때보다 절실히 요구되고 있다.

첫째, 부동산 가격을 잡아야 한다. 상가 분양가가 적정선으로 떨어져야 하기 때문이다. 더불어 상가투자도 활발히 이루어져야 상가가 살아난다. 또한 상가 분양가가 낮은 만큼 임대료도 떨어지게 되어 창업자도 사업성이 있게 된다. 특히 상가 임대료를 낮추는 데에 정부가 적극 나서야 한다.

둘째, 내수소비를 진작시키기 위해서 소비자를 창출해야 한다. 이는 경기 활성화를 의미하는 것은 아니다. 경기 활성화의 결과물이 서민에게 오기까지는 많은 시간이 소요된다. 경기 활성화가 당장 창업시장에 미치는 영향은 미미하다는 것이다. 소자본 창업자들의 주 고객은 서민이다. 서민이 살아나야 창업시장이 산다.

셋째, 소비를 늘리기 위해서는 금리 인하(부동산 상승의 역효과를 낳을 수도 있다), 대출만기 연장 등 가계대출 부담을 완화해줄 방안의 검토가 필요하고, 고용창출 및 소득세율 인하 등 좀 더 과감한 세제지원을 통해 가처분소득을 늘리는 것도 동시에 진행해야 한다.

넷째, 실업급여와 기초생활수급제도 확대 등 서민대책에 총력을 기울여야 한다. 국민기초생활보장제도는 1997년 말 외환위기로 인해 대량실업으로 생활유지능력이 없거나 생활이 어려운 국민에게 최저생활을 보장하고 자활을 조성하는 것을 목적으로 국민의 헌법적인 권리를 보장하기 위한 복지정책이다. 표면적인 결과는 성공적이라 할 수 있다. 다만, 노동시장의 경직성과 자활사업의 한계점을 드러내고 우리나라의 환경에 적합한 복지정책으로 아직 정립되지 못한 것 또한 사실이다. 한편, 실업자 대책은 모든 정부정책 중 최우선 순위에 두고 추진되어야 마땅하다.

03 틈새시장은 항상 열려있다

　현시대는 정보화시대이다. 정보의 홍수 속에 살고 있으며 하루만 늦어도 구시대의 유물이 되는 초고속시대에 살고 있다. 이와 같은 시대의 흐름은 소비시장에도 흘러들어 와서 업종과 브랜드의 생명주기를 단축시키고 있다. 특별한 노하우가 없어서 신규참여가 쉬운 업종들의 생명주기가 짧아지고 있으며, 동일 업종(품목) 내에서도 새로운 브랜드를 앞세워 체인화를 시도하면 기존 브랜드가 도태되는 등 브랜드의 생명주기도 단축되고 있다. 상품의 질은 같은데도 말이다.

　이와 같이 업종의 생명주기가 전반적으로 짧아지고는 있지만 아직 생명이 긴 업종도 얼마든지 찾을 수 있다. 이것이 바로 유망업종이다. 대중적이고 지속적인 업종, 즉 안정성을 갖춘 업종이 유망업종이다. 더구나 요즘 같은 불황기에는 성장성보다도 안정성을 더욱 중시해야 한다. 다만 성숙기를 지난 업종이라면 현재는 꾸준히 장사가 되더라도 곧 쇠퇴기에 이르게 되므로 계속해서 조금씩 변화를 꾀해야 한다.

레드오션 속에서 틈새시장 찾기

레드오션은 이미 잘 알려져 있는 시장, 현재 존재하는 모든 산업을 일컫는다. 산업 경계가 이미 정해져 있어서 게임의 법칙이 지배하고 있으며 시장 점유율을 높이기 위해 상호 무자비한 경쟁으로 인해 시장은 핏물로 가득 찬 '레드오션'이 되어 버린다. 그러나 그 속에도 틈새시장은 얼마든지 있다.

'레드오션 전략'은 기존의 제로섬 게임 시장에서 어떻게 경쟁자를 앞지를 수 있는가 하는 '경쟁우위 전략'이다. 경쟁우위에 서기 위해 경쟁자나 경쟁업종을 벤치마킹하는 것은 특별한 사람들만의 능력이 아니다. 누구나 조금만 주의를 기울인다면 가능하다. 우리 주변에서 사용하고 있는 물건이나 업종을 보면 알 수 있다. 대부분 기존의 제품이나 업종에 더하고, 빼고, 바꾸고, 축소하거나 확대, 거꾸로 또는 모방 등을 통해 편리함이나 부가적인 기능을 더한 것들이다. 이것이 바로 뒤에 설명할 퍼플오션 전략이기도 하다. 물론 소자본 점포창업에서 위와 같은 아이템의 차별화가 필요한 것은 불문가지이다.

물론 창업에 성공하기 위해 아이템의 차별화만이 능사는 아니다. 아이템에 맞는 입지 선정이 더 중요하다. 하지만 경쟁점과의 경쟁에서 경쟁우위를 점하기 위해서는 우선적으로 아이템의 차별화가 필수적이라는 것을 알기 바란다.

창업시장에서 이러한 사례는 매우 많다. 호프전문점이나 실내포장마차에서 퓨전포장마차로, 치킨 시장에서 약간의 업그레이드로 경쟁우위를 점하여 성공한 사례도 많다. 이와 같이 기존의 시장에서 레드오션 전략으로 틈새시장을 공략하면 창업 성공에 한 걸음 더 다가갈 수 있다.

블루오션으로 틈새시장 찾기

블루오션은 알려지지 않은 시장, 즉 현재 존재하지 않아서 경쟁에 의해 더럽혀지지 않은 모든 산업을 말한다. 블루오션에서 시장 수요는 경쟁에 의해 얻어지는 것이 아니라 창조에 의해서 얻어진다. 이곳에는 높은 수익과 빠른 성장을 가능케 하는 엄청난 기회가 존재한다. 따라서 블루오션은 아직 시도된 적이 없는 광범위하고 깊은 잠재력을 가진 시장을 의미한다.

'블루오션 전략'은 수요를 창출하고 경쟁으로부터 벗어나는 '시장 창조 전략'이다. 블루오션은 대체 어디에 있는 것일까? 바로 공급자 위주의 관점에서 고객 중심의 관점으로, 경쟁 중심에서 새로운 수요를 창출하기 위한 가치혁신 중심으로의 관점 변화에 있다.

블루오션의 기회는 크게 2가지 전략을 통해서 발굴할 수 있다.

첫째, 생산·유통 시스템의 변화로 인한 틈새시장 발굴이다.

둘째, 시장의 니즈는 있는데 공급자가 없는 경우이다. 이러한 경우 시장의 니즈를 충족시켜 주면 상당히 큰 성과를 낼 수 있다. 이런 틈새시장은 작은 기업이나 자영업자가 포지셔닝 하기 적합한 블루오션이다. 우리에게는 아직 수많은 블루오션의 기회가 있다. 시장의 니즈는 한 번도 그 변화를 멈춘 적이 없기 때문이다.

하지만 블루오션 전략이 마냥 좋은 것만은 아니다. 예비 창업자들이 새로운 시장을 개척하기도 어렵거니와 설령 새로운 시장을 개척하더라도 너도 나도 뛰어들어 공멸하는 경우가 비일비재하기 때문이다. 그동안 창업시장에서 아이템이 신선해도 유행업종으로 전락하고 말았던 사례(참치 회전문점이나 찜닭 전문점 등)를 '타산지석'으로 삼아야 할 것이다. 블루오션 전략을 강구할 경우에는 시장 진입 장벽을 매우 높여야 한다는 것을 명심하라.

퍼플오션으로 틈새시장 찾기

퍼플오션은 레드오션과 블루오션을 조합한 신조어로써, 발상의 전환과 기술 개발, 서비스 혁신 등을 통해 기존과 다르게 창출된 시장을 말한다. 레드오션은 경쟁자가 많아 성장 가능성이 없는 시장이고, 블루오션은 경쟁자가 없어 독주할 수 있는 시장이다. 블루(파란색)와 레드(빨간색)를 섞으면 퍼플(보라색)이 되듯, 퍼플오션은 두 시장의 장점을 혼합한 것이다.

블루오션은 누구나 꿈꾸는 낙원으로 신의 영역에 가깝다. 가까이 가기 힘들 뿐 아니라 지속되기도 어렵다. 그 반대편에 있는 레드오션은 피비린내 나는 인간의 영역이다. 우리는 어디로 가야 할까? 중간 영역에서 살아남는 법을 배워야 한다. 그것이 퍼플오션 전략이다. 블루오션의 개척 위험부담을 최소화하고 레드오션의 문제점으로 지적되는 차별화 측면을 강조하는 전략이다.

블루오션과 퍼플오션은 치열한 경쟁의 공간인 레드오션에서 벗어나고자 하는 사람들이 지향하는 곳이라는 공통점이 있다. 그러나 이 둘 사이에는 큰 차이가 존재한다. 블루오션은 범인들은 근접할 수 없는 영역이지만, 퍼플오션은 약간의 개선을 통해 누구나 도달할 수 있는 영역이다. 또 블루오션이 고비용 혁신이라면 퍼플오션은 저비용 혁신이다. 한마디로 블루오션은 너무 멀리 떨어져 있지만 퍼플오션은 눈에 보이는 곳에 존재한다.

레드오션은 포화시장이다. 경쟁자들이 넘쳐나 생존 자체가 쉽지 않다. 하지만 절망할 필요는 없다. 나에게 유리한 쪽으로 경쟁의 룰을 바꾼다면 얼마든지 포화시장에서 탈출할 수 있기 때문이다. 경쟁자들에게 포위되어 있다면 시장을 다시 한번 깊이 있게 바라보라. 기존의 영역에서 무엇을 빼고 무엇을 더할 것인가를 고민하다 보면 어느새 포화시장에서 벗어난 자신을 발견할 수 있을 것이다.

소비시장의 양극화에서 틈새시장 찾기

극심한 경기침체로 인해 소비자들의 소비패턴이 변했다. 실용성을 중시하는 구매패턴이 정착되고 있는가 하면, 이와는 반대로 일부 계층은 더욱더 고가 명품을 선호하고 있다. 사회적 위화감을 조성하는 등 부정적인 행태를 보이고 있지만 어쨌든 부인할 수 없는 소비시장의 한 축을 이루고 있기는 하다.

따라서 소자본 창업자들은 대중성을 기반으로 하는 저가 소비시장을 겨냥해 창업해야 할 것이다. 그런데 여기서도 유의해야 할 점이 있다. '저가격'이라고 해서 '저품질'을 의미하는 것으로 오해해서는 안 된다. 실제로 가격파괴 전략으로 소비위축을 벗어나고자 했던 많은 점포들이 실패했었다. 특히 가격파괴 호프 · 소주방이 대표적인데, 그 이유는 바로 품질까지 낮춘 데에 있었다. 소비자들은 저렴하면서도 고품질의 소비를 추구하는 소위 '가치소비'를 한다는 것을 명심해야 한다.

창업비용 절감도 틈새다

2017년도 이후 권리금은 많이 떨어졌다. 당연히 주택지 상권의 C급지 점포는 권리금이 거의 없으며, 서울 시내의 유명상권도 경우에 따라서 낮은 가격에 권리금이 형성되기도 한다. 지금은 이와 같은 권리금의 하락으로 인해 창업비용을 절감할 수 있는 절호의 기회이다. 최근에는 명동이나 경리단길 상권 등 유명 역세권에서도 임대료와 권리금이 떨어지는 현상이 벌어지고 있다. 이처럼 상가 임대료와 권리금의 하락이 점차 확산되어 창업비용 절감에 일조하기를 기대해본다.

chapter 2

—

| 창업 성공 전략 |

연령대별,
자금대별 창업 성공 전략

창업은 누구든지 할 수 있고 성공 또한 할 수 있다. 하지만 창업 성공을 위해서는 남다른 노력이 필요하다. 본인이 처해 있는 상황을 직시하고 그에 맞는 옷을 입어야 한다. 아무리 좋고 화려한 옷일지라도 나에게 맞지 않으면 '그림의 떡'이고 '개발의 편자'일 뿐이다. 본인의 연령과 자금에 맞는 업종이 따로 있는데, 바로 그것을 창업해야 성공할 수 있다. 연령과 자금이 상충된다면 그때는 자금이 우선이다.

다만 창업에서 성공하기 위해서는 업종 선정도 중요하지만 그 업종에 맞는 입지 선정이 더 중요하다. 이것이 창업의 핵심이다.

요즘 같은 불경기에는 소비심리가 위축되어 있다. 좋은 곳에서 하든 나쁜 곳에서 하든 누구라 할 것 없이 모두 영업이 부진하다. 사실 현장 상황은 IMF 때보다도 훨씬 더 심각하다. 지금은 전 세계적으로 위기에 빠져있다. 국가 간에도 위기 극복의 노력이 있어야 하지만 우리 개인들도 노력해야 한다.

반드시 알아야 할 것은 이런 악조건 하에서도 입지가 좋은 점포는 위기를 극복하고 나면 즉시 잘될 수 있다는 사실이다. 호경기 때보다 전반적으로 매출이 하락하기는 하지만 말이다. 상권과 입지조건이 좋고 그 입지에 맞는 업종 선택을 한다면, 또는 업종에 맞는 입지 선정을 한다면 창업은 성공한다. 물론, 입지에 맞는 업종을 선택했다고 하더라도 성공하지 못하는 경우가 없지는 않다.

창업자 자신의 연령과 자금에 맞지 않거나, 경영 마인드에 문제가 있다면 성공은 어렵다. 따라서 창업단계에서부터 점포운영에 이르기까지 모든 노력을 쏟아야 한다.

어떤 업종도, 어떤 계획도 100% 성공을 보장해주지 못한다. 창업에서의 성공은 완벽하고 철저한 계획이 아니라 창업의 핵심을 알고, 본인에게 맞는 업종과 그에 맞는 입지를 선정하여, 과감하게 실천할 때 이루어지는 것이다.

연령대별, 자금대별, 업종별 성공창업전략을 차례대로 살펴보기로 한다. 대체적으로 연령과 자금은 비례하지만 반드시 그렇지는 않다. 이렇게 연령과 자금이 상충되는 경우에는 연령보다도 자금이 우선된다.

연령 따라 결정되는 업종은 없다. 다만 본인의 연령에 좀 더 적합한 업종은 있다. 자금은 그렇지 않다. 자금대별로 맞는 업종이 따로 있다. 업종마다 적정 상권과 입지가 있는데, 상권과 입지에 따라서 점포 구입비는 엄청난 차이가 발생한다. 점포 구입비 차이만큼 투자 자금의 차이가 발생한다. 당연히 본인의 자금에 맞는 업종을 선택할 수밖에 없다.

자기자금에 맞고 연령에 맞는 업종을 창업해야 가장 좋다는 것이다.

02 | 연령대별 성공 창업 전략

연령대별로 적합한 업종이 따로 있는 것은 아니지만 연령이 높을수록 불리한 업종이 있는 것은 사실이다. 여기서는 모든 업종에 걸쳐 창업이 가능하지만 비교적 자금의 한계를 겪는 연령인 20대 중반~30대 중반, 비교적 업종 제한이 적으면서도 자금력을 갖춘 30대 중반~40대 중반, 자금력은 있지만 업종 제한이 있는 40대 후반 이후 등 연령대를 3단계로 묶어서 살펴보자.

여기서 나열된 업종은 예시일 뿐이지 이것만 하라는 것이 아님을 유념하기 바란다.

자금 한계가 있지만 업종 제한이 없는 20대 중반~30대 중반

자금 부족으로 창업을 못하는 경우는 있을 수 있지만 모든 업종 창업이 가능하다. 기실 소비자가 부담을 느끼지 않는 연령대가 아닌가. 자금력이 있다면 당연히 주요고객과 연령대가 비슷한 업종을 창업하는 것이 좀 더 낫다. 외식업은 패스트푸드류가 적합하고, 도소매업은 의류 등 선매품목이 나으며, 서비스업은 오락·교육 서비스업 등이 좋다.

가장 바람직한 것은 자금 한도 내 업종을 고려하되, 젊고 육체적으로도 건강하므로 당장 안정적인 수익이 보장되는 업종보다는 장래를 바라볼 수 있는 성장 가능 업종을 선택하는 것도 청년들만의 특권이라 하겠다. 따라서 소자본 점포형 업종이나 인터넷 비즈니스업을 포함한 무점포형 업종이 도전해볼 만한 업종이라고 할 수 있다.

자금력도 있고 업종 제한도 적은
30대 중반~40대 중반

비교적 자금력을 갖추어 업종 제한은 적다. 하지만 주요고객과 연령대가 비슷한 업종을 창업하는 것이 낫다. 외식업은 전문음식업이 적합하며 패스트푸드도 가능하고, 도소매업은 의류 등 선매품목과 생필품 모두 가능하며, 서비스업은 규모 있는 기술 서비스업이나 오락·교육 서비스업을 할 수 있다. 모든 업종 창업이 가능하다. 바람직한 것은 장래성보다는 안정성을 담보하는 업종(소위 '유망업종')을 선정하되 고객연령층을 감안하여 창업하는 것이다. 당연히 이 경우에도 창업시장의 큰 흐름을 거슬러서는 안 된다. 즉, 전 업종에 걸친 저가전략은 필수이며, 유행업종과 사양업종도 피해야 한다.

자금력은 있지만 업종 제한이 있는 40대 후반 이후

40대 후반 이후 창업은 20~40대 창업과는 달리 업종 선택에 있어서 제한이 있을 수밖에 없다. 비교적 자금력을 갖추었지만 업종은 제한적이다. 주요고객과 연령대가 비슷한 업종을 창업해야 한다. 또한 독특한 아이디어나 장래 성장 가능성이 있는 아이템 등 모험적인 창업은 지양해야 하며, 안정적인 창업을 해야 한다. 40대 후반 이후 창업하기에 좋은 업종은 아래와 같다.

직접 운영하기보다는 관리만 하는 업종

아르바이트 활용이 쉬운 사업, 가족과 함께 할 수 있는 사업, 인맥 활용이 가능한 사업 등이 이에 속한다. 노하우를 습득한 전문음식점, 셀프세차장이나 카 복원(도색 등) 사업, 대형 노래방이나 PC방, 모텔 등 숙박업, 고시원(독서실은 일부 지역, 예를 들어 노량진 등이 적합하다. 고시원은 안정적인 사업이며 투자대비 수익률도 높으나 입지 선정이 매출을 좌우한다.) 등.

자격증, 전문지식을 이용한 서비스업종

대형화, 전문화되어 관리가 가능한 업종이 좋다. 부동산중개업, 경매전문컨설팅업, 카센터나 공작기계, 가구점 등도 좋다. 부동산중개업은 포화상태이지만 그래도 확실하게 중개목표, 타깃을 정하여 입지한다면 승산이 있다. 즉 상가 전문, 경매 전문 또는 아파트나 주택 매매 전문 등으로 구분하여야 한다.

03 | 자금대별 성공 창업 전략

소자본으로 창업이 가능한 업종은 무엇일까? 여기서 소자본이란 어느 정도의 금액을 말하는 걸까? 규정하기는 모호하지만 모든 창업자들이 궁금히 여기고 있는 사항이다. 흔히 창업에서는 1천만~2천만 원 대부터 2억 원대까지를 소자본으로 분류하지만, 여기에서의 소자본은 말 그대로 5천만 원 이하의 자금을 말한다. 창업자 대부분이 이 정도의 자금을 가지고 있기도 하다. 따라서 이 자금으로 가능한 업종을 분석할 필요성이 높다. 하지만 역설적으로 이 자금으로 창업 성공을 하기란 쉽지 않은 것이 현실이다. 지나치게 몰려 있어서 경쟁이 치열하기 때문이다.

창업에 있어서 가장 중요한 핵심은 무엇인가? 논의의 필요도 없이 그 업종에 꼭 맞는 입지와 점포 크기이다. 어떤 업종은 반드시 A급지에서 창업해야만 성공할 수 있다든지, 또 어떤 업종은 점포가 최소한 $66 \sim 100 m^2$는 되어야만 한다든지 하는 경우가 있는데, 이때에 연관되어지는 것이 바로 자금이다.

자리가 좋다든가 점포가 크면 대체로 자금이 많이 들어간다. 특히 입지에 의해서 소요자금이 결정된다.

5,000만 원대 이하 자금 가능 업종

5,000만 원대 이하의 자금으로 창업 가능한 업종으로는 소호형 사업과 배달 전문점이다. 앞에서 살펴본 것처럼 20~30대 중반 연령대에 적합한 업종이다. 따라서 소자본 점포형 업종이나 무점포형 업종, 그리고 인터넷 비즈니스업 대부분이 이에 속한다. 소호형 업종은 재택근무도 가능하기 때문에 거동이 불편한 사람도 창업이 가능하다.

5,000만 원대 이상 자금 가능 업종

5,000만 원대 내외의 자금으로 창업이 가능한 업종은 외식업과 생활필수품, 그리고 소규모 용역 서비스업이다. 불가능한 것은 첫째, A급지를 요구하는 선매품은 불가능하다. 둘째, 대형화를 요구하는 기계장치 서비스업과 일부 전문음식업도 불가능하다.

1억~2억 원대 자금 가능 업종

1억~2억 원대 자금으로 불가능한 업종은 거의 없다. 선매품 창업이나 기계장치 서비스업 창업도 가능하다. 다만 본인의 연령에 맞는 업종을 선택하는 지혜가 필요하다.

04 업종별 성공 창업 전략

　업종별로 꼭 필요한 입지와 점포 크기가 있으며, 음식점과 선매품처럼 동일·유사업종이 모여 있는 곳에서 창업을 해야 하는 업종이 있는가 하면, 생필품과 서비스업처럼 동일·유사업종을 피해서 창업해야 하는 업종도 있다. 이것만 안다면 바로 자기자금으로 창업이 가능한지 불가능한지 알 수 있게 되고, 엉뚱한 곳에서 입지를 구하는 헛수고나 창업 실패를 미연에 차단할 수 있다. 창업 강의 때마다 강조하는 것이 바로 이 점이다.

　예를 들어, 스포츠용품점을 하고 싶다고 자기자금에 맞추어서 B급지에서 경쟁점 없이 단독으로 한다면 성공할까? 바로 실패로 귀착되고 만다. 스포츠용품점 같은 선매품은 어느 상권에서든 최고의 자리, 즉 A급지에서 해야만 한다. 또한 동일·유사 업종이 모인 곳에서 창업해야 시너지효과로 성공할 수 있다.

　때문에 점포 구입비가 만만치 않은데, 이때 자기자금으로 벅차다면 아무리 스포츠용품점을 하고 싶어도 바로 포기하고 다른 업종을 해야만 한다.

그러나 현장에서 보면 많은 분들이 이러한 경우에 업종을 포기하지 않고, 점포 입지를 포기한다. A급지에서 창업해야만 성공하는 업종을 자금이 부족하다고 자기자금에 맞추어 A급지가 아닌 B급지에서 창업한다는 뜻이다. 이래서 창업 실패자가 되고 마는 우를 범한다. 위의 차이점은 반드시 이해하여야 한다.

또한 업종별로 그에 맞는 적정 입지만 찾아서 창업하면 되는 게 아니고 업종별 보완과 경쟁관계에 따른 입지 전략, 즉 경쟁점이 모여 있는 곳에서 창업해야 하는 업종인지 경쟁점이 있으면 안되는 업종인지의 구분도 매우 중요하다. 예를 들어 편의점은 A급지가 적정 입지라고 했다. 그런데 혼자서만 창업하는 것은 아니지 않은가. 경쟁점이 A급지에 이미 입점해 있다면 어찌해야 할 것인가. 당연히 피해야 한다.

전문음식업은 또 어떤가? 입지 이외에도 맛으로 승부가 가능하다. 따라서 경쟁점이 A급지에 있어도 B급지 점포가 반드시 망하는 것은 아니다. 맛으로 승부가 가능하기 때문이다. 따라서 전문음식업의 적정 입지는 B급지이다. 더불어 경쟁점들이 모여 있는 곳에서 창업해야 한다.

직장인들의 모임 때나 가족 모임 때 어떤 음식점을 찾아가는지 보면 알 수 있다. 전문음식점을 구분해서 살펴보자.

첫째, 중대형 음식점은 아예 목표 삼아 찾아간다. 그래서 중대형 음식점은 창업 시에 유리하다. 소비자들이 찾아오기 때문이다. 하지만 대부분의 창업자들은 자금력 문제로 중소형 음식점을 창업하게 된다. 이러한 중소형 음식점이 중대형 음식점처럼 따로 있을 경우 소비자들은 그 존재 자체를 인지하지 못하고 그 결과 실패로 이어진다. 중대형 음식점은 그 자체가 집객력이 있어서 나 홀로 창업도 가능하다.

둘째, 중소형 음식점은 상호 모여 있어야 시너지효과로 인해 소비자들이 찾아온다. 먹자골목이 그래서 형성된 것이다. 중소형 음식점 창업자들은 바로 이 먹자골목 B급지에서 창업해야 한다.

셋째, 배달음식점을 C급지에서 나 홀로 창업하면 된다. 중대형 음식점이나 중소형 음식점 창업이 어려우면 배달전문점으로 창업하면 된다는 것이다. 물론, 최근의 추세는 중소형 음식점들도 배달 앱을 활용해 배달을 겸하고 있는 게 트렌드이긴 하다.

카센터 등 기술 위주의 서비스업은 C급지에서 해도 무방한 유일한 아이템이다. 이와 같이 업종마다 그에 맞는 상권과 입지를 택해야 한다.
하지만 구태여 A급지든 B급지든 입지 수준을 따질 필요가 없는 아이템도 있다. 소형 슈퍼 등 생필품점이나 PC방, 미용실, 세탁소 등 소규모 서비스업은 A급지든 B급지든 내 점포를 이용할 수밖에 없는 세대, 즉 독점세대를 정확히 따져서 입지하면 된다.

chapter 3

—

| 창업의 핵심 |

아이템에 맞는
입지 선정

01 | 첫째도 입지, 둘째도 입지

창업시장이 위기에 직면해 있다. 하지만 이런 위기국면을 극복하고 나면 창업 성공률은 10~20% 내외로 호경기 때랑 별반 다를 것이 없게 될 것이다. 한편 불경기에도 창업해서 성공하는 사람이 여전히 있다는 것은 무슨 의미이겠는가? 이는 호경기, 불경기 불문하고 창업의 핵심을 제대로 짚고 있는 사람과 짚지 못하고 있는 사람들이 있는데, 이 비율이 그대로 창업 성공과 실패로 이어지고 있다는 것이다. 즉, 창업의 성공과 실패는 경기와 거의 무관하게 진행되고 있다.

창업시장이 호전된다고 하더라도 창업자 모두가 성공하는 것은 아니다. 창업시장 전체가 좋아지는 것은 바람직한 현상이지만 이로써 모든 창업자들의 고민이 해소되는 것이 아님을 유념하여야 한다. 이처럼 창업에 있어서 성공과 실패를 가르는 것이 분명 있다.

창업 핵심 꿰뚫기, 입지 선정

　외식업, 판매업, 서비스업, 기타 인터넷 비즈니스업 등을 창업하려면 무엇이 가장 중요할까? 아이템의 상품력일까, 입지일까, 아니면 점포 크기일까, 그도 아니면 차별화된 마케팅이나 서비스일까? 이와 같은 의문이 창업 초보자들로서는 들 수밖에 없다. 모두 중요하기 때문이다. 업종별로 핵심키워드가 다르고 상권과 입지가 다르듯이 업종에 따라서는 입지가 중요한 것이 있는가 하면, 상품력이 중요한 것도 있고, 서비스가 중요한 것도 있다.

　이처럼 창업은 창업자(서비스나 마케팅 능력 등), 아이템, 입지(장소), 그리고 자금 등 4요소가 어우러져 이루어진다. 그중 창업의 성패를 가르는 핵심은 바로 아이템에 맞는 입지 선정에 있다. 경기나 업종 불문, 매출을 결정하는 가장 중요한 요소는 상권과 입지이다. 특히 불경기에는 더욱 심하게 그 중요도가 드러난다. 상품력이나 점포 크기도 입지가 받쳐주어야 그 구실을 하게 되며, 서비스나 마케팅 능력도 입지가 받쳐주었을 때 비로소 빛을 발휘함을 명심해야 한다.

　물론 상권 입지의 중요도가 약한 것도 있으나 일부 서비스업과 배달업, 그리고 대형점 정도에 불과하다. 고객에게 배송하는 배달업이나 점포에 고객이 오게 만드는 대형점은 점포 입지가 떨어져도 된다는 것이다.(전자는 편리하기 때문이고, 대형점은 전문화되고 차별화되어 거기가 아니면 안 되기 때문이다.)

| 창업 아이템, 입지 그리고 서비스나 마케팅 능력의 상관관계 |

아이템	입지	서비스나 마케팅 능력	창업 성공 여부
O	O	O	성공
O	O	×	성공(서비스나 마케팅 능력)
O	×	O, ×	실패(마케팅 일시적 성공)
×	O	O, ×	실패(업종변경시 성공 가능성)
×	×	O, ×	실패

그런데 현장을 보라. 각종 창업 이론서나 창업강좌를 보면, 창업에 대한 준비사항과 꼭 해야 할 사항들에 대해서 자세히 기술되고 강의가 이루어지고 있다. 하지만 창업에 있어서 비중도比重度가 다름에도, 천편일률적으로 나열된 지식 조각들 때문에 실제 창업에서 오히려 걸림돌로 작용하고 있는 것 또한 현실이다. 창업을 하는 데에 있어서 가장 중요하고도 명쾌한 핵심이 분명하게 있는데도 불구하고 창업과목이 지나치게 세분화되어 나열되다 보니, 오히려 어떻게 해야 할지 엄두가 나지 않는 결과를 낳고 있다. 물론 나열되어 있는 지식들을 습득하는 것도 필요하다. 하지만 창업의 성패를 가르는 핵심을 체득하는 데 모든 힘을 집중시키는 것이 더 중요하다.

창업의 시작은 업종 선정이지만 그 성공과 실패를 가름하는 것은 입지 선정에 있다는 것을 다시 한번 강조한다.

'손님이 찾아오게 하라'는 말의 함정

방송매체에서 보듯이, 독특하고 차별화된 맛으로 승부하는 일부 음식점은 입지를 극복하는 경우가 없지 않다. 또한, 마케팅을 적극 활용하는 경우에도 입지를 극복하는 경우가 있다. 손님이 찾아오게 하기 때문이다.

최근에 블로그나 SNS 마케팅으로 매출이 나아지는 현상은 분명 있다. 하지만 이러한 마케팅도 차별화된 맛과 입지가 받쳐주어야 가능한 일이다.

'현대는 마케팅 시대다.'라는 말이 있다. 맞는 말이다. 제품을 알려야 하기 때문이다. 여기서 우리가 알아야 하는 것은 소자본 점포 창업과 중소기업 창업은 다르다는 사실이다. 제품을 생산하고 판매하는 중소기업 이상 창업자에게는 '현대는 마케팅 시대다.'라는 것이 맞는 말이지만 우리 소상공인에게는 맞지 않는 말이다. 중소기업은 제품을 알려야 하기 때문에 마케팅이 매우 중요하다. 하지만 소상공인 입장에서 마케팅은 부가적으로 실시하는 것이다.

우리 소상공인들의 소비자는 점포 배후지에 거주하는 사람들이다. 점포 입지에 의해서 소비자가 결정된다. 당연히 점포가 눈에 띄는 곳에 입지해야 하며, 점포 입지부터가 마케팅의 시작이다. 마케팅은 입지와 상품이 좋은데도 불구하고 오지 않는 배후지 주민들을 잡기 위해서 부가적으로 실시하는 것이다. 마케팅이 전부가 아니라는 말이다. 손님이 찾아오게 하려면 기본에 충실해야 한다. 음식 같으면 맛과 메뉴 구성에 온 힘을 기울이면서 마케팅을 실시하는 것이 기본이다.

한편, 최근에는 점포를 매도하기 위한 방편으로 마케팅을 이용하는 경우도 있다. 잘되는 점포처럼 보이기 위한 것이다. 점포를 매도하기 수월하기 때문에 벌어지는 일로써 경계해야 할 것이다.

경쟁점보다 입지와 규모에서 우위에 있어야 한다

편의점, 베이커리, 테이크아웃 커피 전문점을 창업한다면 어떻게 해야 할까? 아이템만으로 보았을 때는 보편적이고 대중적이면서 지속적인 수요가 있는 아이템이다. 즉 유망업종이다. 실제로 위의 아이템으로 창업해서 성공한 사람들도 많다. 따라서 창업하면 좋다거나 성공은 떼놓은 당상이라는 생각을 막연히 한다. 실제로 주부들이나 퇴직한 직장인들이 창업을 하려면 1차적으로 접근하는 아이템들이다. 참으로 기막힌 환상이다.

아이템이 창업 성공을 보장하지는 않는다. 아무리 아이템이 좋아도 거기에 맞는 입지를 찾지 못한다면 성공하지 못한다. 우리가 창업을 할 때에 반드시 확인해야 할 것은 경쟁점과의 관계이다. 그리고 경쟁력 우위에 있을 때 창업을 해야 한다.

예를 들어, 편의점 창업은 A급지(좋은 자리)에서 창업해야 한다. 소비자들이 편의점을 이용하는 이유가 무엇인가? 상품이 좋아서인가, 가격이 싸서인가, 수량이 다양하게 구비되어 있어서인가, 아니면 서비스가 좋아서인가? 모두 다 아니다. 편의점을 이용하는 이유는 오로지 가기 쉽고 접근하기 쉽기 때문이다. 가기 쉽고 접근하기 쉬운 것, 이것이 바로 입지이다. 자금이 적다고 B급지에서 창업하거나 A급지 점포가 없다고 B급지에서 창업한다면 어찌 되겠는가? 편의점은 경쟁점에 비해서 입지가 떨어지면 죽는다.

그런데 기존 A급지에는 편의점들이 다 있다. 신규 A급지를 찾아낼 수 있다면 창업해도 좋다. 모든 예비 창업자들이 이 점을 인지하지 못하고 B급지 이하에서 창업하고 망한다. 망한 사람들은 우리 주변에 무수히 많은데도 불구하고 말이 없다. 조용히 사라지기 때문이다. 이러한 슬픈 일은 더 이상 만들지 말자.

베이커리 역시 그렇다. 우리나라에는 베이커리를 대표하는 브랜드가 두 개 있다. 이것 역시 개별 점포의 입지가 브랜드력까지 영향을 미친 대표적인 사례이다. 맛의 차이는 없다. 그럼에도 창업자들은 어느 한 회사의 가맹점을 더 선호한다. 처음부터 그랬던 것은 아니다. 개별 점포 입지에서 밀린 것이 결국은 브랜드 이미지까지 영향을 미치고 이제는 역전시킬 방법이 거의 없는 상황까지 온 것이다.

테이크아웃 커피 전문점도 마찬가지다. 경쟁관계를 살펴보면 바로 정답이 나온다. 자금이 적어서 테이크아웃 커피 전문점을 한다면 성공할 수 있을 것인가? 경쟁점인 유명 프랜차이즈 가맹점들을 보면 브랜드력은 그렇다치고 A급지에 점포 규모도 $100㎡$ 이상인 경우가 태반이다. 이들과의 경쟁에서 이길 수가 있겠는가? 거의 없다. 대부분은 무너지고 만다.

2008년 카페베네로 인해 커피 전문점이 유행했을 때 너도나도 카페 창업에 뛰어들었다. 그리고 수많은 사람들이 망했다. 이유는 너무도 간단하다. 경쟁점인 유명 프랜차이즈 가맹점들을 이길 수 있는 요소가 없었기 때문이다. 사실 태동기의 커피 전문점은 입지와 점포 규모 말고는 경쟁요소가 거의 없었다. 십수 년이 지난 현재는 커피 맛을 구별해내는 안목을 갖춘 사람들이 늘면서 입지와 점포 규모 그리고 차별화된 맛도 창업 성공의 중요한 요소가 되었지만 말이다.

예전 카페 창업자들은 커피 맛을 차별화하거나 가격을 싸게 해서 창업을 하면 성공하리라고 착각했었다. 당시에는 커피 맛을 구분할 수 있는 소비자가 없었을뿐더러, 맛의 기준도 애매모호하다. 쓴맛을 강조하는 브랜드가 있는가 하면 부드러운 쓴맛을 강조하는 브랜드도 있다. 도대체 어떤 커피가 더 낫다는 것인가. 기호식품이기 때문에 분별이 안되는 것이다.

커피 가격을 싸게 한다면 어떨까? 가능하긴 하다. 하지만 이 경우에는 입지가 중요해서 유동인구가 많은 곳, 도시의 경우 자금대 2억 5천만 원 이상이 있어야 가능하다. 하지만 예비 창업자들의 자금 수준인 5천만~1억 5천만 원대는 거의 불가능에 가깝다. 입지가 떨어져 소비가 일어나지 않기 때문이다. 물론 지방도시나 시 외곽 신도시 신축상가의 경우에는 창업이 가능하긴 하다.

상권과 입지가 매출액을 결정한다

가맹사업거래의 공정화에 관한 법률의 개정에 의해 예상매출액 산정서를 가맹본부가 가맹점 희망자에게 서면으로 제공하게 되었다(2013. 8.13 신설, 2014.2.14. 시행). 그렇다면 예상매출액은 어디에서 나올까? 아이템일까, 창업자의 경영능력일까, 아니면 입지일까? 바로 이에 대한 해답이 2014년 2월 27일 공정거래위원회 홈페이지 공지사항에 떴다. 바로 가맹사업거래의 공정화에 관한 법률 개정에 의한 예상매출액 산정서의 표준양식에 관한 규정이다.

'예상매출액 산정서의 표준양식에 관한 규정'에 의하면 예상매출액의 산정기준은 오로지 상권과 입지이다.

02 업종별 소비자분석에 따른 핵심 키워드와 적정 입지

소비자가 점포를 이용하는 이유는 업종마다 다르다. 무엇 때문에 이용할까? 상권과 입지조건이 좋아서인가, 아니면 점포가 커서인가(상품이 다양하게 구비되어서인가), 그도 아니면 가격이 저렴해서인가, 차별화된 마케팅이나 서비스 때문일까? 그 이유는 너무도 다양하다.

업종별 소비자분석에 따른 핵심 키워드

업종별 소비자 구매행동을 정확히 분석해야 그 업종에 맞는 입지를 알아낼 수 있다. 당연히 업종별 구매행동을 파악해야 하며, 이것을 요약 정리한 것이 바로 업종별 핵심 키워드이다.

소비자분석을 해보자.
첫째, 소비자와 아이템 콘셉트가 무엇인가?

이미 십수 년 전부터, 정확히 말하면 1999년부터(IMF 이후) 주 소비자는 남성에서 여성으로 이동한 상태이다. 따라서 여성을 공략하는 콘셉트로 구성해야 한다. 모든 아이템이 공히 같다. 예를 들어, '뼈다귀감자탕'을 보라. 1999년도에 콘셉트를 바꾸어서 대단한 성공을 거두었던 것을 기억하리라. 1998년 이전에는 동네 어귀에 할머니가 가게주인으로 있으면서 40대 이상의 남성고객들만이 우글거리는 칙칙한 가게의 이미지였다. 그런데 1999년도에 들면서 여성고객을 공략해 대단한 성공을 거두었으며 지금도 꾸준히 유지되고 있다.

그렇다면 여성고객을 어떻게 공략했다는 말인가. 여성고객들의 심리를 이용해서 간단하게 정리했다. 인테리어를 참신하게 구성하고, 여성들이 좋아하게끔 깊은 맛보다 깔끔한 맛으로 메뉴를 개선한 것뿐이다. 바로 이 점이다. 앞으로 모든 아이템은 바로 이러한 여성의 심리를 이용해서 콘셉트를 정해야 성공한다.

둘째, 소비자가 무엇 때문에 이용하는가?

상품 품질	상품 가격	상품 수량	서비스	브랜드력

입지력 (입지/ 점포규모)

모든 업종에 걸쳐 입지력은 기본이다. 여기에 상품 품질, 상품 가격, 상품 수량, 서비스 중 소비자가 이용하는 이유가 덧붙여진다. 예를 들어 편의점은 오로지 입지력이다. 편의점을 이용하는 이유는 품질, 가격, 수량, 서비스 때문이 아니라 접근하기 쉽고 눈에 띄기 때문이다. 이것이 핵심 키워드이다. 따라서 편의점은 A급지가 적정 입지이다. 반면 전문음식점의 경우에

는 입지 외에도 상품 품질(맛)이 중요하기 때문에 구태여 A급지에서 할 필요는 없다. 이러한 경우 B급지에서 하면 좋다.

그렇다면 브랜드력은 어떤가? 같은 조건(상권과 입지 그리고 점포 규모가 유사한 경우)일 경우 경쟁점에 비해 브랜드력이 있어서 조금 더 유리한 것이지 브랜드력이 입지를 완전히 극복하지는 못한다. 따라서 브랜드력은 같은 조건에서 유리한 조건을 갖추는 '플러스'요인 정도로 해석하는 것이 옳다.

셋째, 어떻게 이용하는가?

우리 점포를 소비자들이 차량으로 이용하면 좋겠지만 그렇지 않다. 차량으로 이용하는 것은 중대형점이다. 창업자 대부분은 중소형 점포 창업자로서 아쉽게도 중소형 점포 소비자들은 걸어서 가게를 찾아온다. 당연히 가게를 오다가 각종 장애요인들에 의해서 단절이 일어난다. 산이나 강, 언덕, 철로, 6차선 이상 도로 등도 요인이며, 동선 혹은 경쟁점에 의해서도 단절이 생긴다. 그래서 중소형 점포들은 상권 분석이 필요한 것이다.

업종별 소비자분석에 따른 적정 입지

위에서 보듯 업종별로 핵심 키워드가 다른 만큼 그에 맞는 적정한 입지가 따로 있다. 예를 들어 살펴보자. 판매업 중 여성의류와 같은 선매품과 베이커리 같은 패스트푸드점은 입지가 매출을 결정하므로 모든 상권 도로변 A급지가 좋다. 입지가 매출을 결정한다. 그런 연유로 무조건 경쟁점보다 입지 우위에 있어야 한다.

전문 음식업은 어떤가? 입지 이외에도 맛으로 승부가 가능하다. 따라서 경쟁점이 A급지에 있어도 B급지 점포가 반드시 망하는 것은 아니다. 맛으로 승부가 가능하기 때문이다. 따라서 전문음식업의 적정 입지는 B급지이다.

한편, 카센터 등 기술 위주의 서비스업은 C급지에서 해도 무방한 유일한 아이템이다.

이와 같이 업종마다 그에 맞는 상권과 입지를 택해야 한다. 하지만 구태여 A급지든 B급지든 입지 수준을 따질 필요가 없는 아이템도 있다. 소형슈퍼 등 생필품점이나 PC방, 미용실, 세탁소 등 소규모 서비스업은 A급지든 B급지든 내 점포를 이용할 수밖에 없는 세대, 즉 독점세대를 정확히 따져서 입지하면 된다. 골목길에 다른 아이템은 거의 장사가 안되는데도 불구하고 소형 슈퍼나 미용실이 되는 경우를 보았을 것이다. 바로 이러한 특성 때문이다.

구 분		핵심키워드	적정상권, 입지	상권의 범위	동업종 간 경쟁 유무	*입지 전략
외식업	일반 외식업	입지	모든 상권 B급지 이상	반경 500m 이내	원칙적으로 경쟁, 보완 가능	
	전문 외식업	입지 + 맛	B급지 충분	반경 1~2km	보완과 경쟁	
도소매업 (판매업)	생필품	입지 + 상품	주택지 B급지 또는 C급지	반경 500m 이내	경쟁	
	선매품	입지 + 상품력	A급지	반경 1~2km	보완과 경쟁	
서비스업	기술위주 서비스업	영업력 (기술, 서비스, 마케팅)	모든 상권 C급지	반경 1~2km	원칙적으로 경쟁, 보완 가능	
	소규모 서비스업	입지 + 영업력 (기술, 서비스, 마케팅)	B급지 또는 C급지	반경 500m 이내	경쟁	
	대규모 서비스업	입지 + 규모 + 경영능력 (서비스, 마케팅)	B급지 이상	반경 1~2km	원칙적으로 경쟁, 보완 가능	
소호(인터넷)		영업력 (기술, 서비스, 마케팅 능력)	–	광역	원칙적으로 경쟁	

좀 더 세분화해서 보자. 아래 입지 수준별 적정 업종을 살펴보라. 이 표가 상권 분석에서 가장 중요한 표이다.

| 입지 수준별 업종 분포표 |

입지 수준	업종	세부 업종
A급지	선매품, 패스트푸드류	금은방, 안경점, 여성의류 전문점, 화장품 전문점, 커피 전문점, 베이커리 전문점 등 주로 선매품, 고가품, 기호품 그리고 패스트푸드류
B급지	전문음식점	고기집과 같은 각종 전문음식점
C급지	기술 위주의 서비스 업종과 배달업	카센터, 각종 공작기계, 가구점, 우유대리점, 표구점, 수석가게, 이발소, 철물점, 낚시용품점, 신문 보급소 등 기술 위주의 서비스 업종과 각종 배달전문점

위의 표와 같이 입지가 아니라 독점세대가 중요한 아이템은 다음과 같다.
– 패스트푸드류(하지만 되도록 A급지에서 해야 한다)
– 생활필수품(슈퍼, 야채가게, 과일가게, 정육점, 생선가게 등)
– 일반서비스업(미용실, 세탁소, 각종 학원, 네일아트점, PC방, 각종 병의원 등)

03 | 업종별 보완과 경쟁관계에 따른 입지 전략

앞서 본 대로 업종별로 그에 맞는 적정 입지만 찾아서 창업하면 되는가? 그렇지 않다. 예를 들어 편의점은 A급지가 적정 입지라고 했다. 그런데 혼자서만 창업하는 것은 아니지 않은가. 경쟁점이 A급지에 이미 입점해 있다면 어찌해야 할 것인가. 이처럼 입지 수준별 적정 업종 구분도 중요하지만 업종별 보완과 경쟁관계에 따른 입지 전략, 즉 경쟁점이 모여 있는 곳에서 창업해야 하는 업종인지 경쟁점이 있으면 안되는 업종인지의 구분도 매우 중요하다.

모든 업종의 적정한 상권과 입지는 이 두 가지를 합쳐서 알아야 비로소 올바른 분석이 된다는 것을 명심하기 바란다. 예를 들어 전문음식업은 경쟁점이 모인 곳에서 하되 B급지에서 하라는 것이다. 이와 같이 동일업종이 나란히 입점해야 시너지효과를 발휘해 장사가 잘되는 업종이 있는가 하면, 경쟁업종이 모여 있으면 말 그대로 상호 경쟁관계로 인해 제 살 깎아 먹는 업종도 있다.

그림을 보면서 설명하겠다.

| 지형지세와 상권 형성 |

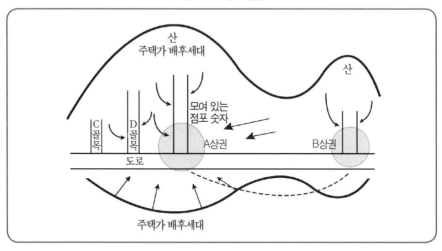

경쟁점이 모인 곳에서 창업해야 하는 업종

경쟁점이 모인 곳에서 창업하는 업종	중소형 전문음식업과 선매품은 서로 모여 있어야 상호 시너지효과로 인해 장사가 잘된다. 먹자골목이나 의류매장 거리가 있는 이유가 바로 이것이다.

※ 음식업 중 커피와 호프 및 분식류는 원칙적으로 경쟁점을 피해야 한다. 시 외곽의 카페 거리에서 보듯이 커피 전문점은 특색을 달리하여 모여 있으면 시너지효과가 있기도 하다. 한편, 커피 전문점은 입지와 분위기가 차별화 요소이므로 점포 규모 또한 중요하다.

중소형 전문음식업과 선매품은 모여 있어야 상호 시너지효과로 인해 장사가 잘된다. 따라서 점포들이 모여 있는 A상권이나 B상권에서 해야 한다.

주택지는 낮은 곳이면서 배후지가 깊은 곳에 상권이 만들어지는데, 일반적으로 생활편의시설(전통시장, 대형슈퍼, 대중교통 등)이 있어서 그 지역 일대 사람들이 저절로 모이는 곳에 형성된다. A상권이나 B상권은 말 그대로 장사하기에는 좋지만 이러한 곳은 모두 보증금과 임대료가 비싸다.

자금이 부족하다고 해서, 상권다운 상권이 형성되지 못하고 입지도 떨어진 C, D골목과 상권에서 떨어진 도로변에서 홀로 중소형 전문음식업이나 선매품 창업을 해야 하겠는가? 창업하는 순간에 망하고 만다. 아무리 애를 써도 망한다는 것이다. 상권 자체가 쇠락의 길로 가고 있는데 혼자만 잘될 수는 없다.

상권 형성이 제대로 이루어지지 않은 도로변에서 가능한 것은 중대형점과 서비스업 및 일부 생필품, 그리고 배달업 등이다. 중대형점은 그 자체가 고객을 끌어모으는 힘, 즉 집객력이 있기 때문이다. 하지만 이때에도 나중에 점포를 매도할 경우 상권 전체가 좋지 않기 때문에 매도가 쉽지 않을 뿐 아니라 권리금도 손해를 입을 확률이 높다. 이 같은 이유로 서비스업이나 생필품의 경우에도 되도록이면 상권 전체가 좋은 데서 점포를 구하라는 것이다.

대형백화점이나 대형할인점 등 대형편의시설을 보면 그 답을 찾을 수 있다. 대형편의시설의 상권이 좋지 않아 소비자가 없어서 장사가 안되는 곳을 보라. 그 시설 내에서 제일 좋은 자리, 소위 A급지인 코너 점포나 출입문 앞 점포 역시 장사가 안되는 것을 보았을 것이다. 물론 그중에서는 제일 잘되겠지만 그게 무슨 의미가 있겠는가. 전체가 안되면 개별 점포 역시 장사가 안 된다는 것을 명심하고, 좋은 점포를 구하려면 우선 상권 전체가 활성화된 곳을 찾아서 입점해야 한다.

중소형 음식점을 하려면 차라리 A·B상권 끝에라도 붙어서 하는 것이 좋다. 음식점으로 성공한 사람들의 태반은 이러한 전략을 구사한 사람들이다. 상권 내 C급지에서 창업하여 성공하면서 그 상가나 상가건물을 구입하기도 한다.

경쟁점을 피해서 창업해야 하는 업종

경쟁점을 피해서 창업하는 업종	• 패스트푸드(커피, 호프 포함) • 생필품 • 소규모 서비스업 • 생필품은 500세대 독점 필요 • 소규모 서비스업 중 피아노, 미술 등 유치부 대상 학원과 세탁소, 미용실 역시 500세대 독점 필요 • 피부 관리실, 네일아트점 등은 1,500세대 독점 필요

※ 기술 서비스업인 카센터, 공작기계 등은 경쟁업종이 모인 곳에서도, 경쟁업종을 피해서도 창업이 가능하다. 기술이 가미된 만큼 일반 창업보다 입지 선정에서도 유리하다. 소비자가 찾아오기 때문이다.

경쟁점을 피해야 하는 업종은 생필품과 소규모 서비스업이다. 음식업 중 커피와 호프 및 분식류는 원칙적으로 경쟁점을 피해야 한다. 커피는 상호 경쟁관계이기는 하지만 시 외곽 카페거리에서 보듯이 특색을 달리하여 모여 있으면 시너지효과가 있기도 하다. 또한, 커피 전문점은 입지와 분위기가 차별화 요소이므로 점포 규모가 중요하다.

경쟁점을 피해야 하는 업종은 서로 모여 있으면 상호 경쟁관계만 성립되기 때문이다. 이러한 업종은 구태여 상권이 좋은 A상권이나 B상권에서 할 필요가 없다. C골목이나 D골목 그리고 상권 이외의 도로변에서 창업하면 좋다. 다만 배후지 세대가 500세대 미만이면 생필품이나 소규모 서비스업도 어렵다. C골목 같은 경우이다. 배후지 세대가 500세대 이상이어야 생필품이나 소규모 서비스업 창업이 가능하다. 500세대가 되어야 업종 불문하고 월 300만 원 내외의 수익을 낸다. 그래야 생활할 것 아닌가. 그래서 500세대를 '창업의 기초단위'라고 하는 것이다.

소규모 서비스업 중 그나마 규모가 있는 서비스업(보습학원이나 치과나 내과 등 일반진료과목 병의원, PC방 등)은 1,500세대는 되어야 한다. 만약 D골목에서 생필품이나 소규모 서비스업이 되고 피부 관리실이나 치과 등 전문점이 안 된다면 이 골목을 이용하는 배후지 세대가 1,500세대 미만이라는 것을 알 수 있다. 즉 소규모 서비스업 중 전문점을 하려면 이 골목은 피해야 한다.

생필품이나 기술 서비스업 그리고 소규모 서비스업(보습학원이나 치과나 내과 등 일반진료과목 병의원, PC방 등 제외)은 임대료를 많이 지불하고 창업을 하는 아이템이 아니다. 그런데 현장에서 보면 창업자들이 경쟁점이 없다는 이유 하나만으로 오히려 그러한 곳을 선호하고 있다. 당연히 과다한 임대료로 인해 실패할 확률이 높아진다.

이처럼 경쟁점이 모인 곳에서 창업하는 아이템인지 아니면 경쟁점을 피해서 창업해야 하는 아이템인지의 구별은 본 아이템이 어떤 입지에 적합한지(A급지인지, B급지인지, C급지인지)의 구별만큼 중요하다.

여러분은 항상 이것을 염두에 두고 창업과 상가투자를 해야 한다. 이것을 알면 모든 점포의 운명(매출액과 수익성)까지도 예견이 가능해질 것이다.

04 업종별 중간저지 전략

앞에서 업종별로 입지 전략이 다른 것을 살펴보았다. 동 업종 간 보완관계이든 경쟁관계이든 모든 업종에 걸쳐 공통적으로 해당되는 입지 전략은 경쟁점이 있어도 경쟁력 우위에 있으면 입지가 가능하다는 것이다. 그런데 이 경우에는 반드시 자금력이 요구된다. 따라서 소자본 점포창업자에게는 적절한 전략이 아니며, 현실적으로 자금력을 충분히 갖고 창업하는 사람도 극소수이다. 이것이 업종별 중간저지 전략을 알아야 하는 이유이다.

중간저지 전략이란?

자기자금력에 맞추어서 입지할 수 있는 방법은 없는가? 있다. 경쟁관계인 업종, 즉 생필품과 소규모 서비스업은 경쟁점을 피해 입지가 떨어진 곳에서도 창업할 수 있다.

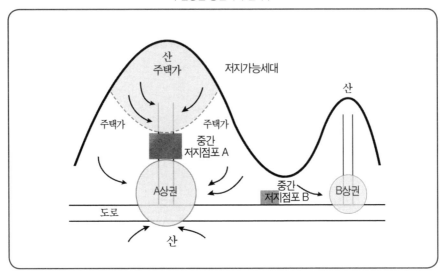

위 그림에서 보듯 상권이 이미 형성된 곳인 A상권이나 B상권에서 점포를 구하려면 임대가와 권리금이 높다. 창업자금이 된다면 당연히 상권이 형성된 곳에서 점포를 구해야 한다. 그런데 불행하게도 자금이 부족하다면 창업을 포기해야만 할까? 그렇지 않다. 경쟁관계인 업종은 상권이 제대로 형성되어 있지는 않지만 A점포처럼 상권이 끝나는 지점인 골목에서도, B점포처럼 C급지 도로변에서도 입지 가능하다. 이것이 바로 중간저지이다.

위 그림의 중간저지 점포와 73쪽의 중간저지 전략이 가능한 업종을 대입하면서 여러분이 거주하고 있는 주택지에 연결하여 보라. 중간저지 전략이 가능한 업종이라면 분명 잘되고 있을 것이고, 그렇지 않다면 실패의 나락으로 떨어져 있을 것이다. 이와 같이 업종별 핵심 키워드와 입지 전략, 그리고 중간저지 전략에 대해 완벽하게 정복한다면 업종별, 자금대별 창업 전략이 가능하게 되고 성공 창업으로 이어진다.

중간저지 전략이 가능한 업종

그렇다면 경쟁점을 피해 중간저지가 가능한 업종은 무엇인가? 앞에서 설명한 것을 종합해 보자. 중간저지가 가능한 업종은 중간저지 점포 A나 B에서 창업이 가능하다. 상호 경쟁관계인 업종인 패스트푸드류, 생필품, 기술 위주 서비스업 중 건재상이나 카센터 등, 그리고 소규모 서비스업 등은 중간지점 A, B에서 배후지 세대를 고객으로 하여 창업해도 괜찮다.

| 중간저지가 가능한 업종과 불가능한 업종 |

구분	업종	세부 아이템(예)	비고
중간저지 가능 업종 (경쟁관계)	일반외식업	분식점, 패스트푸드	도로변, 골목 가능 (독점 500세대 이상)
	그 외 일반외식업	커피, 호프 전문점	도로변, 골목 가능 (독점 500세대 이상~ 1,500세대 내외)
	생필품	슈퍼, 야채가게 등	상동
	기술 위주 서비스업	카센터, 건재상	도로변 가능
	소규모 서비스업	세탁소, 부동산중개업	도로변, 골목 가능 (독점 500세대 이상)
		학원, PC방	도로변, 골목가능 (독점 500세대 이상~ 1,500세대 내외)
	대규모 서비스업	오락 · 교육 및 건강 관련 서비스업	도로변 가능
중간저지 불가능 업종 (보완, 경쟁관계)	전문음식업	삼겹살 전문점, 설렁탕 전문점	불가능
	선매품	여성의류, 18k 전문점	불가능
	일부 대규모 서비스업	성인 외국어학원, 입시학원	불가능

적정한 창업
아이템 찾기

01 | 창업 핵심 키워드에 맞는 유망업종을 잡아라

일반적으로 장사 경험이 없는 사람들은 유행을 따라 같은 업종, 같은 아이템에 몰려들곤 한다. 때문에 생존을 위한 창업이 오히려 생존을 위협하는 질곡이 되는 경우가 허다하다.

"돈을 벌 수 있는 뭐 좋은 거 없을까?" 자주 듣는 말이다. 아쉽게도 그렇게 간단히 떼돈 벌 수 있는 장사란 없다. 그런데도 장사를 하면서 누구는 돈을 벌고 누구는 망한다. 그 이유는 무엇일까? 바로 이 점에 업종 선택의 중요성이 내포되어 있다. 당연히 업종에 맞는 입지 선정이 창업의 핵심인 것은 분명하지만 유망업종 선정도 못지않게 중요하다는 뜻이다.

돈을 벌 수 있는 업종. 이것은 개인의 소질과 능력에 따라서, 남자인가 여자인가에 따라서 다르며, 나이가 많은지 적은지에 따라서도 달라지지만, 보편적인 돈 버는 업종도 분명 존재한다. 그것이 바로 '유망업종'이다.

성공확률이 높은 유망업종을 잡아라

수많은 업종 중 특별히 뛰어난 업종은 없다. 뛰어난 업종이 있다 하더라도 경쟁업소의 난립으로 인해 결국은 유행업종이 되거나 평범한 업종이 될 것이다. 유망업종이란 참신한 아이템이나 독특한 아이템에 있지 않다. 참신한 아이템은 유행업종으로 전락할 확률이 높아서 추구해야 할 것은 아니다. 독특한 아이템을 개발한다면 그 이상 좋을 것이 없겠지만 개발에 많은 노력과 시간 그리고 자금이 소요되며, 설령 개발했다고 해도 시장성이 없어 아예 사장될 수 있는 등 위험부담이 크다.

유망업종이란 결국 기존의 업종을 약간씩 변형한 것들이다. 즉, 전문화와 차별화를 시킨 것이다. 이 경우 기존의 업종보다 성공할 가능성이 높다. 여기서 안정적으로 성장하는 것이 바로 유망업종이다. 한편 기존의 업종은 붐을 일으켜 짧은 순간에 돈을 모을 수는 없지만 꾸준히 돈을 버는 업종이므로 이 또한 유망업종이라 할 수 있다. 유망업종은 안정성과 성장성, 그리고 수익성이 보장되는 것으로, 우리가 흔히 접하고, 느끼고, 듣고, 보아왔던 보편적인 업종이다. 물론 기존의 것에서 약간의 차별화를 기하는 것은 당연하다. 유망업종이란 수익성이나 성장성, 그리고 안정성 모두 갖추어야 하지만 초보 창업자는 무엇보다도 안정성을 우선시해야 창업 실패를 막을 수 있다.

이러한 보편적인 업종은 경쟁이 치열할 수밖에 없다. 그렇기 때문에 창업자들이 경쟁관계가 무서워 참신한 아이템을 선호하게 되고 결국 유행업종에 빠지고 마는 요인이 되고 있다. 이러한 우를 다시는 범하지 않아야 한다. 창업은 어차피 경쟁을 피할 수는 없다. 보편적인 업종을 하되 경쟁점포보다 입지 우위에 있든지 아니면 점포 규모 우위에 있든지 해야 경쟁력을 갖추게 되며, 바로 창업 성공의 길로 가게 되는 것이다.

다만 성숙기를 지난 업종이라면 현재는 꾸준히 장사가 되더라도 곧 쇠퇴기에 이르게 되므로 계속해서 조금씩 변화를 꾀해야 한다. 조금씩 변화를 준다는 것, 즉 창조력은 특별한 사람들만이 발휘하는 것은 아니다. 누구나 조금만 주의를 기울인다면 가능하다. 우리 주변에서 사용하고 있는 물건이나 업종 또한 기존의 편리함이나 부가적인 기능을 더한 것뿐이다.

유망업종을 창업 핵심 키워드에서 찾아야 함은 너무도 당연하다. 창업 핵심 키워드는 다음과 같다.

합리적, 편의적, 웰빙으로 대표되는 건강 환경, 여성, 신세대, 오락, 레저, 배달, 차별화

이해를 돕기 위해 몇 가지만 설명한다.

배달

최근 코로나 19 확산으로 비대면 소비가 급증하는 가운데 외식업계를 중심으로 매장에 방문할 필요 없이 언제 어디서든 편하게 즐길 수 있는 딜리버리 서비스가 주목받고 있다. 외식업계 딜리버리 서비스는 1인 가구 증가와 혼밥 트렌드 등 소비 패턴의 변화로 패스트푸드에 국한되었던 과거와 달리 다양한 영역으로 확장되었다. 배달음식 규모가 2018년 20조 원을 넘어서며 성장을 지속함에 따라 배달 전문 앱을 활용하거나 자체 주문 앱을 도입하는 브랜드들이 속속 생겨나고 있다. 이제는 업종 불문하고 점포 판매 이외에도 배달을 겸하여 판매를 확장하는 것이 필요하다.

웰빙

웰빙이라는 단어에 국한된 제품을 의미하는 것이 아니라 모든 아이템에 웰빙을 접목하여 기존 아이템과 차별화하라는 의미다. 즉, 기존 아이템에 '건강'이나 '친환경'이라는 기능을 부가시키라는 뜻이다. 기존 아이템인 일반고기집이 생삼겹 전문점⇒ 매실와인으로 숙성시킨 삼겹살 전문점⇒ 녹차 먹인 삼겹살⇒ 키토산 먹인 삼겹살 또는 무항생제 삼겹살 전문점 등으로 건강이라는 기능이 부가되어 변화하여 온 것처럼 말이다.

웰빙이란 단어가 화두로 떠오르기 2~3년 전에도 '건강'이라는 단어가 창업의 핵심 키워드였는데, 이때 이것을 건강식품점으로 오인하여(매체에서도 건강식품점이 유망하다고 기사화를 하는 등 예비 창업자가 오인하는 데 한몫을 담당함) 수많은 예비 창업자, 특히 건강에 관심이 많은 중년층 예비 창업자가 건강식품점을 창업하고 실패한 전례가 있다.

매체에서 다루는 창업 관련기사가 실패로 이끈 사례가 비단 이것뿐이던가. 유행업종 양산과정에는 거의 일조(?)를 하여 왔다. 이미 폐업이 속출하고 있는데도 불구하고 매체에서는 창업 성공 사례로 소개되는 경우가 허다하다.

이제 스스로 안목을 키우는 것만이 살길이다.

오락 · 레저

'오락 · 레저'가 키워드임은 당연하다. 한때 이를 곡해하여 인라인 스케이트 전문점이 유망 아이템이라고 계속 매체에 등장하고, 많은 사람들이 창업하고, 그리고 폐업한 전례가 있었다. 일부 마니아가 이용하는 아이템은 멀리에서도 소비자들이 찾아와야 된다. 즉 상권의 범위가 넓어야 가능하므로 대형으로 하든지 아니면 온라인을 겸해야 한다.

여기서 오락 · 레저가 키워드라고 함은 주 5일 근무제의 확산에 따라 여가를 활용하고 즐기려는 경향으로 인해 창업시장의 부진에도 불구하고 새로운 트렌드가 형성된다는 뜻이다. 즉 다음과 같은 변화가 있다는 것이다.

- 체험형 여가 시장 확대 : 여행(펜션 사업의 성장), 캠핑, 스포츠, 게임 등
- 사회성 여가 시장의 확대 : 자격이나 어학, 전문지식에 대한 교육 비즈니스의 성장
- 가사노동 대체 비즈니스의 확대 : 포장이사 대행업, 탁아소, 청소대행업, 각종 반찬 서비스업 등
- 기업 지원 서비스 확대 : IT부문, 컨설팅, 법률 서비스, 기획지원 서비스, 기술연구 대행 서비스 등

– 상품의 엔터테인먼트화 : 상품력보다는 상품에 부수된 서비스나 콘텐츠
　등 오락성의 가미

여성

　한편, 위의 핵심 키워드를 활용하여 대성공을 거둔 구체적인 사례를 보
자. '여성'이란 키워드는 1998년도 이전에는 여성과 직접 관련 있는 품목
만으로 인식되었는데, 이제 그러한 뜻만 있는 것은 아니다. 여성과 직접관
련이 없는 품목도 여성을 고객화하는 방향으로 업그레이드하라는 것이다.
'뼈다귀해장국'이나 '쪼○쪼○맥주전문점'을 보라. 모두 1999년도에 시작
하여 불과 몇 년 사이에 대성공을 거두었는데, 그 핵심이 바로 여성을 공략
한 데에 있었다.

　예전에는 뼈다귀해장국이나 호프집은 주고객이 30~40대 남성들로 한정
되어 있었다. 여기에 착안하여 여성고객을 늘리는 데 초점을 맞춘 것이 대
성공을 낳았던 것이다. 여성은 무엇에 약한가. 바로 분위기와 깔끔한 메뉴,
이 두 가지다. 칙칙했던 실내를 깔끔한 인테리어로 분위기를 일신하고 여
성이 좋아할 만한 맛(깊은 맛을 깔끔한 맛으로)과 메뉴로 구성하였던 점이
주효했던 것이다.

유행업종 창업은 가능하나 일단 피하라

유망업종을 신규업종에서만 찾아서는 안 된다. 신규업종에 유행 업종이 도사리고 있기 때문이다. 예를 들어 찜닭 전문점, 참치회 전문점, 매실와인으로 숙성시킨 삼겹살 전문점, 육회 전문점, 가격파괴 삼겹살 전문점, 막걸리 전문점, 팥빙수, 벌집 아이스크림점, 생연어 전문점, 인형게임방 등등이 불붙듯이 일어나다 사그라졌다. 이처럼 참신한 아이템인데도 불구하고 유행업종으로 전락하고 마는 경우가 잦다.

유행업종이란?

일반적으로 유행업종은 도입기에서 성장기와 성숙기를 거치지 않고 곧바로 쇠퇴기로 넘어가버리는 특성이 있다. 사업에 실패한 사람 중에는 이러한 유행업종에 그것도 '막차를 탔다가 실패'한 경우가 많다. 방송·신문 등 언론매체와 인터넷 통신의 발달로 어떤 업종이 좀 된다 싶으면 마구 보도가 되고 퍼지면서 전국적으로 유행한다. 자연히 몇 달 지나지 않아서 경쟁점포의 난립과 품질 저하로 인해 신종 사업의 생명이 짧아지고 그 사업에 뛰어든 사람은 공멸할 확률이 높다.

하지만 유행업종인지 유망업종인지를 구분하기가 쉽지 않다. 나중에 일정 기간이 지난 뒤 결과를 보고서야 "아, 이것이 유행업종이었구나!"하고 깨닫게 되기 때문이다. 유망업종과 유행업종은 사업 초기에는 형제처럼, 아니 쌍둥이처럼 모습이나 행태가 똑같다. 그러니 어떻게 구별하겠는가? 사실 전문가라는 사람들도 확연히 구별하지 못하는데 하물며 초보자들은 너무도 당연한 일이다. 중요한 것은 사업 초기에 유망업종인지, 유행업종인지를 구별해내야 한다는 점이다.

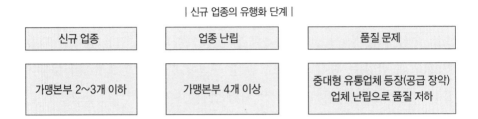

| 신규 업종의 유행화 단계 |

신규 업종	업종 난립	품질 문제
가맹본부 2~3개 이하	가맹본부 4개 이상	중대형 유통업체 등장(공급 장악) 업체 난립으로 품질 저하

① 노하우가 없고 신규 참여가 쉬운 업종은 유행업종이다

유망업종과 유행업종은 구별하기가 어렵다고 했다. 둘 다 성장업종이고, 투자 대비 수익성이 높으며, 안정성까지 있어 보이기 때문이다.

그렇다면 차이점은 대체 무엇일까?

이것만 명심하라. 특별한 노하우가 없어서 신규 참여가 쉬운 업종은 난립으로 인해 공멸하고 만다. 너도 나도 쉽게 모방하면서 각종 브랜드의 양산을 부채질하고 결국은 품질저하를 초래하여 소비자와 매체 양쪽에서 외면당하고 만다. 유행업종은 이처럼 외면당하는 순간 바로 도태되고 마는 속성을 지니고 있다.

한편, 신규 진입이 쉬워서 전 브랜드가 새로운 브랜드에 의해 도태되는 등 브랜드의 생명주기가 짧아지는 현상 역시 유의해야 한다. 예를 들어 치킨 전문점을 보라. 유행업종이나 사양업종은 아닌데 새로운 브랜드의 탄생으로 인해 전 브랜드는 잠시 잠깐 반짝하다가 사라지면서 많은 점포들이 고전하고 있는 것이 현실이다.

② 수요의 반복성과 지속성이 없는 업종은 유행업종이다

어떠한 사업이든 수요에 대한 반복성이 확보되어야 한다. 수요가 없는 공급은 사상누각에 불과하다. 특정한 날이나 특정한 계절에 치우친 아이템은 위험하다. 또한 음식업의 경우에는 간식용이 아닌 주식용 아이템으로 창업해야 한다. 만약 간식용 아이템일 경우에는 주식용 메뉴의 보완이 필요하다.

③ 법규에 저촉되거나 국민적 정서에 반하는 업종은 유행업종이다

'전화방'이나 '성인전용 PC방' 등이 대표적인 업종이다. 처음에는 해당 업종을 처벌할 수 있는 법규가 없어서 마구잡이로 생긴다. 하지만 각종 폐해가 발생하는데도 정부가 두 손 놓고 있겠는가 말이다. 당연히 법규를 제정하여 처벌한다. 국민적 정서에 반하거나 미풍양속을 해치는 경우에는 아무리 아이템이 좋아도 피하는 것이 좋다.

유행업종도 창업이 가능하다

이제는 전 업종에 걸쳐서 업종이나 브랜드의 생명 주기가 짧아짐에 따라 유행업종화되고 있는 것이 현실이다. 신규 업종이 설령 유행업종이 아니라 할지라도 생명주기가 짧아진 만큼 유행업종 창업은 깊이 숙고해야 한다.

① 유행업종도 도입 초기에 하면 좋다(프랜차이즈 본사가 2~3개일 때)

프랜차이즈 본사가 1~2개일 때는 좀 더 지켜볼 것, 이때는 유행은커녕 아예 주저앉고 마는 수가 많기 때문이다. 생활정보지를 생활화하라. 광고를 보면 흐름이 보인다. 동일 아이템에 브랜드만 달리하여 동시에 광고가 2개

이상 보이면 이때는 유행업종 말기라는 신호이다. 유행업종 말기증세는 3~4개월 정도 지속되는데, 광고물량이 늘어나고 한편으로는 개업과 폐업이 빈번하게 연출된다. 그럼에도 예비 창업자들은 이 시점을 창업의 시기로 오인하여(현장에서는 개업이 눈에 띄게 늘어나고 또 장사도 되는 것처럼 보이며, 매체에 광고가 보이므로 창업 시점으로 착각함) 실패의 구렁텅이에 빠지고 만다.

이것은 중요한 문제이다. 예전에는 신규 업종이 탄생하면 6~9개월 정도 지켜보고 창업하는 것이 안정적이라고 하였다. 지금과 같이 빠르게 변하는 시대가 아니었을 때에는 그랬으나, 현시대는 빠르고 빠르게 변한다. 그런데 신중을 기한다고 6~9개월 지켜보다가 창업하면 어찌 되겠는가?

② 유행업종이라도 시설비 부담이 적으면 유망업종과 진배없다

시설비가 별로 들지 않아서 나중에 업종을 변경해도 손해가 없는 경우에는 유망업종이든 유행업종이든 개의치 마라. 장사란 돈을 벌기 위해 하는 것이라는 전제 아래 움직이면 된다.

③ 유행업종이라도 경쟁력이 있는 아이템은 복합매장화하라

업종 자체는 타 업종에 비해서 분명 경쟁력이 있는데도 불구하고 동일 업종의 난립으로 인해 유행업종으로 전락할 우려가 있는 경우가 있다. 이때는 미리미리 유사한 아이템을 개발하여 부가적으로 복합화하라는 것이다.

④ 유행업종이라도 상권, 입지조건이 좋다면 창업이 가능하다

여기서 바로 입지 선정의 중요성이 대두되는 것이다. 비록 유행업종일지라도 상권과 입지가 좋다면 어떻게든 살아남는다는 것이다. 다만 매도 시

아무래도 권리금에서 약간의 손해를 감수해야만 한다.

사양업종도 피하라

사양업종이란 점점 사라져 가는 업종을 말한다.

《정관정요》에 "역사를 아는 자는 무너지는 담장 아래 결코 서지 않는다."란 명언이 있다. 그렇다. 창업도 마찬가지이다. 무너져가고 있는 업종을 선택해서는 절대로 안 된다.

분명한 점은 사양업종은 불황업종과는 다르다는 것이다. 불황업종은 경기가 좋지 않은 업종이다. 경기란 돌고 도는 것이다. 사이클이 좋지 않은 업종이란 언젠가는 호황을 맞게 될 업종이라 할 수 있다. 하지만 사양업종은 그렇지 못하다.

① 유행업종으로 탄생했을 때부터 사양길이 예정된 업종 (신규참여가 쉬운 업종, 지속성이 없는 업종)

☞ 유행업종으로 탄생했을 때부터 사양길이 예정된 업종 : 실내낚시터, 다트장, 실내사격장, 서바이벌 게임장, 즉석 스티커사진 자판기 전문점, DDR 전문점, 휴게방, 조개구이 전문점, 쇠고기 뷔페 전문점, 참치회 전문점, 찜닭 전문점, 와인(매실)으로 숙성시킨 삼겹살 전문점, 불닭 전문점, 가격파괴 호프 · 소주방, 가격파괴 삼겹살 전문점, 막걸리 전문점, 벌집 아이스크림 전문점, 팥빙수 전문점, 생연어 전문점, 인형게임방 등등

② 시대 흐름에 뒤처진 업종이기 때문에 사양길에 접어든 업종

현대는 특히 업종과 브랜드의 생명주기가 짧아지고 있다.

예를 들어, 대형 할인점과 대형 백화점의 선진화된 판매 전략으로 인해 소규모 판매업은 점점 설 자리를 잃어가고 있다. 물론 극심한 불경기 탓도 있지만 심지어 생활필수품 취급업소인 슈퍼마켓까지도 무너지고 있는 것이 현실이다.

> ☞ 새로운 시대에 뒤처진 업종이기 때문에 사양길에 접어든 업종 : 다방(커피 전문점으로 대체), 일반 레스토랑(전문 레스토랑으로 대체), 학사주점(다양한 메뉴 개발과 저렴한 가격을 앞세운 요리주점으로 대체), 양복점, 의상실, 목욕탕(찜질방으로 대체) 등등

③ 정책변화나 사회적으로 물의를 일으켜 사양길에 접어든 업종

독서실은 1990년대 초까지만 하더라도 매우 잘 되던 사업 중 하나였다. 하지만 초·중·고등학교가 평가시험을 줄이면서 학생들의 독서실 이용이 미미해져 사양업종으로 전락했다. 당연히 수요가 있는 일부 지역, 곧 노량진 등에서는 독서실이 꾸준히 유지되고 있다. 물론 독서실은 이 한 가지 요인만으로 몰락한 것은 아니다. 전체적인 생활수준의 향상으로 가정 내 교육환경이 좋아진 것도 한 요인으로 작용했다. 이는 1990년대 후반에 이르러 목욕탕이 몰락한 것과 일맥상통한다.

또한 성인 PC방, 성인 오락실 등은 설령 단속을 피해 영업한다 해도 결코 일반 창업자가 할 것은 아니다.

④ 사양업종이라도 상권에 따라서는 호황을 누리는 경우도 있다

당구장이나 노래방(코인노래방 제외), 비디오방 등은 젊은이가 주류를

이루고 있는 일부 역세권에서는 호황이다. 일반적으로 사양길을 걷고 있는 업종일지라도 상권이나 입지조건에 따라서는 다를 수도 있다. 그만큼 소매업에서는 입지조건이 커다란 비중을 차지한다.

일반 주택지나 아파트단지 같은 상권에서는 업종 선택에 신중을 기하여 입지하되 특히 사양업종인지는 꼭 재점검하기 바란다. 예를 들어 주택지에도 노래방이 많이 있다. 하지만 이들 노래방(코인노래방 제외)이 수익이 좋은 것은 아니다. 수익이 좋은 경우는 거의 대부분 도우미가 있는 등 편법영업을 하는 경우다. 최근에는 이에 대한 단속은 거의 없기도 하다. 여하튼, 정상적으로 영업을 하는데도 불구하고 잘되는 업종이 유망업종이라는 사실을 알기 바란다.

아이템의 시장성을 파악하라

유행업종과 사양업종을 배제하고, 창업시장의 흐름과 창업 핵심 키워드에 배치되지 않는 아이템으로 어느 정도 압축이 되면 그 아이템이 과연 시장성이 있는가를 파악해야 한다. 아이템의 시장 상황을 파악하고, 틈새를 파고들 여지가 있는가(차별화가 가능한가)를 분석해 보아야 한다.

아이템의 시장성을 파악하기 위해서는 먼저 그 아이템의 창업시장 내에서의 위치와 그 아이템의 소비행태를 분석하고, 기존시장의 현재 상황을 정확히 분석해 내야 한다. 기존시장의 운영형태(점포 입지와 규모)와 특성(핵심 키워드)을 파악하면 어느 정도 아이템에 대한 시장 파악이 된다.

하지만 아이템의 시장 파악만으로 창업할 수는 없다. 틈새를 파고들 수 있는가를 보아야 한다. 자신의 적성과 성격, 연령, 성별, 그리고 자금에 맞는지를 종합적으로 고려하여 아이템을 선정하여야 한다는 것이다.

신고 및 허가업종 여부를 파악하라

모든 영업행위는 기본적으로 아무런 제약 없이 자유롭게 할 수 있다. 다만 국민의 의무인 납세의무가 있으므로 당연히 세무서에 사업자등록을 해야 한다. 따라서 보통의 자유업은 사업자등록만 필하면 되는데, 업종에 따라서는 누구나 할 수 없도록 묶어놓고서 요건을 구비해야만 규제를 풀어주는 업종이 있다. 이것이 곧 '허가업종'이다.(이러한 허가업종도 신고만으로 완화하는 추세에 있기도 하다.)

창업하려는 업종이 관련법에 의해서 신고 및 허가가 필요한 업종인지 여부를 파악해야 한다. 이 점을 소홀히 하다가 엉뚱한 피해를 입는 황당한 일은 당하지 말아야 한다. 신고 및 허가업종은 법적으로 정해진 일정한 요건을 만족해야 한다.

업종에 따라서는 일정 점포 크기를 요구하는 경우가 있고, 청소년 유해업소일 경우 학교와의 거리가 중요한 심의 기준이 되어 허가 여부를 결정짓기도 한다. 또한 건물 사용용도에 따라서, 용도지역에 따라서 허가를 제한받는 경우도 있다.

업종 특성상 소규모 서비스업이나 판매업은 허가업종이 적으며, 절차도 간단하다. 하지만 사행행위 등 행정규제가 필요한 업종이나 의약품처럼 전문적인 지식과 자격을 요하는 업종, 담배, 양곡과 같이 유통질서 확립이 필요한 업종, 그리고 풍속을 해칠 수 있는 일부 오락·유흥업종은 허가를 득해야 한다.

음식업은 1999년에 공중위생법이 폐지되고 공중위생관리법으로 대체되면서 거의 모두 신고업종으로 전환되었고, 유흥주점 등만이 허가업종으로 남아 있다. 단, 신고업종이라고 하더라도 일정 요건을 구비해야 하는 것은 허가업종과 똑같다.

신고, 허가업종 중에는 최소 크기를 두어 난립이나 부실을 막는 경우가 있고, 최대 크기를 두어 사치풍조 등을 막는 경우도 있다. 또한, 청소년 유해업소의 범위는 사실 매우 헷갈린다. 당구장은 유해업소일 것 같은데도 (예전에 당구장은 청소년 유해업소에 포함되어 있었으나 지금은 아니다.)

유해업소가 아니고, 컴퓨터게임장은 유해업소가 아닐 것 같은데도 유해업소에 포함되어 있다.

당연히 유흥주점 등은 청소년 유해업소라는 것이 확실한데, 그 외의 업종은 규정이 자주 바뀌므로 관할 관청에 문의해보는 것이 좋다. 여하튼, 청소년 유해업소일 경우에는 신고나 허가관청 이외에 교육구청의 '학교환경 위생정화위원회'의 심의를 거쳐야 된다.

건물 사용용도와 용도지역에 따라서 허가를 제한받는 경우도 있다. 건물 사용용도란 주거용인지, 점포용인지, 사무실용인지, 근린생활시설용인지 그 사용목적에 따라 구분한 것을 말한다. 건물 사용용도 변경은 건물주가 구청에 신청하면 대개의 경우 용도변경이 가능하여 웬만한 업종은 허가제한을 받는 경우가 드물다. 다만, 상업지역이 아닌 곳은 유흥주점 등의 허가가 제한된다.

위와 같이 눈에 보이는 사항은 모두들 유의하기 때문에 문제가 발생하는 경우는 드물다. 그러한 것보다는 눈에 보이지 않는 곳에서 문제가 야기된다. 즉, 그 건물이 위법건축물인지 아닌지를 건축물관리대장에 의해 확인해야 한다.

건축법을 위반한 불법건축물 이외에 주차장 시설을 다른 용도로 사용할 경우에는 위법건축물로 지적하는 등 규제가 강화되고 있다는 사실을 명심해야 한다. 위법건축물로 지적된 경우 원칙적으로는 어떠한 업종도 허가가 나지 않으며, 기존의 영업장도 업종변경이나 명의변경이 되지 않는다. 지방자치단체에 따라서는 규제를 풀어주는 곳도 있으므로 관할 관청에 확인해보기 바란다.

한편 지하층의 경우에는 소방시설의 유무를 필히 살피고, 건물 전체의 정화조 용량도 알아두면 좋다. 전기용량이 필요한 업종의 경우에는 계약전력도 미리 점검해 보아야 한다. 하지만 필요하지도 않은 업종인데도 불구하고 지나치게 세세히 따지다가 좋은 상가를 구해야 될 시점을 놓치는 우는 범하지 마라.

신고 및 허가 업종 등은 자주 바뀌므로 해당 관청에 문의해 보는 것이 좋다.

| 신고 및 허가업종 |

구 분	관련 업종	담당관청
신고업종	어린이 놀이방, 어린이집 등	구청 가정복지과
	세탁편의점, 식육판매업, 이·미용실, 일반음식점	구청 위생과
	노외주차장	구청 교통행정과
	에어로빅장, 체력단련장, 볼링장, 골프연습장, 테니스장, 수영장, 당구장, 체육도장	구청 구민생활과
	노래연습장	경찰서 지도계
	만화방	경찰서 소년계
등록업종	인터넷게임방, 컴퓨터공부방 등 음반 및 비디오 유통업	구청 문화공보과
	속셈학원, 컴퓨터학원, 피아노학원, 미술학원 등 각종 학원, 독서실	교육구청 사회교육계
허가업종	유흥주점, 숙박업	구청 위생과
	의약품도소매업	보건소 보건의약과

* 허가사항이 완화추세에 있으나 신고나 등록업종 역시 일정요건을 갖추어야 함은 허가와 별 다른 차이가 없음. 등록, 신고, 허가 구분에 대한 관청의 인식은 같음.
* 업종을 선정한 후에는 이에 대한 규제 여부는 해당관청에 문의 필요.

02 상권과 입지(위치)별 적정 업종 선정

모든 업종은 그 업종에 맞는 상권과 입지가 있다. 반대로 말하면 상권과 입지조건에 따라서 거기에 맞는 업종이 있다는 것이다. 모여 있는 상가 전체를 일컫는 상권과 개별점포의 입지에 따라 적정한 업종을 살펴보자.

상권별 적정 업종

도심권인가, 역세권인가, 아파트단지 내인가, 주택지인가에 따라 상권력이 다르다. 상권의 힘이 다르다는 것이다. 상권은 소비자를 끌어모을 수 있는 집객 시설이 어떻게 구축되어 있는가에 따라 상권의 활성도(상권력)가 다르게 나타난다. 대표적인 집객 시설로 지하철이나 전철 등을 꼽는 데는 이견이 없다. 1980년대 중반 도입된 2호선 지하철부터 분당선까지 역세권 위주로 상권이 재편되어 왔고, 밀집도는 더욱 높아져 역 주변이 아니고서는 상권 축에 끼지 못할 정도이다.

여기서 지하철역 앞이 곧 역세권이 아니라는 것을 명심해야 한다. 역을 끼고 있으면서 이미 활성화된 상권이 역세권이다. 그 외 지하철역은 단순히 역일 뿐이다. 역세권의 사전적인 뜻은 '기차역이나 지하철역을 중심으로 상업 및 업무활동이 이뤄지는 지역'이다. 역세권의 체계적·효율적 개발을 위해 역세권법이 2014년 11월 19일부터 시행되고 있다. 역세권의 개발 및 이용에 관한 법률(역세권법)에 의하면 역세권 범위는 일반적으로 역에서 도보로 10분 이내의 거리나 철도역 중심 반경 500m를 가리키는데, 주거에는 맞는 말이지만 상권에서는 아니다. 지하철역을 역세권이라고 혼동하고 있을 뿐이다.

모든 자료에서 역세권은 상권이 좋다고 표현되고 있다. 따라서 역세권은 '역을 끼고 있으면서 이미 활성화되어 있는 상권'으로 재정립해야 한다. 이 경우 서울의 역세권은 약 30여 개 정도밖에 되지 않는다. 나머지 지하철역 250여 개는 주택지에 있는 지하철역일 뿐이며, 잘되는 곳은 많지 않다. 기존 주택지 상권과 맞물려 성장한 곳은 많지 않고 대부분은 기존 주택지 상권과 따로 상권을 형성하면서 경쟁하는데, 상권력에 밀려 그다지 활성화되지 못하고 있는 경우가 많다.

또한, 같은 상권이더라도 상권마다 특성도 다르다. 당연히 의류가 잘되는 상권이 있는가 하면 유흥 오락 업종이 잘되는 상권도 있다. 이러한 상권의 특성에 맞추어서 업종 선택을 해야 한다.

도심권 : 유동인구가 많아 모든 업종이 가능하다

도심권은 근처의 직장인뿐만 아니라 도처에서 젊은이들이 모여들어 다양한 연령층을 이루고 있다. 다양한 만큼 타깃을 정해서 전문점을 하면 성공한다.

특히 이곳은 어떤 업종이든 가능하지만 투자비 차이가 두드러지므로 투자 대비 수익률을 따져서 정하는 것이 좋다.

역세권 : 상권 특성에 따라 적정 업종이 따로 있다

역세권은 상권이 매우 좋다. 대부분의 업종이 잘 된다. 그런데 이러한 역세권을 유심히 분석해보면 몇 가지 상권별로 업종의 특성이 드러난다. 그러한 상권과 업종 특성에 맞게 업종을 선정하면 좋다.

첫째, 음식업이나 주류 취급점이 호황(총점포 수 대비 음식업 비율이 50%선)인 상권에서는 오락서비스업이 동반 호황을 누린다. 반면에 의류점을 포함한 판매업은 부진하다. 이와 같은 상권의 유동인구를 분석해보면 여성과 남성의 구성비는 거의 비슷하며 연령대는 20~30대가 많다. 신림 상권, 신촌 상권, 잠실 신천 상권, 대학로 상권 등이 이에 속한다. 특이한 것은 강남역 상권도 오락유흥상권에 속하나 여성의류를 포함한 여성 관련 판매업도 잘되는 특징이 있다.

둘째, 의류·잡화 등 판매업종이 호황인 상권(총점포 수 대비 의류 등 판매업 비율이 40% 내외)에서는 미용실 등 여성 관련 서비스업이 동반 호황인 반면에 음식업은 부진하며, 특히 한식은 불황을 면치 못한다. 이러한 상권은 여성의 비율이 70% 내외로 압도적이며 10~20대의 연령층이 대부분을 차지하고 있다. 이와 같은 상권도 의류 할인매장이 중심인 상권은 호황이나 그 외에는 침체에 빠져 있기도 하다.

연신내 상권, 문정동 상권, 목동역 상권, 이대 상권, 성신여대 상권, 압구정 상권 등이다. 의류 · 잡화 등 여성 관련 업종이 잘되는 상권은 음식업의 비율이 높게 나오더라도 그것은 여성 관련 카페, 레스토랑, 각종 분식, 패스트푸드류 때문이라는 점을 간과해서는 안 된다.

셋째, 음식업 40% 내외, 의류 · 잡화 등 판매업 30% 내외, 기타 서비스업의 비율이 30% 내외로 업종 분포가 이루어진 상권은 대부분 10~20대와 30~40대 직장인 및 주부들이 어울려 업종이 적절하게 분포되는 곳이다. 대체적으로 상권 주변 주민들과 직장인들이 어우러진 곳이다. 미아 상권, 양재 상권, 노원역 상권, 영등포 상권, 청량리 상권 등이 이에 속한다. 그중 영등포와 청량리 상권은 의류업의 비중이 높은 상권이다.

넷째, 신도시 상권은 대부분 음식 관련업이 50% 내외로 비중이 높다. 산본 상권과 평촌 범계역 상권, 분당 서현과 정자 상권, 그리고 일산 정발산역 주변(라페스타와 웨스턴 돔 일대) 상권은 그런대로 좋다. 한편 가장 안정된 모습을 보이고 있는 산본 상권은 의류 관련업이 호황이며, 음식업은 상권에 비해 많아서 약간 고전하고 있기는 하다.

대학가 상권 : 제한적인 업종

저가격 전략이 먹히는 상권으로, 그러한 전략을 펼 수 없는 전문적인 업종은 신중하게 선정해야 한다. 경쟁점과의 경쟁력 유무를 따져서 경쟁력 우위에 있다면 당연히 선정하면 좋다.

아파트단지 내 상권: 생필품과 소규모 서비스업이 적정

소·중·대형 아파트단지별로 호황인 업종도 다르다. 우선 공통적으로 패스트푸드류 등 음식업 일부, 식료품, 정육점, 세탁소 등의 생활필수품, 기술을 밑천으로 하는 업종이 되고 있으며, 여기에 소형 아파트로 일정 세대 수 이상이 거주하는 경우는 유아용품점과 놀이방, 미용실, 중형 아파트는 각종 어린이 학원과 문구점 등이 잘 된다.

그러나 대형 아파트단지는 생활필수품 이외에는 어려운 상권이다. 소비를 거주지 부근에서 하지 않기 때문이다.

주택지 상권 : 상권 규모와 지역별 특성에 따라 다르다

주민의 성별, 연령층, 세대 수, 소득 수준에 따라 약간의 차이는 있으나 다양한 업종이 분포되어 있다. 하지만 역세권과는 달리 전 업종에 걸쳐 장사가 잘되는 것은 아니다. 음식점 중 노하우가 있는 전문점은 주택지 대로변에서나 일부 먹자골목에서 호황이기도 하다. 당연히 주택지 상권에서도 A급지는 업종에 상관없이 잘되는 편이라는 점은 여느 상권과 다르지 않다.

상가 입지별 적정 업종

입지조건에 맞아야 한다는 것은 한 상권 안에서도 상가의 입지조건에 따라서 다시 세부품목을 골라야 한다는 뜻이다. 같은 상권 내에서 개별적인 상가 입지조건에 따른 업종선택을 해보자. 당연히 입지조건에 따라 업종에도 차이가 있다. 예를 들어 유동인구가 많은 곳에서 해장국집을 하지 말라는 법은 없지만 해장국집은 B, C급지에서도 A급지 못지않게 할 수 있고, A급지에서는 해장국을 팔기보다는 판매업을 하는 것이 매출이 더 낫다. 이처럼 투자 대비 수익률이 높은 업종을 택하는 것이 그 입지조건에 맞는 선택이라 할 수 있다.

A, B, C급지별로 적정한 업종을 보자.

도로변 A급지는 판매업, 패스트푸드점이 알맞다. 판매업은 특성상 유동인구가 많은 곳에서 해야 한다. 그중에서도 도로변 A급지가 먹자골목 A급지보다 유동인구 숫자나 성향으로 보아 낫다. 먹자골목은 일단 대로변의 유동인구 중 일부가 먹거나 만나거나 하는 목적이 있는 사람들이 흡수되기 때문이다. 또한 도로변 A급지는 패스트푸드점도 좋다.

도로변 B급지는 노하우가 있는 중대형 전문음식점이 알맞다. 전문음식점은 맛으로 승부하기 때문에 단골확보가 관건이다. 당연히 홍보가 저절로 될 수 있는 도로변이 좋지만, 다양한 성향의 유동인구가 많은 도로변 A급지는 도로변 B급지에 비해 오히려 부적합할 수도 있다.

한편 먹자골목 A급지는 패스트푸드점이 좋으며, 먹자골목의 B급지는 중소형 전문음식점이 좋다. 잠시 머물러 차분히 먹고자 하는 사람들로서는 혼잡한 대로변보다는 먹자골목을 선호하게 된다. 전문음식점의 경우 투자금액이 같다면 먹자골목 내 A급지의 작은 점포보다는 B급지에서 좀 더 점포규모를 크게 하는 편이 낫다.

C급지에서는 A, B급지와 경쟁하는 업종은 피하는 것이 좋으며, 기술 서비스업이 가능하다. 예를 들어 신촌 상권에서는 음식업과 주류 취급업이 잘 된다. A, B급지에는 생맥주 전문점이 많다. 그런데 신촌에서 생맥주 전문점이 잘 된다고 하여 입지조건이 불리한 C급지에서 한다면 어떻게 될까? 실제로 C급지에 호프주점이 많은데 고전을 면치 못하고 있는 실정이기도 하다.

여기서 한 가지 착안해 볼 수 있는 것이 있다.

상권이 좋은 곳의 C급지에서는 A, B급지와 상호보완적이고 호혜적인 업종을 해볼 수 있다. 틈새를 파고들거나 차별화를 시도하면 의외로 좋은 결과가 나올 수 있는 곳이다. 음식업의 경우 맛으로 끊임없이 노력한다면 멀리 A급지에 있는 유동인구를 끌어들여 영원한(?) 단골을 만들 수도 있다. 투자비를 적게 들이고 수익성이 좋은 장점이 있으며, 종국에는 입지 변화까지 이끌어낼 수 있는 여지가 있다.

상가 위치별 적정 업종

같은 상가 건물 내에서도 개별적인 상가 위치가 어디냐에 따라 효용 차이가 발생하며, 적정 업종과 상가가치가 달라진다. 이것이 바로 위치이다. 주출입구나 에스컬레이터, 엘리베이터 등과의 근접성에 따른 유동 동선과 레이아웃 등이 고려되는 것은 당연하다. 이처럼 상가는 같은 층이라도 어디에 위치하느냐에 업종과 수익률이 크게 좌우된다.

대체적으로 매장위치별 가격 효율은 주출입구와 주동선 상의 점포가 매장 내에서는 A급지로써 1이라고 가정하면, 부출입구 등 B급지 점포는

0.8~0.9, 그리고 동선 상에서 비낀 점포는 C급지로 0.6~0.7 정도이다. 이처럼 상가는 같은 층이라도 어디에 위치하느냐에 따라 업종과 수익률이 좌우된다.

테마 상가의 경우 그 자체 상권이 좋다면 상가 내 위치의 차이가 곧 입지의 차이로 나타난다. 하지만 테마상가 자체의 상권이 죽어 있다면 그 상가 내 위치는 별 의미가 없다. 모두 별 볼 일이 없다는 것이다.

테마상가 등 대형 상가 이외에 대다수 상가는 그 상권이나 입지에 따라 적정한 업종이 있다. 보도에 접한 전면부 상가는 상권이나 입지를 고려해 업종을 선정하면 되지만 상가 내 후면부에 위치한 상가는 업종 선정이 매우 어려울 수 있다. 이때는 상권이나 입지를 전면 상가보다 최소 1단계 이상 떨어지는 것으로 보아야 한다. 따라서 대부분의 상가 내 후면부에 위치한 상가는 상가투자자도, 창업자도 고전하고 있는 것이 현실이다.

03 상가 규모와 층별 적정 업종 선정

상가 규모가 크다고 장사가 꼭 잘되는 것은 아니다. 다시 말해 상가는 규모에 비례해서 수익성이 좋아지는 것은 아니다.

또한 무조건 1층이라고 좋은 것은 아니다. 규모와 층에 따른 적정 업종을 알아보자.

상가 규모별 적정 업종

상가가 크면 임대료와 인건비가 작은 규모의 상가보다 훨씬 많이 들어간다. 그런데 그 상권의 규모가 일정 매출액 이상으로 오르지 않는 한계가 있다면, 상가가 큰 것이 수익성을 떨어뜨리는 원흉이 되기도 한다. 또한 면적 대비 수익률로 따지면 오히려 면적이 작을수록 면적당 투자수익률이 크다. 따라서 규모별 효용지수는 상가가 작을수록 좋은 것이 일반적이다.

한편 상권의 규모란 무엇인가? 상권이 좋은가 나쁜가, 또한 음식점이 잘되는 상권인가 아니면 의류업이 잘되는 상권인가 등 상권의 특성을 고려하여, 하고자 하는 업종이 충분한 매출을 올릴 수 있는 상권인지 아니면 어느정도 한계가 있는 상권인지 등을 파악할 수 있는데 그 같은 업종의 상권 범위를 의미한다.

상권의 규모가 크다면 상가 규모는 커도 좋다. 그러나 상권의 규모가 작다면 당연히 상가 규모는 그 상권 규모에 맞추어야 한다. 매출액은 상가 규모에 일정 비례로 올라가지 않는다.

결국 상가 규모에 맞는 업종이란 상권의 규모, 수익성을 고려하여 결정해야 한다.

상가가 작으면 손익분기점을 낮출 수 있는 업종을 하라

업종에 따라서는 오히려 상가가 작을수록 좋은 경우가 있다. 수익이 발생하려면 우선 손익분기점을 넘겨야 한다. 그러려면 임대료와 인건비, 기타 재료비 등의 총비용을 줄이든가, 아니면 매출액을 높이든가 둘 중 하나이다. 총비용을 적게 들이려면 결국 상가 크기를 작게 하고 임대료, 인건비를 줄여야만 한다. 이와 같이 상가가 작으면 손익분기점을 낮출 수 있는 업종이 좋다. 만일 $33m^2$ 미만의 상가에 인건비와 기타 경비가 많이 드는 업종, 즉 손익분기점이 높은 업종이 들어간다면 어떻게 될까? 당연히 손익분기점이 높아져 그만큼 매출액을 높여야 한다는 부담이 따른다. 하지만 작은 상가에서 올릴 수 있는 매출액에는 한도가 있다. 때문에 손해를 보지 않으려면 손익분기점을 낮추는 방법밖에 없다. 즉, 인건비 등 고정지출비를 줄여도 되는 업종을 하면 된다.

손익분기점을 낮출 수 있는 업종은 무엇인가? 주인 스스로 할 수 있는 업종이거나 특별한 노하우가 필요 없는 업종이 이에 속하며, 또한 손이 덜 가는 업종도 이에 속한다. 예를 들면 분식점, 액세서리점처럼 고정비, 특히 인건비 지출이 적은 소규모 패스트푸드점이나 판매업, 기타 소규모 용역 서비스업 등이다.

상가가 크면 매출액을 높일 수 있는 업종이 좋다

상가가 100㎡ 이상으로 크다면 매출한도액은 거의 무한(?)하다고 할 수 있다. 상가가 작으면 매출한도액이 생기지만, 점포가 크면 얼마든지 손님을 맞이할 공간이 있기 때문에 매출한도액이 없다.

따라서 매출액을 높일 수 있는 업종, 즉 상품 객단가(음식업은 테이블당 단가)와 상품회전율(테이블회전율)이 높은 업종이어야 한다. 바로 대중성이 있는 업종이다. 물론 인건비 등 고정비 지출을 적게 해 손익분기점을 낮추는 것도 필요하지만 100㎡라면 업종 불문하고 종업원 2~3명은 필요한 크기이다. 다시 말하면 손익분기점을 낮추는 데에 한계가 있다는 뜻이다.

그러므로 매출을 높이는 데 주력해야 하고, 그런 업종이 들어가야 한다. 매출액을 높인다는 것은 점포를 작게 해서 총비용을 줄이는 것보다는, 점포를 크게 해서 총비용은 늘더라도 그보다 더 매출액을 높이는 것이 수익성에서 좋다는 뜻이다. 호프 · 소주방, 전문음식점과 의류매장 등이 이에 속한다. 당연히 전문점은 어느 정도(최소 66㎡ 이상) 상가가 커야 좋다.

상가 층별 적정 업종

1층에서는 어느 업종이나 거의 다 잘 된다. 하지만 무조건 1층이 좋은 것은 아니다. 보증금, 권리금, 월세도 비쌀 뿐만 아니라 1층이 아닌 곳에 더 어울리는 업종도 많다. 대체적으로 오락이나 휴식을 취하려는 사람들은 1층보다는 2, 3층을 선호한다. 그래야 발소리, 말소리, 자동차 소음 등으로부터 멀어질 수 있다. 어쨌든 지하 1층, 지상 2, 3층은 역세권이든 대학가든 아파트단지든 주택지든 업종에 제한이 따를 수밖에 없다. 일단 접근하기 어렵기 때문에 1층에 비해 음식점이나 판매업은 어렵다. 특히 판매업은 더욱 어려운 업종에 속한다. 한편, 음식업 중 오락유흥 관련 업종은 역세권 지하 1층, 지상 2, 3층에서 잘 되기도 한다.

지하 1층과 지상 2층이나 3층은 1층에 비해 뚜렷한 목적을 가진 고객이 이용하는 단점이 있다. 이런 곳에는 의류업과 같은 판매업은 적절하지 않기 때문에 대개 호프집이나 주점, 노래방, 당구장, 오락실, 카페, 만화방 등 오락유흥 관련 업종이 자리 잡는다.

주택지의 경우 지하 1층은 중대형 슈퍼마켓, 방앗간, 중화요리점 등이 1층과 경쟁할 수 있는 업종이며, 2~3층은 병원이나 의원, 한의원 및 각종 학원 등 서비스업이 맞는 업종이다. 서비스업은 규모의 경제가 적용되므로 일정 규모 이상의 점포 크기가 요구된다.

또한 2층, 3층으로 올라갈수록 불편하더라도 서비스의 질에 더 가치를 느끼는 업종, 즉 고객의 체류시간이 긴 서비스 업종으로 승부해야 된다. 특히 3층 이상의 경우 고시원이나 독서실 및 기원 등 체류시간이 긴 업종이 좋다. 물론 역세권의 경우에 동일 건물 내의 업종 구성이 상호보완되는 경우에는 관련 업종을 해도 무방하다. 예를 들어 1층, 2층에 유흥주점이 있다면 3층과 4층에서 PC방이나 당구장을 해도 된다는 것이다.

물론 역세권 등 상권이 좋은 경우 음식업도 2층이나 지하 1층에서 하는 경우가 종종 있다. 초보자는 어렵겠지만 노하우가 있는 전문점의 경우는 좋은 점도 많다. 우선 1층에 비해 저렴한 비용으로 넓은 점포를 구할 수 있어서 실내 분위기에 따라서 매우 잘 된다. 하지만 뜨내기손님을 받기에는 적절치 못한 장소이므로 초보자가 이런 곳에서 음식업을 하려면 신중히 생각해보고 결정해야 한다.

동일 조건, 동일 아이템일 경우에 1층과 지하 1층, 지상 2층의 이용률을 보면 1층이 접근성과 가시성에서 얼마나 유리한가를 알 수 있다. 즉 층수가 내려가거나 올라갈수록 접근성과 가시성이 떨어지는 만큼 수확체감의 법칙이 작용한다. 이와 같이 상가의 효용성은 층별로 다르다. 즉, 효용가치가 다르다는 것이다.

층별 적정가격은 1층 상가의 분양가격을 기준으로 하여 산출한다. 이는 결국 층별 접근성과 가시성에 의한 고객 이용률과 상가 임차수요의 차이에 의해 가격이 산정된다는 것이다.

| 층별 이용률과 권리금 및 분양가/임대가 |

구 분	이용률	권리금	분양가/임대가
1층 점포	100%	100%	100%
2층 점포	50%	60%(40%)	60%(40%)
지하 1층	60%	50%(30%)	50%(30%)

* 이용률은 지하가 2층보다 높은데도 불구하고 권리금이 더 낮은 것은 지하 1층에 대한 수요가 2층보다 적기 때문이다.

* 불경기가 심화될 때는 1층에 비해 10~20%까지 더 떨어진다. 예를 들면 2층은 1층에 비해 40%, 지하 1층은 30% 수준이라는 것이다.

04 상호보완 및 경쟁업종에 따른 상가건물 전체의 업종 구성

이는 건물 내 입점 업종끼리 상호보완이 될 것인지 아니면 경쟁관계가 될 것인지를 미리 알아서 적절하게 업종을 구성하기 위한 것이다. 당연히 신고 및 허가업종 중 청소년 유해업소는 초·중·고등학교와의 거리에 의해 제한을 받는 외에도 동일 건물 동일 층에서 업종 간 제한을 받을 수 있으므로 면밀한 검토가 이루어져야 한다.

동일 층 업종끼리도 상호보완이 되어야 하지만 1층과 2층, 3층 등 층별 간에도 상호보완되는 업종으로 구성해야 한다.

또한 같은 건물에 동일 업종이 나란히 입점해야 상호 시너지효과를 발휘해 장사가 잘되는 업종이 있는가 하면, 경쟁업종이 모여 있으면 말 그대로 상호 경쟁관계로 인해 제 살 깎아 먹는 업종도 있다. 이에 대한 구별은 매우 중요하다. 창업자가 서로 보완이 되면서 장사가 잘 되어야 상가 소유자도 임대료를 제대로 받을 수 있으며 상가가치도 상승하지 않겠는가.

분양을 받든 건물을 구입하든, 같은 상가건물에 동일 업종이 있다고 무조건 경쟁업종이라 치부하고 유치를 멀리해서는 안 된다. 이것을 알아야 상가 공실률을 줄일 수 있다. 사실 창업자들이나 상가투자자들의 대부분은 이러한 차이를 모르고 있기도 하며 모르는 만큼 실패하기도 한다.

보완업종과 경쟁업종

보완업종이란 바늘과 실처럼 상호 도움을 주는 관계에 있는 업종이며, 주로 선매품과 전문음식업이 이에 해당된다.

경쟁업종은 상대 업종의 존재를 부인하는 업종으로, 특히 소규모 서비스업이나 생필품은 동일업종 간에 경합관계에 놓인다.

한편 호혜업종이란 같은 업종이 같은 지역에 많으면 많을수록 잘되는 업종을 말한다. 이러한 관계로 호혜업종도 일반적으로 보완업종으로 분류하곤 한다. 이들의 공통점은 전문용품이며, 대체로 요모조모 따져보고 비교하며, 먼 거리에서도 찾아오는 상품이다. 따라서 대개 전문 시장이 형성되는 경우가 많다.

이와 같은 보완업종이나 경쟁업종 및 호혜업종 분류가 절대적인 것은 아니다. 상권의 규모에 따라서는 보완업종 간에도 경쟁이 생길 수 있다. 상권이 작을 때는 특히 그렇다. 예를 들어 주택지 상권에 가구점과 혼수용품점이 있다면 상호보완업종이지만 경합관계에 놓일 수도 있다는 것이다. 반대로 경쟁업종이라도 상권의 규모가 클 때는 경쟁관계가 해소될 수도 있다.

여하튼, 보완업종이나 경쟁업종 및 호혜업종은 상권 규모와의 관계를 제

쳐놓고 언급되어서는 소용없는 일이다. 항상 상권 분석에 온 열정을 바치기를 바란다.

상가건물 전체의 업종 구성

상가건물 전체의 업종 구성을 제대로 하려면

첫째, 상권(역세권인지 주택지 상권인지 등)과 입지(A, B, C급지)에 맞는지를 알아야 한다.

둘째, 해당 층(1층과 2층, 지하 1층인지 등)에 맞는지를 알아야 한다.

셋째, 규모(중소형, 대형)에 맞는지를 알아야 한다.

넷째, 상가건물 전체 업종 구성이 상호보완이 되는지 등을 차례대로 점검해야만 한다.

사례를 들어서 차례대로 간략히 설명하겠다.

사례 **홍대 상권 상가건물의 적정 업종 구성**

홍대 상권 걷고 싶은 거리 A급지(정확한 위치는 건물 소유자 사정으로 밝히지 못함)에 위치하고 있는 4개층 상가건물 중 2층 100㎡(실면적 30평)에 적정한 업종은 무엇일까?

이곳 주변은 먹자상권이며, 본 건물 1층 업종구성 역시 음식업(패스트푸드와 전문음식업)이다. 지하 1층은 호프·소주방, 2층 한쪽은 PC방이며, 3층에는 당구장이 있다.

2층으로 통하는 계단은 길가에서 바로 연결되어 있다.

3층	당구장		
2층	100㎡	PC방	
1층	전문음식업	분식	돈가스
지하 1층	호프·소주방		

<상가 건물 업종 구성도>

⇒ 첫째, 상권(역세권인지 주택지 상권인지 등)과 입지(A, B, C급지)에 맞는 업종은 무엇인지 보자. 홍대 상권은 역세권으로, 본 상가는 A급지에 있으므로 일단 A급지 업종은 모두 가능하다. 즉, 선매품과 패스트푸드가 가능하다. 또한 서비스업 중 PC방이나 미용실, 노래방, 당구장, 오락실, 만화방, 그리고 호프집이나 주점, 커피숍 등 오락유흥 관련 업종이 가능하다. 상권과 입지만 따진다면 개별적인 상가의 업종 구성으로는 나무랄 데가 없다.

⇒ 둘째, 층별(1층과 2층, 지하 1층인지 등)에 맞는 업종은 무엇인지를 보자. 지하나 2층, 3층과 동일한 업종을 제외하고, 이 상가는 2층이므로 2층에 맞는 업종을 선정해야 한다. 이런 곳에는 의류업과 같은 판매업은 적절하지 않다. 서비스업 중 미용실, 오락실, 노래방, 만화방, 그리고 커피숍 등 오락유흥 관련 업종이 가능하다.

⇒ 셋째, 규모(중소형, 대형)에 맞는 업종은 무엇인지를 보자. 이 상가는 $100m^2$로 중형이다. 따라서 서비스업 중 미용실, 오락실, 만화방, 그리고 커피숍 등 업종이 가능하다. 노래방은 상가가 더 커야만 하므로 제외한다.

⇒ 마지막으로 상가건물 전체의 업종구성을 상호보완되는 업종으로 구성해야 한다. 주변 상가를 보면 1층에 음식점들이 많고, 2층에는 호프ㆍ소주방이나 당구장 등 오락유흥업종이 있다. 당연히 본 상가건물 업종 구성도 주변 상가 업종과 보완되는 업종, 본 상가건물 층별 간에 보완이 되는 업종으로 구성해야 한다. 따라서 서비스업 중 오락실, 만화방, 그리고 커피숍 등 업종이 가능하다. 주변 상가 업종들을 조사해서 경쟁관계를 고려해 최종적으로 업종을 선정하는 것이 최선이다.

동일 건물 동일 층에 병의원이 있을 때 업종 구성

⇒ 한편, 위의 경우에 동일 층(2층)에 PC방이 아니라 치과나 내과 등 병의원이 있다면 이때는 어떠한 업종도 2층에서는 곤란하며, 3층 역시 타격을 입는다. 상가 소유주가 알아야 할 것이 바로 이것이다. 병의원은 2층보다 3층으로 올리는 것이 좋다는 것이다. 그래야 3층도 죽지 않고, 2층에서 일반 업종들이 장사가 되어 임대료를 제대로 받을 수 있다.

동일 건물 동일 층에 병의원이 있으면 일반적인 업종은 장사가 되지 않는다. 같은 2층에 치과나 내과 등 병의원이 있다면 어떻겠는가? 당연히 외부에서 건물 2층에 접근하기를 꺼려한다. 또한 저녁에는 일찍 병원 문을 닫아 가시성까지 끊어진다. 접근성과 가시성이 끊어지는 만큼 매출은 떨어진다. 건물 전체 업종 구성상 상호보완되는 업종이 많다 하더라도 이러한 병의원이 동일 층에 있다면 피하는 것이 좋다.

병의원처럼 접근성과 가시성을 끊는 것으로는 각종 연구소나 연구회, 동창회 사무실이나 각종 수련원등이 있다. 집객력이 있는 핵점포 구실도 못하면서 고객만 단절시키기 때문이다.

주택지 상권을 예로 들어보자. 주택지 상권 1층에 편의점이나 베이커리, 아이스크림점, 여성의류 등이 입점해 있는데, 2층에서 생맥주 전문점이나 커피숍을 한다면 어떨까? 당연히 좋다. 이 건물은 A급지에 있을 것이다. 이처럼 1층 업종 구성만 보고도 입지를 알 수 있어야 한다. A급지 업종은 젊은 여성을 고객으로 하는 업종들이 대부분이다. 젊은 여성이 많으면 그곳은 당연히 사람들(?)로 북적거린다. 그러므로 2층에서 경합되지 않는 품목을 한다면 잘 되지 않겠는가.

물론 홍대와 같은 역세권의 경우는 판매업 길목과 음식업 골목으로 이원화되는 경우가 대부분이어서 판매업이 있는 건물 2층에서 생맥주 등을 하는 것이 오히려 업종 궁합에서 떨어질 수도 있기는 하지만 (커피숍은 물론 적합함) 주택지의 경우는 위와 같다.

그럼에도 불구하고 본 건물 2층에 병의원이나 동창회 사무실이나 각종 연구소 등이 있다면 일반적인 업종들은 장사가 되지 않는다. 당연히 병의원이나 각종 연구소 등을 3층 이상으로 올려야 제대로 된 업종 구성이며, 그래야 상가가치가 있게 된다. 건물 전체가 병의원 건물이라면 당연히 관계없다.

chapter 5

—

| 상권과 입지 |

숨어있는
골목상권을 찾아라

01 상권 분석과 입지조건 분석이란?

상권과 입지는 많은 예비 창업자들이 혼동하는 개념이다. 입지조건과 입지 선정 또한 그렇다. 우선 그 개념부터 살펴보자.

- 상권 :　　　(가) 좁은 의미의 상권 : 어떤 사업을 영위함에 있어서 대상으로 하는 고객이 존재해 있는 시간적, 공간적 범위를 일컫는다.

　　　　　　(나) 넓은 의미의 상권 : 모여 있는 상가 전체의 고객이 있는 공간적 범위를 가리킨다. 홍대 상권, 강남역 상권 등이 그 예이다.

- 입지 :　　　입지 주체가 정한 장소(정적, 공간적 개념)

- 입지조건 :　입지 주체가 입지 목적을 달성하는 데 있어서 입지의 자연적, 사회적, 행정적 제조건을 입지 조건이라 한다. 입지 선정의 기준이 된다.

■입지 선정 : 입지 주체가 입지 장소를 선정하는 데에 있어서 상권 분석
과 입지조건 분석 등 일련의 작업과정과 그 결과를 가리킨
다(동적, 공간적, 시간적 개념).

상권과 입지조건의 상관성

좁은 의미의 상권이란 어떤 사업을 영위함에 있어서 대상으로 하는 고객
이 존재해 있는 시간적, 공간적 범위를 일컫는다. 이것이 좁은 의미의 상권
이다. 이러한 뜻의 상권은 점포가 위치하고 있는 조건(입지조건)에 따라서
범위가 달라진다. 예를 들어, 점포가 막다른 골목 끝에 있다면 점포의 입지
조건이 매우 나빠서 외부에서 소비자들이 오지 못하고 막다른 골목 끝에
살고 있는 주민들만이 소비자가 될 것이다. 따라서 상권과 입지조건은 서
로 맞물려가고 있고, 실제로도 같은 의미로 혼용해서 사용되기도 한다. 입
지조건의 원래 뜻은 입지 주체가 입지 목적을 달성하는 데 있어서 입지의
자연적, 사회적, 행정적 제 조건을 말하는데도 불구하고 이처럼 좁은 의미
의 상권이란 말과 동의어로 사용되고 있는 것이다.

상권은 위의 경우처럼 개별점포의 상권범위라는 뜻으로도 사용되고 있
지만 한편으로는 다음의 의미로도 사용되고 있다는 것을 유념하기 바란다.
모여 있는 상가 전체의 고객이 있는 공간적 범위가 그것으로, 바로 넓은 의
미의 상권이다. 우리가 흔히 말하는 홍대 상권이니 강남역 상권이니 할 때
상권이 바로 이 뜻으로 쓰인 것이다.

상권 분석과 입지조건 분석의 상관성

입지 선정을 위해서 반드시 지켜야 될 것이 있다. 상권 분석을 먼저 하고, 입지조건 분석은 그 뒤에 해야만 제대로 된 점포를 구할 수 있다. 즉, 넓은 의미의 상권 분석을 먼저 하고 좁은 의미의 상권 분석(이것이 입지조건 분석임)은 뒤에 해야 한다는 것이다.

상권 분석은 상권 전체의 성쇠 여부를 파악하기 위한 것이고 입지조건 분석은 개별점포의 성패 여부를 파악하기 위한 것이다. 상권 분석은 입지조건 분석 이전에 그 상권 전체가 죽은 상권인지 번성하는 상권인지 등을 파악하는 데 목적이 있다. 당연히 번성하는 상권에 들어가야만 하며, 이때 개개 점포의 입지조건 분석을 하여 입지조건이 유리한 점포를 얻어야 한다. 이는 숲을 먼저 보고 한 그루 한 그루의 나무는 나중에 보는 것과 같은 이치이다.

한편으로는 상권 분석과 입지조건 분석을 동시에 묶어 상권 분석이라고 하기도 한다. 그런데 이런 경우에는 상권 자체의 번성 여부를 놓치고 개별 점포의 입지조건만 분석할 확률이 높다. 실제 상권 자체는 쇠락의 길을 걷고 있어도 자기 점포의 입지가 워낙 좋아서 장사가 잘되는 경우가 없지는 않다. 하지만 상권 자체가 죽으면 개별 점포도 머지않아 같은 운명에 처하게 될 것은 불을 보듯 뻔하다. 그렇기 때문에 상권과 입지조건은 구분하여 분석하는 것이 옳다.

한편, 상권 전체가 죽어도 내 점포의 입지만 좋으면 가능한 아이템이 있다. 생필품과 서비스업이 그것인데 경쟁점과의 경쟁력 유무를 따져서 입지하면 가능하다. 하지만 나중에 점포를 매도할 때 상권 전체가 좋지 않기 때문에 매도가 쉽지 않을 뿐만 아니라 권리금 등에서도 손해를 입을 확률이 높다. 이와 같은 이유로 서비스업이나 생필품의 경우에도 되도록이면 상권 전체가 좋은 데서 점포를 구해야 한다.

골목상권이란?

골목상권이 죽기 시작한 게 하루 이틀의 일은 아니다. 최저임금의 급격한 인상도 문제이고, 과도한 임대료 인상도 문제이다. 더불어 2019년에는 일본의 무도한 경제침략에 의해 더욱 소자본 창업시장이 어려워지지 않았던가. 2020년 현재 우리나라뿐만 아니라 전 세계가 '코로나 19'라는 전염병으로 인해 유례없이 심각한 타격을 입고 있다. 경제가 무너져 내리고 있는 상황에서 나 하나 잘되고 안 되고의 문제가 아니라 창업시장 자체가 살고 죽는 문제가 대두되고 있다. 이제는 가장 어려운 한계상황에 빠져 있는 골목상권에 주목해야 할 때이다. 특히 모든 지원에서 제외되어 있는 점포 수 30개 이하 침체된 골목상권을 살려야 한다. 원래 점포 수가 30개 이하인 골목은 활성화된 상권이 아니라서 주택지 상권을 논할 때 상권에서 제외해 왔지만, 골목상권 살리기에 정부도 적극 동참하면서 이제는 골목상권에 포함해야 할 것이다. 이를 통해 골목상권을 살리는 데에 전력투구해야 한다.

서울시 '우리마을가게상권 분석서비스'의 골목상권 개념

서울시에서는 '우리마을가게상권 분석서비스'(golmok.seoul. go.kr)를 제공하고 있다. 서울시 생활밀착형 43개 업종을 밀집된 골목상권 정보를 특화하여 상권단위별로 분석한 정보로, 2015년 12월부터 무료로 제공하고 있다.

서울형 골목상권의 정의는 다음과 같다.

① 골목상권의 사전적 정의

　　㉠ 골목 : 큰길에서 들어가 동네 안을 이리저리 통하는 좁은 길

　　㉡ 상권 : 상업상의 세력이 미치는 범위

　　㉢ 골목상권 : 대로변이 아닌 거주지 인근의 좁은 도로를 따라 형성되는 상업 세력의 범위

② 골목상권의 개념적 정의

　　㉠ 음식점업, 소매업, 서비스업을 영위

　　㉡ 도보를 통해 이동할 수 있는 거리

　　㉢ 주거지역이 밀집된 곳에 형성된 상권

　　㉣ 대로를 제외한 길 단위로 구성

　　㉤ 30개 이상 점포 수를 포함한 골목상권 지역

　　㉥ 대형유통시설이 상권 영역에 포함된 점포 제외

③ 골목상권의 사전적 정의

　　㉠ 골목점포의 정의

　　　　• 생활밀착형 업종을 포함한 점포

　　　　• 발달상권에 포함되지 않는 점포

　　　　• 배후지가 주거 밀집 지역에 포함되는 점포

- 전통시장에 포함되지 않는 점포
- 길에 위치한 점포

ⓒ 골목상권의 정의
- 일정 점포 수 이상의 상권
- 골목점포의 밀집도가 높은 상권

지원에서 제외되어 있는 점포 수 30개 이하 골목상권을 살려야 한다

지역경제의 붕괴는 단순히 경제 차원만의 문제가 아니라 슬럼화에 따른 범죄율 증가, 교육 서비스 저하 등 복합적 사회문제의 원인이 되고 있다. 이러한 문제점을 해결하고자 그동안 정부나 지방자치단체의 지원이 꾸준히 있어왔다. 하지만 대개 조직을 갖춘 상인회 및 번영회에 대한 지원에 머물러 골목상권의 특수성을 고려한 포괄적이고 거시적인 자금 지원과 컨설팅 지원은 없었다고 해도 과언이 아니다. 골목상권이 활성화되기까지 컨설팅 지원은 지속되어야 함에도 불구하고 단순 자금 지원으로 1회성에 그치고 말았다는 것이다.

따라서 지역상권 및 지역경제가 침체된 골목을 대상으로 하되, 지원 사각지대에 있는 한계자영업자가 모여 있는 점포 30개 이하 골목상권에 대한 지원 및 활성화 정책이 시급한 실정이다.

02 | 누구도 알지 못하는 진짜 내 점포 상권과 입지 분석하는 법

입지는 장사의 성패를 결정하는 절대적인 요인으로, 성공의 70~80%를 좌우한다고 해도 과언이 아니다. 실제 창업자들이 어려워하는 부분이기도 하다. 하루아침에 습득이 되지 않아서인데, 좀 더 인내심을 갖고 현장에서 직접 몸으로 체득하려고 노력해야 한다. 각종 창업 전문가 양성과정이나 상권 분석 전문가 양성과정에서 24시간 이상 강의를 해도 부족한 것이 이 과목이다. 그만큼 쉽게 정복되지 않는 과목임을 이해하고 어렵더라도 차근차근 한 발씩 접근하려는 자세가 요구된다.

그렇다면 입지 선정은 어떻게 하는 것인가?

우선 후보 점포를 포함한 상권 전체의 성쇠 여부를 파악해야 한다. 상권 자체가 쇠락의 길로 가고 있는데 혼자만 잘될 수는 없다. 그러므로 상권 전체의 활성화 정도와 특성을 파악한 이후에 개별 점포의 입지조건을 분석하여 입지의 좋고 나쁨을 가린다.

하지만 상권 전체 분석이 쉬운 것은 아니다. 도로가 상권을 단절시켜 버린다든가 둑이나 철로, 또는 산이나 강이 상권을 단절시켜버리는 경우가 많기 때문이다. 또는 쓰레기 매립장 등이 상권을 단절시키기도 한다.

개별 입지 분석은 또 어떤가? 한 상권 내에서 좋은 위치의 상가라면 상권의 범위가 넓으나 위치가 나쁘면 상권의 범위는 매우 좁아진다. 한편, 같은 위치의 상가라도 업종에 따라서 상권의 범위가 달라진다. 이와 같이 매우 복잡다기한 것이 상가이다.

따라서 우선 상권 전체의 경계선과 상권 규모 설정은 어떻게 하고, 상권 범위는 어떻게 규정해야 하며, 개별 점포의 입지조건과 상권의 범위는 어떻게 규정하는지 알아야 한다. 더불어 골목상권 독점세대 산출 방법에 대해서도 알아야 한다.

상권 전체 경계선과 상권 규모의 설정

상권 전체를 보려면 상권의 경계가 어디에서 어디까지인지를 알아야 하는데, 이 경계를 파악하는 것이 매우 어렵다. 어느 도시이든 끝에서 끝까지 도로변에 점포가 없는 곳이 있던가. 그렇다면 이 모두를 하나의 상권으로 볼 수도 있지 않겠는가? 사실은 그렇지 않다. 줄지어 있는 도로변의 점포들이 어떤 요인(이러한 요인을 상권단절요인이라고 한다)에 의해 단절되면서 중간중간 묶음으로 상권이 형성된다.

상권단절요인이 상권 경계선이 된다

상권을 단절시키는 것으로는 자연지형물과 인공지형물이 있다. 자연지형물로는 산과 강, 언덕 등이 있으며, 인공지형물로는 둑과 6차선 이상의 도로, 철로, 쓰레기 매립장 등이 있다.

C급지 업종도 상권 경계선이 된다

C급지 업종이 계속적으로 분포되기 시작하면 상권이 단절되어 상권의 경계선이 된다. 어느 지역이든 도심권과 역세권은 상권의 경계선을 쉽게 알 수 있지만 주택지 상권은 상권 경계를 알기가 어렵다. 상권단절을 정확히 파악하는 것부터가 쉽지 않기 때문이다.

주택지 상권은 위의 단절요인에 의해서 경계선이 정해져 상권이 형성되는데, 대개 전통시장 진입로변과 지하철역 주변에 형성되어 있다. 사람들이 저절로 모이는 곳이기 때문이다. C급지 업종이 줄지어 있는 시작점이 경계점이다. 그리고 경계점끼리 이은 선이 바로 경계선이며, 이 경계선 안의 모여 있는 점포 숫자에 의해 상권력이 파악된다. 이것이 바로 상권 규모이다.

상권 전체의 상권범위 설정

　상권의 범위는 어떻게 설정하는가? 그 상권을 이용할 수밖에 없는 배후지 세대나 유동인구로 파악할 수 있다. 이러한 상권의 범위는 상권력(상권규모)에 의해 결정된다. 즉 상권과 상권 사이에 거주하는 배후지 주민이 어느 상권을 이용하게 되는가가 지형지세나 상권력에 의해 결정된다는 것이다.

　배후지에 거주하는 주민들은 상권을 이용할 때에 지형지세 상이나 거리상 상호 비슷한 조건이라면 상권이 번성한 곳, 즉 상권력이 강한 곳으로 가려고 한다. 따라서 상권력이 강한 곳은 상권의 범위가 더 넓어지고 상권력이 약한 곳은 상권의 범위가 더욱 좁아진다.

| 상권 경계선(상권규모)과 상권 범위 |

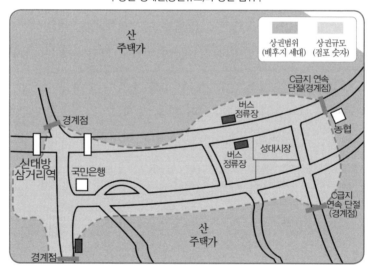

옆의 지도를 들어 설명해 보자. 서울시 동작구 성대시장 주택지 상권이다. 각 방향마다 C급지 업종이 줄지어 있는 시작점이 경계점이며, 경계선 안에 모여 있는 점포 숫자에 의해 상권력이 파악된다. 이것이 상권 규모이다. 동작구 성대시장의 상권 규모는 점포가 120개를 넘는, 주택지 상권으로서는 상권력이 매우 좋은 상권이다.

여기서 동작구 성대시장 상권이라고 하면 경계선 안의 점포들이 모여 있는 곳을 일컬으며, 이것이 상권 규모이면서 상권력이다. 그리고 이 상권을 이용하는 배후지 세대 12,000여 세대가 상권의 범위이다.

그렇다면 상권 전체를 이용하는 전체 배후지 세대 수를 파악해야 할 이유가 있는가? 첫째로 상권력을 파악하기 위해서이고, 둘째로는 상권 전체 이용 세대 중 일부가 내 점포를 1차적으로 이용하게 되는 독점세대가 되고 나머지 일부가 가망세대가 되기 때문이다. 따라서 상권 전체 이용 세대 수 파악이 의미가 있는 것이다.

한편, 전체 상권의 범위는 배후지 세대에 의해 결정되지만 배후지 세대는 결국 상권의 단절요인에 의해서 결정되므로, 상권의 범위와 상권의 경계선, 상권의 규모를 구분하지 않고 현장에서는 거의 같은 의미로 사용하고 있다. 여기서 동작구 성대시장 상권이라고 하면 경계선 안의 점포들이 모여 있는 곳을 일컬으며, 이것이 상권 규모인데도 상권의 범위라고 표현하는 경우도 많다는 뜻이다.

중대형 점포와 중소형 점포 상권의 범위

중대형 상가와 중소형 상가는 소비수단이 다른 만큼 상권 분석도 달라야 하며 상권의 범위도 다르다. 점포 규모에 따른 상권의 범위도 획정해야 한다.

중소형 점포(1층 100~132m^2)는 대개 걸어서 이용한다. 따라서 상권의 범위는 반경 500m 이내(걸어서 7~8분 이내)이다. 반경 500m는 이론상이지만 이것이 2차 상권, 즉 가능성이 있는 상권의 범위이다. 하지만 현실에서는 경쟁점포에 의해서도, 상권단절요인에 의해서도, 동선에 의해서도 상권이 단절되어 상권의 범위는 매우 협소해진다. 이것이 바로 내 점포에 올 수밖에 없는 독점세대, 곧 1차 상권이다.

1층 200~232m^2 이상의 중대형점(커피숍 등 일부 업종은 그보다 작은 규모도 중대형으로 볼 수 있다)은 걷기보다 대체로 차량을 사용한다. 따라서 이론상 반경 1km까지도 상권의 범위가 된다. 이것이 우리가 가망고객이라고 표현하는 소비자 가능성이 있는 상권의 범위이며, 3차 상권이라고 한다. 1차, 2차 상권은 중소형 점포와 같다. 즉, 독점세대가 있는 상권의 범위가 1차 상권, 걸어서 올 수 있는 상권의 범위 500m가 2차 상권이다.

따라서 중소형 점포는 1차 상권(독점세대가 있는 상권)과 2차 상권(반경 500m 이내 상권)으로 구분하여 분석하며, 중대형 점포는 1차 상권과 2차 상권, 그리고 3차 상권(반경 1km 이내 상권)으로 구분하여 분석한다. 이러한 상권 분석에는 현장 분석 능력과 상권정보시스템을 활용하여 분석할 수 있는 능력 모두 요구된다.

업종별 상권의 범위

　소비자들의 업종별 소비패턴까지 파악해야 올바른 입지 선정이 이루어질 수 있다. 도시는 그 구조에 따라 거주지 부근, 부도심, 도심 등으로 구분하는데, 식품이나 일용잡화는 거의 거주지 부근에서 구입하고, 전문품의 경우에는 부도심 등 도심 의존도가 높다. 이와 같이 업종과 품목에 따라 사람들의 이동거리가 다르다는 사실은 소비자들의 소비패턴이 다르다는 것을 의미한다. 당연히 소자본 점포 창업의 경우 업종별로 소비자들의 소비패턴까지 파악해야 한다.

　업종과 품목에 따라 주 고객층과 구매주기가 다르며, 소비행태 또한 다르게 나타나므로 업종마다 상권이 다를 수밖에 없다. 이 때문에 업종별 핵심 키워드와 입지 전략이 필요한데, 바로 이것이 창업의 핵심이다.

　다음 장의 그림에서 보듯이 업종에 따라서 상권의 범위가 다르다. 여기서는 일반음식업과 전문음식업으로 구분해서 설명하고 있는데, 소비자들은 일반음식업은 가까운 곳으로, 전문음식업은 거리가 멀어도 더 좋은 곳으로 가고 싶어 한다. 당연히 상권의 범위가 다를 수밖에 없다.

　패스트푸드 같은 일반음식업은 멀리서 찾아오지 않는다. 대부분 입지에 의해서 점포를 지나갈 수밖에 없는 사람들이 소비한다. 그러므로 상권의 범위가 좁을 수밖에 없다. 하지만 전문음식업은 일반음식업보다 더 멀리에서 찾아오는데, 소비자가 찾아오는 이유에는 입지 이외에 맛도 있기 때문이다. 당연히 전문음식업은 상권의 범위가 넓다.

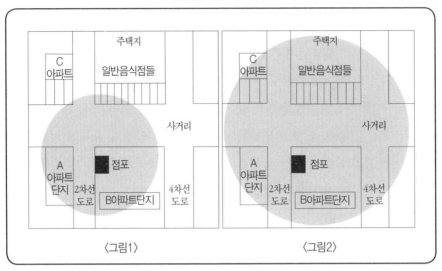

| 업종별 상권의 범위 |

〈그림1〉　〈그림2〉

　〈그림 1〉과 〈그림 2〉의 차이점을 자세히 보라. 무엇이 다른가? 모든 것이 동일하지만 오로지 취급하는 업종에 따라 같은 위치의 점포라도 상권의 범위가 달라짐을 보여준다.

　〈그림 1〉처럼 일반음식점을 할 경우에는 도로 건너편의 C아파트와 주택지의 거주민들이 상권 범위 밖에 위치한다. 다른 일반음식점과의 차별화가 거의 없기 때문에 도로를 건너오지 않는 것이다. 당연히 1차 상권의 범위는 500m가 아니라 반경 200~300m 이내 정도로 좁아질 수 있다.

　그런데 〈그림 2〉를 보라. 전문음식점일 경우에는 길 건너 C아파트와 주택지, 그리고 더 멀리 사거리 일대까지도 상권의 범위에 들어간다. 물론 이때에도 동일한 전문음식점이 몇 개 있을 경우 상권의 크기에 따라서 내 점포의 상권이 좁아질 수도 있다. 그래서 상권 분석을 할 때는 경쟁점포 조사를 필수적으로 해야 하는 것이다.

〈그림 1〉에서 보듯이 주택지 상권은 상권의 범위를 직접 발로 뛰면서 정확히 파악해야만 한다. 조그마한 분식점을 하면서 〈그림 2〉와 같이 상권을 넓게 보고 장사가 잘될 것이라고 판단한다면 실패를 겪게 된다. 분식점 등 일반음식점은 상권의 범위를 최대한 축소해서 파악하고 입점해야 실패를 줄일 수 있다. 이러한 이유로 점포 입지마다 업종마다 실제 배후지 세대를 산출할 수 있어야 하는 것이다.

그렇다면 그 지역의 중심지에 있는 역세권은 업종에 따른 상권의 범위 파악을 어떻게 해야 할까? 주택지 상권처럼 직접 발로 뛰면서 파악해야 하지만, 한눈에 알아볼 수도 있다. 역세권은 상권마다 각기 특성이 있기 때문이다. 예를 들어 신촌 상권은 젊은이들의 오락과 유흥업이 주류를 이루는 상권이며, 성신여대 상권은 10대 후반에서 20대 초까지의 여성들이 주를 이룬다. 이와 같은 각 상권의 특성에 맞추어 업종을 선택하는 것이 유리하며, 상권의 범위와 입지파악 시 점포 앞 유동인구의 다과로 파악하면 큰 착오는 없다. 이러한 역세권은 분식점이나 전문점이나 같은 위치라면 상권의 범위는 거의 비슷하다. 이것이 주택지 상권과의 차이점이다.

개별점포의 입지조건 분석과 상권의 범위

입지 선정 시에 특히 중요한 것은 상권을 끊어버리는 요인(점포 접근성을 막는다)을 현장에서 발로 뛰면서 조사하는 것이다. 일반 업종들은 상권을 끊는 요인들이 매우 많아 그만큼 입지 선정이 어렵다. 상권 전체 분석에서 전체 상권을 단절하는 요인이 결국 내 점포의 단절요인이 되기도 한다. 상권 전체 단절요인과 달리 개별 점포 상권단절 요인은 추가되는 것이 있다. 점포 앞의 계단이나 화단 그리고 경사진 곳 등이 점포의 개별적 장애요인으로 작용한다.

　모든 점포의 입지분석 기준은 접근성과 가시성이다. 접근성과 가시성으로 판단하여 A, B, C급지로 분류하는데, 그림에 A급지, B급지, C급지라고 표시한 것이 바로 접근성과 가시성이 좋은가 나쁜가를 기준으로 한 점포의 입지 수준이다. 입지 수준에 따라 점포 상권의 범위가 다르다. A급지는 상권의 범위가 넓은 반면 C급지는 상권의 범위가 매우 협소해진다. 이 뜻은 A급지의 점포는 독점세대 및 가망세대가 상권 배후지 총세대일 정도로 좋지만, C급지는 말 그대로 독점세대나 가망세대가 거의 없는 수준이라는 것이다.
　이처럼 한 상권 내에서 좋은 위치의 점포(A급지)라면 상권의 범위가 넓으나, 장소가 나쁘면(C급지) 상권의 범위는 매우 좁다.

| 상권 내 입지조건분석도 |

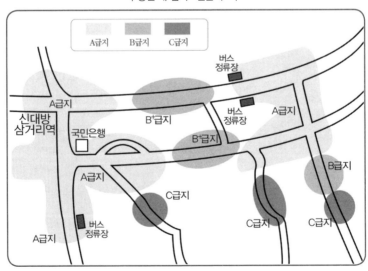

한 점포에 오는 배후지 세대는 전체 상권 범위 내 모든 세대가 아니라 상권단절요인에 의해 단절된 일부 배후지 세대다. 이것도 다시 주동선과 내 점포 위치에 따라 접근성이 달라지고 세분화되어 더 적어진다. 이것이 독점세대이다. 따라서 점포 뒷골목에 있는 세대가 배후지 세대처럼 보이더라도 내 점포에 오지 않는 경우가 빈번하다. 동선 조사 요령을 알아야 할 필요가 여기에 있다.

동선 조사가 필수인 아이템 및 독점세대와 가망세대

상권범위가 상권단절요인에 의해 결정되듯, 배후지에 거주하는 주민들이 골목을 이용할 때 주동선은 각종 생활편의시설(역이나 버스정류장, 대형슈퍼 등 핵 점포)로 가는 단거리 골목길이 되며, 그래서 주동선이 아닌 곳에 위치한 점포는 실제 고객으로 이어지지 않는 경우가 발생한다. 여기서 주로 이동하는 동선을 주동선이라고 한다. 상권단절요인에 의해 입지구분을 하는 것도 중요하지만, 마찬가지로 반드시 알아야 할 것이 바로 동선조사에 관한 것이다.

동선에 의해 내 점포에 오는 독점세대가 결정된다. 이 독점세대 수에 의해 매출이 결정되며, 동선 조사가 반드시 필요한 아이템은 따로 있다. 동선조사가 필요치 않은 업종은 없다. 그럼에도 동선 조사가 필수적인 아이템은 경쟁점을 피해서 창업해야 하는 업종인 생필품과 일부 서비스업, 그리고 외식업 중 커피, 호프, 패스트푸드 등이다. 이러한 아이템은 독점세대 수가 매우 중요하다. 같은 입지의 점포라도 업종에 따라서, 그리고 점포 자체의 접근성이나 가시성 및 구조나 규모에 의해서 상권의 범위 특히 독점세대 수가 달라진다. 입지가 좋은 것 같은데도 불구하고 점포 바로 뒤 배후지세대가 내 점포에 도움을 주지 않는 경우가 많다. 경쟁점포가 고객을 끊어버리는 경우도 있지만 배후지 사람들이 다른 골목길로 움직이면서 내 점포방향으로 오지 않기 때문이다. 내 점포를 보지 못하면 결국 소비는 이루어지지 않는다는 것을 명심하기 바란다.

소비자가 상품을 구입하기까지 5개의 과정으로 분류한 아이드마AIDMA법칙이 있다. 소비자는 먼저 주의Attention를 하고, 흥미interest를 갖고, 욕구Desire를 일으키고, 기억Memory하고, 최후에 행동Action으로 옮기는 과정을 거쳐 상품을 구매한다. 여기서 우리가 알아야 할 것은 소비자가 소비를 하려면 점포를 인지하고 기억해야 한다는 것이다. 결국 동선 상에 있는 점포가 유리한 것은 자명하다. 따라서 동선 조사는 매우 중요하다.

동선은 사람들의 3대 심리에 의해 좌우된다.

하향심리	지형지세에 의해 사람들은 낮은 쪽 골목길을 따라 움직인다. 즉, 거슬러 올라가거나 경사진 옆길은 부담스러워한다.
최단거리심리	생활편의시설이 위치하고 있는 곳을 향해 사람들은 최단거리 골목길을 선택하게 된다. 생활편의시설은 대형슈퍼 등 집객력이 있는 핵점포나 버스정류장, 그리고 지하철역 등이다.
위험회피심리	사람들은 보도 폭이 넓은 골목을 주로 이용한다. 좁은 골목은 어둡고 위험하기 때문에 안전한 골목을 선호하게 된다.

이와 같이 사람들의 움직임이 이루어지기 때문에 주택지 상권에서는 배후지 조사 시 필수적으로 동선을 알아보아야만 한다. 그리고 내 점포에 올 수밖에 없는 지역 내 세대 수가 곧 독점세대 수이다.

아래 그림을 보면 A점포의 독점세대는 바로 뒤 배후지 주민들이고, 상권 전체 배후지 세대가 가망성이 있는 세대이다.

| 한 점포의 독점세대와 가망세대 |

골목상권 독점세대 산출하기

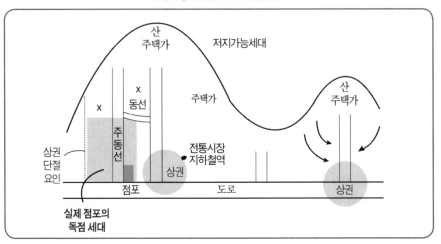

| 골목상권 독점세대 산출방법 |

위 그림에서 거주하는 사람들은 생활편의시설(지하철역이나 전통시장과 대형슈퍼 등)에 가기 위해 최단거리 골목길을 이용한다. 만약에 점포가 있는 이 골목이 출퇴근길이고 주동선 상에 위치하기 때문에, 배후지의 많은 사람들이 이용할 것이라 생각하고 점포를 계약해 창업을 했다고 하자. 그런데 장사가 안 된다면 이유가 무엇일까? 바로 입지 선정에 실패했기 때문이다.

점포는 분명 주동선상에 위치하고 있다. 옆 골목(동선)이 없는 주동선 상의 길은 좋다. 하지만 여기는 최단거리 옆 골목(동선)이 있다. 이런 골목이 있다면 ×표시한 주택지 주민들은 옆 골목으로 출퇴근을 하기 때문에 그 사람들은 독점세대 수에서 제외된다. 옆 골목 밑과 그리고 상권단절요인 (하천, 둑, 강, 공원, 철로, 도로 6차선 이상 등)이 있는 곳까지(이것이 상권의 폭임)의 면적에 사는 사람들이 내 점포의 독점세대 주민들이다.

이 경우 독점세대 수가 500세대라면 그에 맞는 업종(패스트푸드, 생필품 중 슈퍼, 일반서비스업 중 미용실과 세탁소, 피아노, 미술, 속셈학원)을 창업하면 되고, 독점세대 수가 1,500세대라면 그에 맞는 업종(각종 병의원과 네일아트, 보습학원이나 영어학원, 수학학원 등)을 창업하면 된다. 최단거리 골목길이 좁고 울퉁불퉁하며 위험한 경우, 출근 때는 최단거리 길을 이용하지만 퇴근 때는 더 나은 길로 우회를 한다. 이때는 출퇴근길이 다르다. 하지만 대부분의 골목길은 출퇴근길이 같다.

입지 선정에서 가장 좋은 것은 옆골목(동선)이 없는 주동선 상의 골목에 있는 점포이다. 이렇게 현장 조사한 독점세대를 일일이 셀 이유는 없다. 상권정보시스템에서 확인이 가능하기 때문이다. 하지만 상권정보시스템을 활용하기 전, 현장에서 독점세대 수를 어림셈법으로 추정하는 것은 필요하다. 생각보다 쉽지 않지만 그렇게 어려운 일만은 아니다. 그리고 현장에서 파악한 1차 상권 범위를 머릿속이나 지도에 그리고 있다가 상권정보시스템을 활용해서 독점세대 수를 정확히 파악해 상권 분석을 제대로 하는 지혜가 필요하다.

상권정보시스템 활용하기

상권정보시스템은 정부 및 서울특별시 상권정보시스템과 민간 상권정보시스템으로 나뉜다. 정부나 지방자치단체는 무료이고 민간부문은 유료지만 최근에는 대체로 무료로 전환되는 추세다. 본인에게 맞는 상권정보시스템을 이용하면 된다.

상권정보시스템은 중소벤처기업부 산하 소상공인시장진흥공단(sbiz. or.kr.)에서 제공하고 있다. 중소기업청이 전국의 발달상권을 선정하여 주요 소상공인 업종 위주로 2006년 7월부터 제공하고 있으며, 꾸준히 업데이트되고 있기 때문에 웬만한 자료나 분석이 모두 가능한 무료 서비스이다. 상권정보시스템을 적극 활용하라. 여러분이 어떤 점포를 보고 현장에서 독점세대를 대략적으로나마 파악했다면 바로 상권정보시스템에 들어가서 아래와 같이 차례대로 분석하기를 바란다.

① 소상공인시장진흥공단 홈페이지(sbiz.or.kr) 클릭
② 상단 중앙 상권정보시스템 클릭
③ 상권정보시스템 홈페이지 상단 왼쪽 상권 분석 클릭
④ 왼쪽편 지역 선택하기 : 점포 주소를 클릭하고 다음에 상호를 클릭하면 지도에
　　점포가 표시된다.
⑤ 영역선택 : 다각형/반경, 현장에서 파악한 독점세대를 지도에 다각형으로 표시
　　한다. 바로 이 다각형인 독점세대 그리기가 매우 중요하다. 상권 분
　　석의 핵심이다.
⑥ 업종분석하기 : 해당 업종 선택
⑦ 맨 밑 상권 분석하기 클릭

여기까지 하고 나면 그다음부터는 상권 분석 결과표를 보여준다. 상권 분석 결과에서 필요한 자료를 활용하면 좋다. 특히 상권 분석 개요에서 1차 상권('1영역 선택'이라고 나옴)과 2차 상권의 거주인구와 직장인 그리고 점포 숫자 등은 매우 중요하다. 반드시 알아야 할 것은 독점세대를 지도에 그릴 수 있는 능력이다. 이것이 상권 분석의 요체이다.

04 | 작은 가게일수록 상권과 입지가 중요하다

    소규모 상가를 이용하는 소비자들과 중대형점을 이용하는 소비자들의 소비행태는 다르다. 소비행태가 다름에 따라서 상권 분석법도 다를 수밖에 없다.

    상권 분석은 경험의 과학이다. 점포 규모가 작을수록 고객흡인력이 떨어지고 고객의 유입을 막는 요인이 많다. 걸어서 오는 고객은 점포 앞에 하천이나 둑이 가로지르고 있어도 오지 않으며, 조금만 경사가 지거나 계단이 있어도 점포에 오지 않는다. 이와 같이 고객이 단절되는 요소가 많아 세밀하고도 정교한 분석 시스템이 필요한 것이 우리 소규모 상가의 현실이다.

중대형 상가와 중소형 상가 구별법: 인지도 차이

    일반적으로 중대형 상가는 1층 200~232m^2(60~ 70평대) 이상으로 대형편의시설을 포함하며, 중소형 상가는 1층 100~132m^2(30~40평대) 이하를 일컫는다.

| 중대형 상가와 중소형 상가의 상권 분석 |

구 분	소비행태	상권 단절 정도	상권입조건분석 정밀도	비 고
중대형 상가 [1층 200~232㎡ (60~70평대) 이상, 대형편의시설 포함]	상가 이용행태가 대부분 차량	단절요인 매우 적음(상가 앞에 도로만 있으면 됨)	배후지 총세대 수 및 대중교통 연결망, 기타 파악으로 분석 용이함	흡인력이 강함
중소형 상가 [1층 100~132㎡ (30~40평대) 이하]	중소형 상가 이용자 대부분 도보	단절요인 매우 많음	상권단절요인, 동선 면밀히 파악해야 하는 등 분석이 매우 정밀해야 함	대다수 중소형 상가 (신도시 아파트단지 앞 도로변 일반상업 지역의 10층 이하 상 가 역시 소형 상가임)

10층 이하 상가건물이 외형상 대형백화점이나 대형할인점보다 규모가 큰 데도 불구하고 중소형 상가로 보는 이유는 무엇일까? 백화점이나 대형할인점은 건물 자체가 바로 소비자들에게 인지된다. 하지만 10층 이하 상가건물은 모든 업종들이 백화점식으로 입점해 있더라도 건물 자체를 소비자들이 인지하는 경우는 매우 드물다. 따라서 일부러 차량을 이용하여 멀리서 오지 않는다.

이는 대형종합병원과 경쟁력을 갖고자 소규모 병의원이 종합병원 식으로 건물 전체에 입점하고(메디칼센터) 경쟁을 벌였으나 그다지 효과를 보지 못하고 있는 현상에서도 알 수 있다. 소비자들이 메디컬센터를 인지하지 못하기 때문이다. 물론 메디컬센터가 그 지역의 중심지(주택지의 경우 낮으면서도 모이는 곳)에 있는 경우 사업이 매우 잘 된다. 하지만 대다수 메디컬센터 입지가 중심지에서 약간 비낀 곳에 있다. 일부러 차량을 이용하여 멀리서 오지 않으니 당연히 어렵다.

이처럼 중소형 점포는 고객이 단절되는 요인이 많아 실제 자영업자들의 80~90%가 허덕이고 있는 것이다. 이를 타개하기 위해서(즉, 차량 이용 고객수를 늘리기 위해서) 업종 불문하고 대형화 추세로 가고 있는 것이기도 하다.

중대형 상가의 상권 분석 시 조사요령

백화점이나 대형쇼핑센터 등 대형편의시설 내에 입점하려면 우선 대형 편의시설 자체가 살아야 입점 점포도 산다. 따라서 중대형점 상권 분석 요령을 알아야 한다.

첫째, 중대형점은 그 개발 목적과 개발콘셉트에 의하여 이용자 수(배후지 총세대 수)가 다르므로 배후지 총세대 수를 조사한다.

대체적으로 이것은 대형점 측에서 자체 분석하기 때문에 개인이 그 수고까지 할 필요가 없는 것처럼 보인다. 실상은 그렇지 않다. 대형점이 지형지세에 의해서 또는 경쟁점에 의해서 이용고객이 실제로 단절되는데도 불구하고 지역 일대 모든 세대를 이용세대로 부풀리기 때문이다.

둘째, 대중교통 연결망을 파악해야 한다.

중대형점 대다수는 젊은이들이 고객으로 이어지지 않으면 한계에 부딪친다. 주차시설은 훌륭하지만 대중교통 연결성이 떨어지는 상가는 고객 유입의 한계로 인해 무너진다는 것이다. 실제 대형점의 사활은 거의 이 대중 교통망에 의해 결정된다고 해도 과언이 아니다. 대형편의시설의 상권력은 대중교통, 특히 전철역과 연계되어 있어야 강하다는 것을 항상 염두에 두라. 일반 상권에서는 개개인의 능력에 의해서 상가를 운영할 수 있는 여력 이나마 있지만, 대형편의시설 내 입점은 그렇지 못하다. 대형편의시설 자체 가 상권력이 없으면 죽는다. 개인의 능력이 아무리 뛰어나도 대형편의시설 내에 고객이 없는데 장사가 될 리 없다.

셋째, 중대형점 주변에 상권이 형성되어 있는지 파악하라.

중대형점이 홀로 덩그러니 있는 경우는 고객을 끌어들이는 흡인력이 약 하다. 중대형점과 주변 상권이 상호 유기적으로 연계되어야 상권의 힘이 강해진다는 것이다. 즉, 밤늦게까지 회유하는 인구가 많은 곳에 있는 중대 형점과 단순히 쇼핑이나 어떤 목적에 의해서 일정 시간만 이용하는 중대형 점은 상권 활성화 정도가 다르다는 것을 명심하라.

넷째, 대형쇼핑센터의 경우 브랜드력 있는 할인점이나 영화 관람장 유치 가 상가를 쉽게 분양하기 위한 목적으로 전략적으로 이용되고 있는 것은 아닌지 확인하라.

이러한 경우에는 적정 상가 숫자인지 파악해야 하는 번거로움이 따른다. 지금까지 쇼핑센터 내에 브랜드력 있는 할인점이나 CGV를 유치하면 젊은 이들을 흡인하는 요소로 작용하여 대체적으로 쇼핑센터 내 입점 상가들도 활성화되고는 했었다. 그리고 이러한 점을 일반 상가투자자나 창업자들도 인식하고 있다. 바로 이 점을 이용하여 대형쇼핑센터 등 대형편의시설 상 가분양 시에 브랜드력 있는 할인점이나 CGV가 입점 확정되었다고 적극 홍보하면서 상가를 분양한다. 그런데 이러한 곳을 보면 놀랍게도 분양하는 상가 숫자가 터무니없이 많다.

다섯째, 업종구성이 전문화되어 있어야 하며, 운영관리팀의 홍보능력과 운영계획이 명확해야 한다.

동일 층의 경우 상호보완되는 업종으로 구성하되 충돌이 있어서는 아니 되며, 층별 간 상호 유기적으로 연계될 수 있도록 업종구성을 해야 한다. 종종 층별 간 상호유기적인 관계를 단절시키는 업종구성으로 인해 건물 전체가 죽는 사례가 있다. 예를 들어 젊은이들이 모이는 곳이라면 1층 잡화, 2층은 영캐주얼, 3층은 숙녀복 등의 구성으로 1층 고객이 2층, 3층을 자연스럽게 이용할 수 있도록 연계시키는 전략이 필요한데 2층에 숙녀복, 3층을 영캐주얼로 구성한다면 1층의 젊은 손님 중 많은 숫자는 2층, 3층까지 올라가지 않는다. 물 흐르듯이 자연스럽고 유기적인 업종 구성으로 고객을 유인해야 한다.

용인 중심상업지역의 대형 쇼핑센터가 이러한 것을 적극 이용한 사례가 있다. 상가 숫자가 매우 많은데, 설령 할인점이나 CGV가 된다고 하더라도 그 쇼핑센터 내 입점 상가들의 활성화는 요원할 것이다. 당연히 상가투자는 실패로 귀결되고 만다.

비단 이곳만이 아니다. 2008년도에 분양했던 서울 유명 역세권에 대형백화점 건물이 있다. 10년 이상 지난 2020년 현재도 법적인 문제로 공사가 지지부진하다. 공사 문제는 차치하고 상권만 보자. 이곳은 말 그대로 매우 활성화된 상권이다. 또한 백화점 건물과 지하철도 바로 연결될 예정이다. 당연히 그곳 통로 변에 있는 상가나 1층 상가는 매우 좋다. 기타 층도 업종구성과 운영을 잘 하면 좋을 것이다. 건물 대부분의 상가는 상권이 좋아 투자가치가 있는 것이 너무도 명백해 보인다.

또한 CGV를 유치한 것도 매우 훌륭한 발상임에 틀림없다. CGV 역시 잘될 것이기 때문이다. 그런데 동일 층에 분양 중인 상가가 너무 많다. 100개 점포 이상이다. 바로 이 점에 문제가 있다. CGV 입구 동일 층에 패스트푸드점을 구성하여 상가를 분양했는데 과연 모두 잘될 것인가가 문제라는 것이다.

상권 전체가 좋다고 무조건 되리라고 착각하거나 유명 브랜드가 있다고 잘될 것이라는 착각은 하지 마라. 상권이나 상가 전체가 좋은 것은 매우 중요하다. 상권 분석의 핵심이기도 하다. 하지만 남의 것과 내 것은 분명히 다르다. 적당히 묻어가지 말라. CGV 매표소 일대 입지가 좋은 일정 점포는 장사가 잘될 것이다. 하지만 상가 숫자가 매우 많아 동선에서 비낀, 뒤에 있는 상가들은 어찌 될 것인가.

중소형 상가의 상권단절요인을 조사하는 요령

입지 선정 시 가장 먼저 살펴봐야 할 것은 상권 전체의 활성화 여부이다. 다음으로는 상권을 끊어버리는 요인들을 현장에서 발로 뛰면서 조사해야 한다. 일반 업종들은 상권을 끊는 요인들이 매우 많고, 그만큼 입지 선정이 어렵다. 이렇게 단절요인을 분석해 보면 비로소 내 점포에 올 수밖에 없는 소비자가 드러나고, 이 요인에 의해 입지가 결정된다. 이것이 바로 독점세대 수이다. 막연히 본 것 하고는 엄청난 차이가 나며, 바로 이 독점세대 수가 최소한 500세대가 되는가 아닌가에 따라 성패가 갈린다고 보면 된다. 끊어짐이 적으면 당연히 좋은 입지, 소위 'A급지'다.

일반 업종의 상권단절요인

1. 자연지형물 : 하천, 강, 언덕 등
2. 인공지형물 : 둑, 공원, 철로, 도로(6차선 이상)
3. 장애물시설 : 쓰레기처리장, 학교, 병원
4. C급지 업종 : 카센터, 공작기계, 우유대리점, 가구점, 표구점, 기타 기술 위주 업종
5. 기타 : 주유소, 주차 공간, 금융지점, 계단 등

---

* 예외적으로 상권단절요인을 비껴가는 것 : 대형점, 배달업, 편의점 등

입지는 상권단절요인에 의해 A, B, C 세 등급으로 나뉜다. 점포 입지가 다르다면 독점세대 수가 달라지는 것은 너무도 당연하다. 모든 업종에는 그마다 적정한 입지가 있다. 이러한 입지를 결정하는 것이 바로 상권단절요인이다.

예를 들어 점포 앞에 하천이나 둑, 강, 공원, 도로 6차선 이상이 있다면 건너편에서 악착같이 넘어서 점포에 오겠는가? 심지어 점포 앞에 계단이나 경사가 있는 나 홀로 주상복합 상가도 위험하다.

05 | 주거하기 좋으면 왜 상권은 나쁠까?

주거 입지와 상업 입지는 완전히 다르다. 용도별 입지조건에서 보듯이 주거지는 쾌적하고 편리하면 입지가 좋다고 한다. 반면에 상업지는 쾌적하고 편리하면 오히려 상권에 저해요소로 작용한다.

| 부동산용도별 입지조건 |

용 도	입지조건	내 용
주택지	쾌적성(환경조건) 편리성(생활조건) 접근성(통근조건)	공해 없고 재해방지, 상하수도 정비가 잘 된 곳 학교, 병원, 시장 등 편의시설과 가까워야 한다 교통비용, 시간이 적게 들어야 한다
상업지	수익성 접근성 가시성	상업지는 전체 상권의 힘이 강한 곳이 좋다 상가 입지는 접근성이 좋아야 한다 눈에 잘 띄는 곳이 좋다
공업지	생산성, 비용성	생산비와 수송비가 절약되는 곳이 좋다
농, 임업지	생산성	기후조건과 토양이 양호한 곳이 좋다

주거지가 쾌적하면 인구밀도가 떨어져
상권에 저해가 된다

쾌적하다는 것은 그만큼 녹지공간이 많다는 뜻이다. 그 공간만큼 거주인구가 없어서 전체적으로 인구밀도가 낮을 수밖에 없다. 그리고 녹지공간이 접근성을 떨어뜨린다. 인구밀도가 낮은 만큼, 접근성이 떨어지는 만큼 상권 발달에 장애로 작용한다.

지방도시가 서울 등 대도시에 비해 장사가 안되는 것은 소득수준이 낮아서라기보다는 인구밀도가 낮아서이다. 중소형 상가의 소비자는 걸어서 오는 고객이 대다수이다. 걸어서 온다는 것은 결국 일정 범위 내 지역에서 온다는 것이다. 이것이 소위 말하는 1차 상권, 독점세대이다. 업종에 따라서 그 범위는 다르지만 대부분 업종의 2차 상권은 반경 500m 이내이다. 그래야 걸어서 7~8분 정도 걸린다. 따라서 그 일정 범위 내 인구밀도가 중요할 수밖에 없다.

신도시의 경우도 마찬가지이다. 상권이 좋지 않은 것은 인구밀도가 떨어지고 공원 등 녹음 공간이 곳곳에 산재해 있어서 접근성이 떨어지기 때문이다. 물론 신도시 상권은 상업지 비율이 지나치게 높은 것과 교통이 편리해 사방팔방으로 분산되기 쉬운 문제가 더 크지만 위의 사항도 상권 저해에 한몫을 하고 있다.

밀집도가 떨어지면 상권에 장애가 된다

인구밀도와 밀집도는 뜻이 다르다. 밀집도(응집도)란 상권 면적 대비 점포 숫자인데, 일정 면적에 점포가 많이 모여 있어야 응집도가 강해지고 흡인력 또한 강해진다. 상권력이란 점포 숫자가 많을 때 강한데, 점포 숫자가 많더라도 되도록이면 일정 면적에 웅크리고 있어야 응집도와 흡인력이 강해진다. 달리 말해, 같은 점포 숫자라면 되도록 작은 면적에 모여 있어야 상권력이 제 힘을 발휘한다는 것이다.

한편, 밀집도에는 점포 숫자뿐만이 아니라 주택도 해당된다. 좁은 면적에 주민들이 촘촘히 있어야 상권을 이용할 때 걸어서 움직인다는 것이다. 상권은 그 근처에서 걸어서 움직이는 사람들이 많아야 성장한다. 당연히 주택들이 촘촘하게 응집되어 있어야 좋을 수밖에 없다. 이것은 근처 상권을 차량으로 이용할 수밖에 없는 부촌이나 촘촘하지 못한 주택지의 상권은 성장하지 못한다는 뜻이다.

신도시의 경우도 마찬가지다. 아파트가 촘촘히 지어져 있다면 상권을 이용할 때 걸어서 움직인다. 대표적인 곳이 위례 상권이다. 하지만 아파트를 널찍널찍 지었다면 상권을 이용할 때 차량으로 움직여야 한다. 이러한 곳은 상권으로 성장하기 어렵다. 그 대표적인 곳이 미사 상권이다. 물론 이곳도 드문드문 있는 중대형 상가들은 잘될 것이지만 말이다.

주거지가 교통이 좋으면 상권에 장애가 된다

첫째, 교통이 좋으면 작은 상권은 오히려 더 죽는다. 큰 상권에 소비자를 뺏기기 때문이다. 젊은이들은 역세권으로, 주부들은 대형편의시설로 빠져나가기 쉽기 때문이다. 사람들은 거리가 멀더라도 큰 상권으로 가서 소비한다. 먹고 마시고 쇼핑은 더욱 그러하다. 이는 상권 분석에서도 매우 중요한 요소다.

교통이 좋으면 거주하는 사람들에게는 분명히 편리함을 가져다준다. 하지만 편리함이란 것이 무엇인지 생각해 보라. 사람들이 어떤 목적지를 가기 쉽다는 것이 아니던가. 따라서 교통이 좋아지면 그동안 그럭저럭 유지되던 그 주변의 작은 상권은 오히려 더 죽게 된다. 반대로 상권이 좋은 곳은 더욱 좋아진다. 아쉽게도 '부익부 빈익빈' 현상은 상권에서도 벌어지고 있다.

앞으로 지하철 개통을 눈앞에 두고 있는 많은 곳, 특히 상권이 미약했던 곳은 말 그대로 별 볼일 없다는 것을 유념하고 유념해야 한다. 상가투자자들이 이러한 곳을 매우 선호하고 있음에 자세한 지명 언급은 자제하지만 깊은 속뜻을 새기기 바란다. 상권끼리의 경쟁에서 밀려도 죽지만 이처럼 교통이 뚫리면 작은 상권은 더욱 죽는 현상이 가속화된다는 것을 명심하라는 것이다. 막연히 전철 개통 등 교통이 좋아지면 상권이 좋아질 것이라는 환상을 깨라.

하지만 투기꾼들은 일반인들의 이러한 환상을 이용하여 오히려 이러한 곳을 개발하고 분양하는 행태를 벌이고 있는 것도 현실이다. '배삯없는 놈이 배에 먼저 오른다.'는 속담이 있다. 덤벙대지 말고 현혹되지 말라.

초 · 중 · 고등학교나 병의원도 상권에 장애가 된다

초등학교, 중학교, 고등학교가 왜 장애요인인가. 주택을 구하려고 보면 모두 편의시설로 분류하여 오히려 가점을 주는 것이 현실이고, 부동산 관련 서적이나 중개업소에서도 모두 편의시설로 분류하고 있는 데 말이다.

학교 운동장은 밤에는 어둡다. 어두운 곳은 사람들의 접근성을 떨어트린다. 그래서 학교 옆 점포들이 장사가 안되는 것은 불문가지다. 학생들과 직접 관련이 있는 문방구나 학원은 어떠한가. 이 역시 대부분 안 된다. 이유는 이렇다. 학교를 설립하기 위해서 땅값이 비싼 저지대 도로변 부근 부지를 선정하는 경우는 매우 드물다. 땅값이 싼 곳, 야산을 밀고 학교를 짓는 경우가 많다. 당연히 학교 앞이 경사질 수밖에 없다. 경사진 곳은 사람들이 모이지 않고 흘러간다. 흘러가는 곳은 장사가 안 된다. 학교 앞도 바로 이러한 경우이다. 학교 앞에서 꼭 하고 싶다면 학교 바로 앞이 아니라 학교로 들어가는 진입로변을 잡아야 한다.

다만 학교 앞이 좋은 경우가 있는데, 저지대 낮은 곳에 학교가 있고 그 지역에서 중심지 구실을 하는 상권과 연계되어 있는 곳이다. 하지만 이러한 경우는 매우 드물다.

한편, 병원을 이용하는 사람들이 그 주변에서 쇼핑을 하거나 먹고 마시고 하는가. 물론 병원을 끼고 있는 역세권은 나쁠 것이 없지만 그 외 지역은 병원 바로 옆이 상권다운 상권으로 성장할 수 없다. 만약에 병원 대신에 상주인구가 비슷한 다른 시설이 들어온다면 상권이 제대로 형성될 수 있을 것이다.

한편, 동일 건물 동일 층에 병의원이 있으면 일반적인 업종은 장사가 되지 않는다. 예를 들어 같은 2층에 치과나 내과 등 병의원이 있다면 어떻겠는가? 당연히 외부에서 건물 2층에 접근하기를 꺼려한다. 또한 저녁에는 일찍 병원 문을 닫아 가시성까지 끊어진다. 접근성과 가시성이 끊어지는 만큼 매출은 떨어진다. 설사, 건물 전체 업종구성상 상호보완되는 업종이 많다 하더라도 이러한 병의원이 있다면 피하는 것이 좋다고 강조하였던 것을 상기하기 바란다.

06 | 유동인구가 많으면 무조건 좋은 상권일까?

　여느 성별과 연령대의 유동인구가 흐르느냐에 따라서 상권력과 상권의 특성이 달라진다. 단순히 10대부터 60대까지의 사람들이 고루 움직인다면 그곳은 주택지 상권이다. 주택지는 어느 지역이든 배후지 인구의 성별이나 연령대가 유사하므로 상권 특성은 유사하다. 다만, 골목상권마다 상권의 범위가 다양한 만큼 상권력은 다르다.

　만약에 젊은 친구들이 모이는 곳이면 당연히 역세권이다. 같은 역세권이더라도 유동인구의 성별과 연령에 따라서 상권의 특성은 다르게 나타난다. 이러한 상권의 특성을 분석하기 위해서는 상권 내 유동인구 분석을 해야 한다.

유동인구를 조사하는 요령

유동인구 조사는 상권 특성과 점포 입지 수준을 파악하는 자료로 활용하기 위함이지, 해당 조사가 곧 상권 분석의 모든 것이라고 착각하는 우를 범하지 말기 바란다. 지금까지 상가개발시행사, 가맹본부 상가개발팀이나 부동산중개업자 그리고 예비 창업자 모두 유동인구 조사가 곧 상권 분석의 전부인 양 점포 개발을 해왔기 때문에 강조하는 것이다. 상권 분석은 상권력 분석과 상권특성 분석을 동시에 해야 하는데, 유동인구 조사는 상권 특성을 분석하는 것이므로 중요한 항목이나, 여기에 얽매이는 우는 범하지 마라.

유동인구 조사는 다음의 차이가 있다.

같은 상권이라도 유동인구 숫자가 많아야 하는 아이템이 있는가 하면 상권 전체 유동인구의 볼륨이 중요한 아이템이 있다. 점포 앞 유동인구가 많아야 하는 아이템은 경쟁점을 피해서 창업해야 하는 아이템인 패스트푸드류와 생필품 및 일반 서비스업이다. 따라서 유동인구 조사는 일정 날짜와 시점을 정해서 해당 점포의 한 지점에서 조사자가 직접 조사하는 방법을 사용한다. 상권 전체 유동인구의 볼륨을 조사해야 하는 아이템은 경쟁점이 있는 곳에서 창업해야 하는 아이템인 전문음식점과 선매품이다. 따라서 상권 내 유동인구의 볼륨을 알아봐야 하는 경우 상권 내 일정 범위를 정하여 유동인구를 조사한다. 최근에는 일정 범위 내 통화량으로 조사하는 것이 일반적이다.

유동인구 조사 요령

첫째, 유동인구가 과연 흘러가는가 아니면 모이는가를 우선 조사해야 한다. 이에 따라서 상권의 성쇠가 갈리기 때문이다. 흘러가는 곳은 피하라.

둘째, 어떠한 특성을 가진 사람들이 유동하는가를 조사한다. 유동하는 사람들의 주 연령대와 성별이 무엇인가에 따라서 특성이 드러난다.

셋째, 아이템에 맞는 목표고객의 유무를 조사해야 한다. 아무리 유동고객의 양이 많고 흐름이 좋은 상권이라고 할지라도, 본인의 업종과 무관한 사람들이 움직인다면 매출에 전혀 도움이 되지 않는다. 목표고객층을 파악하려면 후보 점과 유사한 입지의 점포를 두 곳 정도 방문해 고객들의 연령대별, 성별 구성비를 조사한다. 이와 같이 조사하다 보면 상권 전체의 특성, 나아가 점포 입지의 특성을 알게 되며, 예정 아이템과의 부합 여부도 파악이 가능하다.

도심권과 역세권 및 대학가 상권은 유동인구의 특성이 그대로 반영되어 상권이 형성되어 있다. 다시 말해, 상권에 유입되는 유동인구의 연령층, 남녀구성비, 소비행태 등에 의해 각 상권마다의 특징이 나타난다. 따라서 이곳의 상권력과 특성 분석은 그다지 어렵지 않다. 이러한 유동인구 중심의 상권은 주 동선을 파악하고 유동인구의 흐름을 조사하면 입지 수준을 파악할 수 있다.

유동인구가 흘러가는 곳은 피하라

'유동인구가 흘러가는 지하철역은 피하라.' 단순 유동인구조사는 오히려 상권 분석의 왜곡을 낳을 수 있기 때문이다. 유동인구가 오로지 흘러가는(지나가는) 곳이라면 대부분의 점포는 장사가 안 된다. 유동인구 조사 시 먼저 보아야 할 것은 그곳의 유동인구가 모이는지 흘러가는지이다. 흘러가는 곳은 상권 형성이 어렵기 때문에 일단 제외해야만 올바른 입지 선정을 할 수 있다.

유동인구의 보행속도가 빠른 곳, 즉 '흐르는 자리'는 되도록 피하라. 역세권 '흐르는 자리'는 그나마 조금 낫다. 이곳은 짧은 시간에 구매가 이루어지는 저가 판매업종이 상가의 대부분을 차지한다. 고객들이 짧은 시간에 구매를 하기 때문에 고가품은 취급할 수 없다. 중저가 의류나 액세서리, 저가화장품 등 비교적 충동구매가 이루어지는 업종이 자리 잡아야만 한다.

흘러가는 곳에서는 저가전략을 구사해 점포 접근성을 높여 극복하는 것이 좋다. 유동인구가 흘러가는 지하철역 앞 점포 대부분이 사업이 안되는데도 불구하고 화장품 할인점은 잘되는 모습을 보았을 것이다. 바로 이 경우이다.

유동인구가 흘러가는 곳

첫째, 경사진 곳. 이러한 곳은 지하철역이든 버스정류장이든 교차사거리 부근이든 유동인구만 많지 사업에 도움이 되지 않는다. 경사진 곳은 사람이 모이지 않고 흘러가는데, 특히 급경사진 곳은 아무것도 되지 않는다. 서울 지하철 5호선 신정역을 보면 급경사로 인해 사업이 지지부진하다. 경사도에 따라 다르기는 하지만 조금이라도 경사진 곳은 피하는 것이 좋다.

둘째, 보도폭이 2.5m 이내로 좁은 곳. 걸을 때 반대편 사람과 부딪칠 정도로 좁은 곳은 심리적 부담감 때문에 사람들이 빠른 속도로 지나간다. 당연히 장사가 되지 않는다. 또한 이러한 곳은 점포 전면이 사각지대에 놓여 있어 시야에서 비끼기 때문에 점포를 인지하지 못하는 단점도 있다.

셋째, 목적지로 가기 위한 단순 경유지인 곳. 대체적으로 면허시험장이나 교육연수기관 등 목적 건물에 가기 위한 단순 통행로이거나 오로지 출퇴근 길목이라면 사람들은 흘러간다. 다만, 이런 곳은 육안으로 보이지 않기 때문에 파악하기 쉽지 않다는 데에 문제가 있다. 따라서 사람들의 보행속도에 의존할 수밖에 없다. 보행속도는 연령이나 보폭 등에 따라 차이가 있으나 일반적으로 1초당 1.1~1.6m 정도의 속도라고 한다. 출근이나 통학할 때는 초당 1.54m, 쇼핑할 때는 1.29m이다. 하지만 보행속도계로 이를 측정할 수는 없지 않은가.

따라서 사람들의 걷는 걸음걸이나 행태로 판단할 수밖에 없다. 갈지자 걸음으로 좌우를 두리번거린다면 쇼핑 목적이 있는 사람, 오로지 일직선으로 잰걸음으로 걷는다면 지나가는 사람으로 볼 수 있다.

07 골목상권의 흥망성쇠는 무엇을 보고 알 수 있을까?

상권 분석은 무엇을 보고 할 수 있는가. 상권은 대체적으로 지형지세가 낮은 곳에 형성이 되는데, 이러한 곳은 대중교통망도 좋다. 더불어 밀집도도 중요하다. 소비자는 거리가 가깝다고 이용하는 것이 아니며 번성한 상권, 즉 상권력이 좋은 곳으로 가서 소비한다. 특히 먹고 마시고 쇼핑은 더욱 그러하다. 당연히 상가 전체가 죽은 상권인지 번성하는 상권인지 등을 파악해야 사업 실패를 줄일 수 있다. 상권 전체를 분석한 이후 번성하는 상권에서 개별 점포의 입지조건 분석을 하여 입지조건이 유리한 점포를 구하도록 한다. '숲을 먼저 보고 나무는 나중에 본다.'와 같은 이치이다.

번성하는 상권은 지대가 낮고 배후지가 깊은 곳에 있다

지형지세를 보면 상권 형성 여부를 알 수 있다. 지형이란 높고 낮음을 일컫는데, 바로 낮은 곳에 상권이 형성된다. 그런데 도로변은 모두 낮은 곳에 있다. 그렇다면 모든 도로변이 상권이란 것인가. 아니다. 바로 지세까지 보아야 한다. 지세란 땅의 형세를 말하는데, 어느 한쪽으로 집중되는 곳에 상권이 형성된다. 그래서 상권은 지형지세를 보고 어느 한쪽으로(대개 골짜기) 집중되면서 도로를 끼고 있는 낮은 곳에 형성된다.

높고 낮은 지형 중 그 일대에서 가장 낮은 곳을 보면 상권이 크게 형성되어 있다. 역세권을 보라. 강남역이든 교대역이든 사당역이든 신림역이든 모두 그 일대에서 가장 낮은 곳이다. 이곳은 또한 도로가 사방팔방으로 이어지면서 대중교통망 연결성이 좋다. 그리고 주택지는 낮은 곳이면서 배후지가 깊은 곳에 상권이 형성되는데, 일반적으로 생활편의시설(전통시장, 대형슈퍼, 대중교통 등)이 있어서 그 지역 일대 사람들이 저절로 모이는 곳이다. 이런 곳은 비가 오면 물길이 한쪽(낮은 쪽)으로 몰리듯이 사람들 역시 낮은 곳으로 몰린다.

| 지형지세와 상권 형성 |

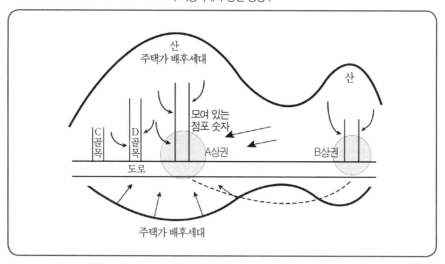

앞의 그림을 보라. 낮은 곳에 도로가 있고 주택지에 들어가는 골목길이 곳곳에 있다. 그런데 어떤 골목은 무슨 업종을 선택해도 장사가 안되는가 하면 어떤 골목은 상권이 활성화되어 있다. 그 이유가 무엇일까? 답은 간단하다. 골목을 이용하는 배후지 세대 수에 의해 결정되는 것이다.

A상권은 배후지가 깊으면서도 골짜기 양쪽에서 주민들이 모이므로 상권이 크게 형성되어 있다. 배후지 세대와 점포 숫자는 맞물려 간다. 만약 배후지 세대가 1만 여 세대라면 그 상권 내 점포 숫자는 100여 개에 이르며, 상권력이 강해서 활성화되어 있다(실제 이런 곳은 서울에서도 몇 군데에 불과하며, 지방 소도시 중심상권 수준이다). 물론 골목길과 도로변에 줄지어 있는 C급지 업종은 이 점포 숫자에서 제외한다. 상권을 단절시키기 때문이다.

근처에 있는 B상권은 배후지가 얕으면서 한쪽에서만 모이므로 배후지 세대가 A상권보다 적다. 약 4천~5천 세대에 점포 숫자가 40~50개라면 이 상권은 주택지 상권 중 좋은 편이다(서울의 경우 보통 주택지 상권이라면 이러한 곳이 대다수이다). 하지만 A상권보다 상권력이 약해서 A상권과 B상권과의 경계선에 거주하는 사람들은 A상권을 이용할 확률이 높다. 때문에 A상권은 장래에도 상권의 성장성을 기약할 수 있지만, B상권은 장래에도 답보상태에 있을 확률이 높다. 이런 이유로 되도록이면 상권력이 좋은 곳을 먼저 찾으라는 것이다. 이는 점포개발 전략에서 매우 중요한 의미로 다가온다.

피해야 할 상권은 경사진 곳, 높은 곳, 편평한 곳

경사진 곳이나 높은 곳은 근본적으로 상권이 형성되지 않는다. 언덕배기 등 경사진 곳은 상권 형성이 어려운 지형이다. 경사진 곳은 유동인구가 흘러가므로 버스정류장이나 교차사거리가 이런 곳에 있다면 좋지 않다. 심지어 지하철역도 이런 곳에 있다면 상권 형성이 매우 어려운 것이 현실이다. 이를 간과하면 실패로 귀결될 수밖에 없다. 단순히 유동인구가 많다고 좋은 것으로 착각하지 말아야 한다. 또한, 대단위 아파트단지나 신도시의 경우처럼 편평하게 밀어버린 곳은 분산되어 상권 형성이 어렵다.

앞의 그림에서 C, D 골목과 그 외 도로변은 어떤가?

이곳은 상권다운 상권이 형성되지 못하고 있기 때문에 상권으로 보지 않는다. 다만 이러한 곳도 골목마다 업종별로 약간씩 차이가 발생한다.

배후지 세대가 500세대 미만이면 생필품이나 서비스업도 어렵다. C골목 같은 경우이다. 배후지 세대가 500세대 이상이면 패스트푸드와 생필품, 일반서비스업은 가능하다. 생활이 가능한 월 300만 원 내외의 수익을 낸다. 그래서 500세대를 '창업의 기초단위'라고 하는 것이다. 배후지 세대가 1,500세대라면 생필품 중 야채가게, 과일가게, 정육점 등과 네일아트 등 일부 서비스업은 가능하다. 만약 D골목에서 생필품 중 슈퍼나 소규모 서비스업이 되고 정육점 등이 안 된다면 이 골목을 이용하는 배후지 세대가 1,500세대 미만이라는 것을 알 수 있기 때문에, 전문음식점을 하려는 창업자는 이곳은 피해야 한다. 그런데 현장에서 보면 창업자들이 경쟁점이 없다는 이유 하나만으로 오히려 그러한 곳을 선호하고 있다. 당연히 실패로 귀결된다.

상권 형성이 제대로 이루어지지 않은 도로변에서 가능한 것은 기술 서비스업과 배달업 및 대형점이다. 도로변에서 경쟁점이 없다고 중소형 음식점을 한다면 어찌 되겠는가. 하지만 이러한 곳에서 중대형점을 한다면 승산은 높다.

점포 숫자, 배후지 세대가 상권력 파악의 잣대

상권력이란 모여 있는 점포 숫자가 많을 때, 대형편의시설을 끼고 있을 때 강하다. 역세권을 보라. 바로 점포 숫자가 많고, 대형편의시설을 끼고 있지 않은가 말이다. 기존 도시에서는 이미 이 상권력에 의해서 힘이 강한 곳은 도심권이나 역세권으로 성장하고, 힘이 약한 곳은 주택지 상권으로 주저앉아 서로 균형과 질서를 유지하고 있다.

주택지 상권에서도 상호 상권력이 다르게 나타나는데, 모여 있는 점포 숫자에 의해 상권력이 다르다. 점포 숫자가 많다는 것은 배후지 세대 수가 많다는 것을 의미한다. 이처럼 점포 숫자와 배후지 세대 또는 이용고객 수와는 상호 유기적인 관계에 있다.

점포 숫자로 상권력을 파악하는 근거

점포 숫자는 배후지 세대와 서로 맞물리기 때문에 이를 통해 상권력을 파악하기도 한다. 당연히 배후지 세대가 어느 정도 있어야 사업이 되지 않겠는가. 고객은 조금 멀더라도 상권력이 강한 곳에서 소비한다는 것을 명심하라. 때문에 주택지 상권은 모여 있는 점포 숫자로 상권력을 파악하며, 점포 숫자 20~30개 미만을 상권으로 보기에는 무리가 따른다는 것을 유념하라. 상권이라고 하려면 모여 있는 점포 숫자가 40~50개 정도가 있어야 한다.

유통산업발전법시행령 제5조에 따르면 '2천 m^2 이내(약 600평 이내)에 가로 또는 지하도에 50개 이상의 도매점포·소매점포 또는 용역점포가 밀집하여 상권을 형성, 영업 중인 점포의 집단'을 상점가라고 정의하고 있었는데, 2018년 1월 30일 유통산업발전법 시행령이 개정되면서, 상점가를 50개 점포에서 30개 점포로 완화하였다.

이는 낙후된 골목상권도 살리겠다는 의지의 표명이 아닐까 싶다.

소비자는 거리가 멀어도 상권력이 강한 곳으로 간다

상권 간 경쟁은 상권력이 좌우한다

'상권력은 모여 있는 점포 숫자가 많을 때, 대형편의시설을 끼고 있을 때 강하다.'고 말한 바 있다. 소비자는 상권이 번성한 곳에서 소비하려는 경향이 있기 때문에, 처음부터 상권력이 약한 곳에 입지하면 바로 실패하고 만다.

거리가 멀더라도 바로 상권력이 좋은 곳으로 가려는 소비심리 때문에 교통이 좋아지면 작은 주택가 상권이나 시 외곽지역의 상권은 오히려 소비자를 뺏기게 되어 위험하다. 특히 젊은 여성이 쇼핑하기에 좋은 상권이 있다면 그쪽 상권은 매우 힘이 강해진다.

이는 '란체스터 법칙'으로도 설명이 가능하다. 전투 병력의 숫자가 10명과 20명이라면 실제 공격력은 그 숫자의 제곱으로 나타난다. 즉 1:4로 힘의 차이가 드러나는데, 이러한 법칙이 상권에서도 적용된다. 상권력이 우세한 상권에 열세에 있는 상권은 그 양적인 차이 이상으로 소비자를 뺏기게 된다.

음식점에서도 그러한 일이 비일비재하게 일어난다. 점포 규모나 맛에서 약간만 차이가 나도 고객의 차이는 그보다 몇 배의 차이를 보이고 있다. 여기서 점포면적의 차이는 '1.7 대 1' 이상이 되어야 소비자가 규모의 차이를 인지하게 된다. 이러한 심리를 마케팅에 활용하기도 한다.

밀집도(응집도)가 높을수록 상권력이 우수하다

밀집도란 상권면적 대비 점포 숫자인데, 일정 면적에 점포가 많이 모여 있어야 응집도가 강해 흡인력이 강해진다. 상권력이란 점포 숫자가 많을 때 강하다고 했는데, 이 점포 숫자가 많다고 하더라도 되도록이면 일정 면적에 밀집되어야 응집도가 강하고 흡인력이 강해진다. 달리 말하면 같은 점포 숫자라면 되도록 작은 면적에 모여 있어야 밀집도가 높아 상권력이 제 힘을 발휘한다는 것이다.

상권력이 약해 신규 상권이 죽은 사례

상권력이 약해서 신규 상권이 무너진 예는 너무도 많다. 중동신도시의 상동 상권이나 송내역 상권, 안산 고잔 지구의 한대역 상권, 구리 토평지구 상권, 김포 한강신도시 상권을 보라. 최근에 분양한 미사 상권 역시 마찬가지다. '독점상권, 황금상권' 등 각종 미사여구로 도배한 기사 및 광고가 홍

수를 이루었는데, 지금 과연 상권다운 상권이 형성되어 있는가?

상동 상권은 10차선 도로로 인해 사거리를 경계로 상권이 단절되어 응집력이 떨어져 결국 상권이 약화되어 무너졌다. 물론 중대형점은 잘된다. 또한 아파트단지 바로 앞에 있는 상가 20~30%는 패스트푸드와 생필품 그리고 일반서비스업이 가능하다.

송내역 상권은 상권 내 쇼핑센터가 침체되면서 소비자들이 발길을 돌려 상권이 죽고 말았다.

안산 한대역 상권은 중앙역 상권에 비해 상권력이 떨어져 쇠락하였다. 그렇다고 중앙역 상권이 좋다는 것은 아니다. 안산 고잔지구 일대 25,000세대 아파트주민과 일대에서 근무하는 직장인에 비해 상권과 점포 숫자가 너무 많아서 활성화되기에는 무리였다는 것이다.

구리 토평지구 상권은 이용할 수 있는 배후지 세대가 약 5천여 세대밖에 되지 않아서 무너졌다. 구리토평지구 일대 총세대는 2만여 세대에 달하나 중간중간 기존 상권이 단절하여서 상권이 죽게 된 것이다. 구리토평지구 신규 상권이 기존 상권보다 강하였다면 기존 상권이 무너지고 2만 세대가 이용하였을 것이나, 기존 상권이나 신규 상권의 힘이 비슷하여 서로 나누어 먹다 보니 실제 이 상권을 이용하는 세대는 5천여 세대밖에 되지 않았다.

상권력을 파악할 수 있는 능력만 있었다면 이러한 우는 범하지 않았을 텐데 안타까운 일이다. 시 외곽지역의 대단위 아파트단지 상업지역에서는 이러한 일이 계속 발생하기 때문에 매우 신중하게 상권력을 파악하고 입점해야 한다.

대중교통망에 의해 상권의 성쇠가 갈린다

상권은 교통망 등의 변화에 의해 번성하기도 하고 쇠락에 빠지기도 한다. 특히 지하철과의 연계 여부는 상권의 성쇠와 밀접한 관계가 있다. 상권이 번성하려면 지하철 등 대중교통망 연계성이 좋아야 하는 것은 당연하지만 상권이 작으면 오히려 죽는 수도 나온다. 큰 상권에 소비자를 뺏기기 때문이다.

처음으로 형성되어 발전해 가는 과정에 있는 상권을 말한다. 분당, 일산, 산본, 평촌, 중동 등의 신도시처럼 계획적으로 개발된 경우가 있고, 시 외곽지역에 생기는 대단위 아파트단지나 성동구의 불량주택 재개발지처럼 재개발된 경우도 있다.

이처럼 성장기 지역은 지가가 상승하고, 토지 투기 현상이 일어나며, 새로 입주하는 주민들이 젊고 교육 수준도 대부분 높다. 이러한 상권은 대부분 아파트 주거형태를 보이고 있어 주택지 상권은 미약하며, 아파트단지 내의 상권은 매우 변화가 심하다.

현재 성장기에 있는 5대 신도시의 상권을 예로 들어보자(이 신도시는 소도시와는 성격이 다르다). 이 신도시에서는 보통 300~1,000세대의 소규모 아파트단지가 수십 개씩 모여 있다. 이때 세대 수만 믿고 아파트단지 내 상가로 들어가면 실패한다. 그 이유는 무엇일까?

상가는 아파트단지 내 상가부터 조성된다. 당연히 초기에는 사업이 잘 되고 나오기가 바쁘게 임대된다. 아파트단지 앞 도로변 일반상업지역의 상가건물은 단지 내 상가보다 6개월~1년 정도 늦게 들어서고 상권이 형성된다. 2년 이상 경과되면 신도시의 규모가 갖추어지게 되어 중심 상업지역에 대형편의시설과 상가건물이 들어서면서 점차 활성화되고, 아파트단지 내 대부분의 상가는 매출이 급격히 떨어진다. 단지 앞 일반상업지역의 상권도 약화된다. 물론 패스트푸드나 생필품 그리고 일부 서비스업은 메인통 20% 내외(A급지)에서 잘 된다. 하지만 상권은 약화된다. 전문음식업과 선매품 소비자들은 중심상업지역(소위 역세권)으로 이동하기 때문이다.

신도시 중심상업지역은 기존 도시의 중심상업지역(소위 '역세권')보다 상권이 약하다. 상권이 강한 곳에 소비자를 뺏기기도 하고, 지나치게 상가 숫자도 많기 때문이다. 이처럼 성장 초기에 있는 지역은 상권의 부침이 매우 심하므로 이 시기에 투자하면 실패할 위험이 크다. 그것은 5대 신도시의 아파트단지 내 상가들을 보면 확연히 드러난다. 한편 신도시의 중심상권은 중동지역의 상권처럼 아직도 제자리를 찾지 못하고 있는 곳도 있지만 전반적으로 그 지역의 특성에 따라서 상권이 형성되어 가고 있다.

이러한 신도시의 경우(상권이 약한 경우)에도 대형점과 배달업은 좋으며, 업종별로는 일부 기술력과 전문성이 있는 서비스업과 생활필수품 정도는 가능하다.

설령 위의 경우처럼 소비자를 뺏기지 않는다 하더라도 지하철역 부근에 상권이 형성되지 못하는 곳은 이유가 있다. 지하철역도 경사진 곳은 유동인구가 흘러가고, 지하철역 사거리가 8차선 이상이 되면 상권의 단절현상이 벌어져 상권이 약화된다. 대부분의 지하철역이 이러하기 때문에 상권이 좋지 않다.

대형편의시설 및 장애물시설이 상권에 영향을 미친다

어떤 상권이든 상권이 번성하는 곳은 그 지역의 중심지이며, 이곳에는 각종 편의시설도 집중되어 있다. 양자가 서로 밀고 당기면서 커가는 것이다. 은행, 쇼핑센터, 대형 의류점 등이 있는 곳은 대부분 좋은 상권이다. 하지만 학교나 운동장시설 등은 상권을 분할한다. 당연히 이러한 곳은 좋지 않다.

유의해야 할 것은 대형편의시설도 기존 상권 300m 이내에 있어야 한다는 점이다. 그 이상이 되면 기존 상권의 약화를 불러올 수 있다. 즉, 대형편의시설 부근에 새로운 상권이 형성되면서 기존 상권의 고객이 빠져나갈 수 있다는 것이다. 이러한 사례는 많다. 기존 상권에서 장사를 하는 사람들이 대형편의시설이 들어온다고 그저 좋아하다가, 막상 시설이 들어오고 나니 오히려 장사가 안 되어 당황해하는 경우가 많았다는 것을 상기하라.

서울시 성동구 용답19길 ○○번지 ○○치킨호프의 상권 분석 사례

점포 위치와 상권 범위

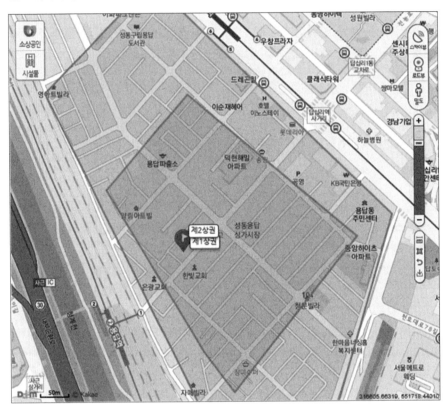

| 상권 주요 정보 요약 |

상권명	상권형	면적	가구 수	인구 수		주요 시설 수	접객 시설 수	상가/업소 수			
				주거 인구 수	직장 인구 수			전체	음식	서비스	도/소매
제1상권	주택 상업지역	99.091㎡	2,471	4,874	1,395	23	28	282	146	35	101
제2상권	주택 상업지역	242.283㎡	6,033	11,898	4,613	63	63	554	273	89	192

1. 본 점포 일대 골목상권은 이곳 주민들과 직장인들이 일부 모여드는 먹자골목상권임.

2. 본 상가 상권 범위인 1상권(독점세대, 배후지 세대 중 지하철이나 재래시장 등을 갈 때 본 점포 앞을 반드시 지나가야 하는 세대 수를 범위로 하는 상권)은 주거 2,500 세대, 4,870명의 주민과 일대 직장인 1,400명 정도가 상주하면서 상권이 자그마하나마 그런대로 장사가 되는 골목임. 더군다나 전철 용답역을 이용하는 2상권은 주거 6,330세대와 12,000명 및 직장인 4,600명이 상주하고 있음.

3. 본 상권에는 전체 점포 280여 개 중 음식점이 150개에 달하는 등 먹자 상권이 알차게 형성되어 있음.

4. 따라서 이곳 1층에 입점한 ○○치킨호프전문점은 주민들과 주변 사무실 직원들을 유입하는 데에 주력할 필요 있으며, 특히 이곳을 지나가는 젊은이들을 유입하는 데에 주력할 필요 있음.

5. 당연히 숙련된 조리기술과 품질, 적정한 마케팅 등으로 점포 운영을 제대로 한다면 성공 가능성이 높은 곳임.

08 | 좋은 상권 vs 나쁜 상권

　예비 창업자들은 당연히 좋은 상권을 찾으려 한다. 뜨는 상권, 돈 벌리는 상권을 알고 그것을 찾는 것도 중요하지만, 그보다 더 중요한 것은 나쁜 상권, 다시 말해 실패 확률이 높은 상권을 피하는 것이다. 좋은 상권과 나쁜 상권에 관해 보다 자세히 살펴보자.

좋은 상권은 어떤 곳일까?

| 좋은 상권 |

○ 모이는 유동인구가 많다.

○ 배후지 인구 밀도가 높다.

○ 낮은 지대에 있으며, 교통수단이 집중되어 있다.

○ 상권이 2배 이상 넓어질 공간이 없다.

○ 신규 상가가 들어설 가능성이 있는 공터나 주택이 없다.

○ 빈 점포가 없다(빈 점포가 있으면 상권이 좋지 않은 곳이다).

○ 대형사무실보다 5층 이하 건물에 사무실이 밀집해 있다.

○ 유동인구가 많은 중소형 아파트를 끼고 있다.

○ 대형 백화점이나 쇼핑센터 등 대형 편의시설을 끼고 있다.

일반적으로 뜨는 상권이라고 일컬어지고 있는 경우는 거의 신도시나 대단위 아파트단지 상권이다. 하지만 이는 함정이다. 오히려 피해야 할 상권이다. 신도시 급의 대단위 아파트단지가 조성되면 거기에 중심상업지역이 조성되어 기존 상권과 경쟁관계에 돌입된다. 기존 상권과 신규 중심상업지역간의 경쟁에서 상권력이 강한 곳으로 소비자가 움직이게 되어 상권력이 약한 곳은 그대로 주저앉고 만다. 수요와 관계없이 상가들이 경쟁적으로 들어차면서 외형만 그럴듯해 보임으로써 막연히 상권이 좋을 것이라는 착각을 하기 때문이다. 물론 이런 상권도 대형전문음식점등은 성황이다. 대형점은 그 자체가 집객력이 있기 때문이다. 또한 배달전문점도 해볼 만하다. 하지만 대다수 소자본 입지중심형 창업은 어렵다.

지방 소도시의 경우 기존 중심상권이 떠오르는 경우가 있다. 지방 소도시 외곽에 5천 세대 내외로 중소규모 아파트단지가 조성되는 경우 단지 내에 거주하는 사람들이 오히려 기존 상권으로 흡수된다. 5천 세대 내외라면 아파트단지 앞에 일반상업지역이 조성되고 여기에 있는 상가는 생필품 및 학원과 미용 관련 일부 서비스업, 그리고 중대형 음식점 몇 개 정도만이 장사가 된다. 다시 말해 아파트단지 앞 일반상업지역이 전체적으로 활성화되지는 못한다는 것이다. 단지에 거주하는 젊은 소비자들의 대부분이 기존 상권으로 가서 소비하기 때문이다.

나쁜 상권은 어떤 곳일까?

| 나쁜 상권 |

○ 6차선 이상의 도로가 상권을 분할하고 있다.

○ 주변에 있는 점포가 기술 또는 저가상품 위주이다.

○ 세대 수에 비해 점포 수가 많다.

○ 상권 안에 빈 점포가 많다.

○ 유동인구가 통과만 하는, 소위 '흐르는 자리'이다.

○ 도로보다 높은 곳에 있어 접근하기 어렵다.

○ 상권이 이유 없이 커질 공간이 많다.

○ 조금 떨어진(300m 이상) 곳에 대형판매시설이 건축될 예정이다.

○ 상권 내의 대형 사무실이나 학원 등이 이전할 계획이다.

나쁜 상권은 상권 내 점포 대부분이 사업이 되지 않으며, A급지에 있는 점포만이 명맥을 유지하는 상권으로 신도시 내에서 흔히 보이는 상권이다. 이러한 곳은 초보창업자들이 피해야 할 상권이다.

신도시 및 대단위 아파트단지 상권

신도시 이외에도 도시 외곽지역에 대단위로 조성되는 아파트단지까지를 포함한다. 당연히 이는 서울시나 광역시 이외에 지방도시 외곽까지 모두 해당된다.

신도시는 일단 계획적으로 조성되기 때문에 자연적으로 형성된 기존 시가지와는 지형지세에서 커다란 차이가 있다. 즉 기존 시가지는 대부분의 지형이 높고 낮은 형태인데 반해 신도시는 그야말로 완벽하게 밀어붙여서 편평한 지형을 이루고 있다. 거주하기에는 편리하지만 이런 지형은 상권에는 도움이 되지 않는다. 인구를 사방팔방으로 분산시켜서 상권의 집중도를 현저하게 떨어트리고 있다는 것이다. 그러한 결과로 상권력이 미약하기 그지없다. 중동신도시가 대표적이다. 물론, 최근에는 신도시나 대단위 아파트단지도 지형을 살려서 짓는 경우가 많아지고 있다. 상권에는 다행스러운 일이다.

한편, 시 외곽 지역에 조성되고 있는 대규모 아파트단지 역시 집중도가 떨어진다. 게다가 상업지역이 몇 군데에 걸쳐서 이루어지고 있어서 상호 경쟁이 심하다. 결국 상권력이 강한 곳 한 군데만이 그나마 소비인구를 끌어들여 명맥을 유지하게 된다.

분산되는 상권

분산되는 상권이란 상권 범위에 비해 상가가 지나치게 많아져 집중도가 분산되는 기존의 상권 및 신도시 상권을 말한다. 압구정 상권, 이대 상권 등이 이에 해당된다고 볼 수 있다. 또한 신도시 상권 대부분이 이 경우에 속한다. 이러한 곳에서도 A, B급지에 있는 점포는 사업이 된다.

대중교통망이 좋지 않은 상권 등

상권력은 지형지세와 대중교통망, 그리고 대형편의시설에 의해 결정되지만 특히 대중교통망이 좋지 않아서 성장에 한계가 있는 상권도 적지 않다. 주택지와 관공서, 일부 사무실 등이 복합으로 이루어지고 있는 상권 중 대중교통망이 좋지 않아 성장하지 못한 곳이 있는데, 구로구청 앞 상권 등이 이에 해당된다고 볼 수 있다. 대림역 상권으로 소비자를 뺏기고 있기 때문이다.

사무실 밀집지역의 경우 상가가 모여 있는 곳으로부터 떨어진 데 위치하고 있다면 당연히 피해야 한다.

09 　나에게 맞는 장사 자리는 따로 있다

　개별 점포 분석은 점포 입지와 점포조건 및 경쟁점포를 확인하는 것이다. 점포 입지분석의 핵심은 상권단절요인과 동선 조사에 있다. 상권단절요인과 동선에 의해서 접근성과 가시성이 좌우되는데, 이러한 두 요인에 의해 상가의 입지 수준이 결정되기 때문이다.

　점포 관련 조건 분석은 점포 구조와 규모 및 분양가, 임대가, 권리금 등을 말한다. 점포 구조와 규모 조사도 필요하지만 상가 분양가, 임대가와 권리금 파악도 매우 중요하다. 점포 분양가, 임대가와 권리금은 대개 상권과 입지에 따라서 결정되는데, 상권 내에서 같은 입지라도 유난히 분양가, 임대가와 권리금이 비싼 상가가 있다. 당연히 피해야 할 점포들이다.

점포 입지 분석 : 입지 판단 기준 접근성과 가시성

모든 상가의 입지 분석 기준은 접근성과 가시성이다. 이 두 요인으로 판단하여 A, B, C급지를 분류하는데, 접근성과 가시성이란 판단하는 사람마다 다르다. 주관적이라서 객관성을 잃기 쉽다. 대단위 아파트단지 신규 상권에서는 이러한 기준으로 파악할 수밖에 없지만 기존 상권에서는 업종 분포도로 입지파악이 가능하므로 병행해서 점포 입지 수준을 파악하면 오류를 줄일 수 있다.

| 점포 입지 판단의 기준과 입지 수준 |

| 점포 입지 판단 기준 | | 입지 수준 | 비 고 |
접근성	가시성		
○	○	A급지	골목상권 메인통
○	×	B급지	점포 앞 노점상 및 가로수 가시성 막음
×	○	B급지	메인통 옆 골목
×	×	C급지	골목상권 끝자락

접근성

물리적이든 심리적이든 상가에 얼마나 쉽게 접근할 수 있는가이다. 접근성은 특히 생활편의시설(전통시장, 대형슈퍼 등 핵점포, 버스정류장, 지하철역 등)과 상가와의 거리에 의해 결정되는 경우가 많다. 주택지 상권에서는 더욱 그러하다. 당연히 동선 상에 상가가 위치하고 있어야 접근성이 우수함은 불문가지다.

점포 앞에 공원이나 6차선 이상 도로 또는 철로 등과 같이 물리적으로 접근을 막는 것도 있고, 동일 건물 동일 층에 치과나 내과 등 병원이 있든지, 상가 앞 또는 옆에 카센터나 공작기계 등과 같은 C급지 업종이 있는 등 심리적으로 점포 접근성을 떨어트리는 것도 있다. 상가 전면의 경사나 계단 및 화단 등도 접근성을 떨어트리는 요인이다. 이러한 장애요소들이 있다면 설령 상가가 A급지에 있다고 하더라도 B급지 수준으로 매출이 하락한다는 것을 유념하여 정확히 분석하도록 노력해야 한다. 더불어 경쟁점포에 의해서도 접근성은 떨어진다.

가시성

가시성이란 고객이 얼마나 쉽게 상가를 식별할 수 있는가이다. 가시성은 상가와 보도의 접면 길이(상가 전면 길이)나 접면 수(코너 여부), 상가와 보도의 이격 폭(상가가 보도에서 안쪽으로 들어가 있는가 여부), 그리고 간판 위치 등에 의해 결정된다.

가시성이란 어느 정도 거리에서 보았을 때를 의미하는가? 이에 대한 명확한 답은 불가능하나 사람들의 구매행동에서 유추해 볼 수는 있다. 일반적으로 어떤 상품이나 대상을 인지하고 구매를 결심하기까지 시간은 5~6초 내외라고 한다. 쇼핑 목적의 초당 속도가 1.29m라는 분석대로 계산하면 약 7~8m 내외의 거리이다. 즉 이 거리에서 상가가 눈에 띄어야 가시성이 좋다는 것이다. 한편, 가시성을 막는 장애요소는 상가 옆 건물이나 동일건물, 동일 층에서 일찍 문을 닫는 업종이 있는 경우 등이다. 상권단절요인 대부분이 이에 해당되기도 한다.

점포 조건 분석

매출에 영향을 미치는 요인이 무엇인가. 상권력과 상가 입지 수준, 그리고 상가 자체의 여러 가지 조건들이 복합적으로 이루어져 매출에 영향을 미치고 있다. 물론 상품력과 브랜드력, 그리고 영업력도 매출 형성의 요인이지만 입지력에 비해 상대적으로 영향력이 약하다. 상가 입지 수준과 상가 규모를 합쳐 상가 입지력이라고 표현하기도 한다.

점포 구조, 규모는 매출에 영향을 미친다

상가 규모는 매출에 영향을 미치는 중요한 요소이다. 특히 매장면적의 비율에 의해 매출액이 결정된다는 외국이론도 있을 만큼 매장면적은 중요하다. 하지만 매출액은 매장면적보다 입지 수준이 더 큰 영향을 미친다.

점포 구조	점포 규모 점포 전면 길이와 점포 모양 간판의 위치와 길이 출입구의 위치와 크기, 창문의 위치와 크기 기둥의 위치와 크기 층의 위치 계단의 위치와 넓이 및 경사도 천장의 높이
건물 전체 업종구성	건물 전체 규모와 업종 구성 내용 건물 및 영업시설의 노후상태

점포 전면 길이 및 간판 길이와 위치의 중요성

상가의 전면 길이는 길어야 좋다. 건물의 전면은 많이 노출되면 될수록 좋다. 간판도 마찬가지이다. 이 둘은 점포의 얼굴이다. 첫인상이 얼마나 중요한가. 일단 눈에 띄어야 구매를 하든지 말든지 할 것 아닌가. 점포의 전면과 간판은 상호와 함께 최초의 그리고 최고의 홍보수단이다.

따라서 점포의 전면 길이나 간판 길이는 고객이 점포를 인지하고 결심하는 시간인 5~6초 정도의 거리는 확보되는 것이 이상적이다. 즉 7m 이상이 좋다는 것인데 현실적으로 매우 어려운 주문이다. 물론 상가 가시성이 양호하여 상가를 7~8m 이전에 미리 볼 수 있다면 상가 전면 노출성이 뛰어나 금상첨화이겠지만, 노출성이 뛰어난 상가가 아니라면 점포 전면이라도 길어야 구매율이 높아진다. 상가를 지나치기 전에 구매 결정을 할 수 있기 때문이다.

한편 점포의 전면과 측면의 비율(세장비)은 1.5 내외가 이상적이다. 즉 전면과 측면은 3:2 비율이 좋다는 것이다. 2.0 이상이면 전면이 지나치게 길어 집중도가 분산되는 단점으로 작용하며, 0.5 이하이면 전면이 좁아 점포 인지와 홍보력이 약해서 좋지 않다.

간판의 위치는 고객이 쉽게 인지하도록 고객 시선의 10~15도 위에 있어야 좋다. 돌출간판은 가시성에 지대한 영향을 미치므로 돌출간판의 설치 장소가 확보되지 않는다면 피해야 한다. 물론 돌출간판은 법적으로 제한을 받는 경우가 많으므로 미리 관할 구청에 확인하는 것이 좋다.

기타 점포구조

점포 구조에서 계단의 넓이나 위치 및 경사도, 출입구의 위치나 너비 역시 중요하다. 고객의 입장에서 점포에 접근하는 데 위의 요인들이 물리적으로나 심리적으로 얼마나 저항감을 주는지로 판단하라.

지하 1층, 지상 2~3층의 경우 계단이 중요하다. 계단은 반드시 전면에서 경사가 완만해야 하며 계단별 높이 또한 15cm를 넘지 않는 것이 좋다. 특히 2층의 경우에는 계단 입구가 건물의 전면에 있어야 하며, 옆에 있거나 뒤에 있으면 피하는 것이 좋다. 2층이나 지하 계단은 건물 외부 보도에서 올라가고 내려가는 것이 좋으며, 건물 내부에서 올라가고 내려가는 구조는 좋지 않다. 물론 상권 내 대부분의 건물이 내부에서 올라가는 구조라면 그때는 상관없다.

또한 유의할 점은 지상 3층 이상은 엘리베이터가 없을 경우 저항감 때문에 동일업종의 2층에 비해 경쟁력이 떨어진다는 사실이다. 따라서 3층 이상은 특히 경쟁업소와의 관계를 면밀히 분석하여야 한다.

점포건물은 상호보완되는 업종으로 구성해야 한다

건물 전체 업종 구성이란 건물 내 업종끼리 상호보완이 될 것인지 아니면 경쟁관계가 될 것인지를 알기 위한 것이다. 동일 층 업종끼리도 상호보완이 되어야 하지만 1층과 2층, 3층 층별 간에도 상호보완되는 업종으로 구성되어야 좋다.

임대가, 권리금이 비싼 점포는 피하라

주변에 비해 임대가가 유난히 비싼 점포는 상가건물임대차보호법의 적용을 받지 못하는 상가에 해당될 수 있고, 보호법의 적용을 받는다 하더라도 언제든지 내쫓길 가능성이 높다. 이러한 악덕건물주는 1% 내외일 정도로 적다. 정상적인 임대료를 받는 대부분 건물주들의 경우 인간적으로 대하면 나쁜 일은 발생치 않는다.

경쟁점포 조사의 평가 항목과 평가 잣대

입지조건 분석 시에 내 점포의 고객을 끊어 버리는 요인 중 중요한 또 하나의 변수가 경쟁점포이다. 따라서 경쟁점포와의 경쟁력 우위를 지키는 것이 중요하다. 다시 말해 입지 우위에 있거나 점포 규모 우위에 있든지 해야 한다. 물론 아이템에 따라서는 상품력이나 영업력(서비스나 마케팅 능력 등)이 중요한 경우도 있지만 모든 아이템에 공통적으로 중요한 것은 바로 입지나 점포 크기가 우위에 있어야 한다는 것이다.

업종에 따른 보완과 경쟁

보완업종이란 업종 간의 관계가 바늘과 실처럼 상호 도움을 주는 관계에 있는 업종이다. 대표적으로 전문외식업과 선매품이 이에 해당된다. 하지만 상호보완관계라 하더라도 점포 간 상호경쟁은 피할 수 없다.

상권 규모에 따른 보완과 경쟁

보완업종이나 경쟁업종 및 호혜업종 분류가 절대적인 것은 아니다. 상권의 규모에 따라서는 보완업종 간에도 경쟁업종이 될 수 있다. 상권이 작을 때는 특히 그렇다.

상권 규모와 업종별 적정점포 수

상권 규모에 따라서 업종마다 적정점포 수를 알 수 있다면 모든 문제가 해결되지 않겠는가. 그런데 아쉽게도 상권 규모에 따른 적정한 점포 수와 관련해서는 조사와 분석을 통한 체계적인 모델이 없다. 한걸음 더 나아가 상권규모에 따른 업종별 적정점포 수를 체계화한다는 것은 어렵다. 검증되지 않은 모델을 제시할 수도 없지 않은가? 앞으로의 연구과제인데 한 개인이 전국에 걸친 상권을 분석하고 체계화된 모델을 제시하기에는 벅찬 일이다. 정부의 적극적인 개입이 필요한 대목이다.

상권 전체 분석에서 언급했듯이 상권 규모는 배후지 세대나 모여 있는 점포 숫자에 의해 결정된다. 골목상권은 점포 수가 최소한 40~50개 있어야 상권다운 상권으로 본다. 이러한 상권 규모일 경우 그 배후지 세대는 대체적으로 3천 세대~4천 세대 정도이다. 이 상관관계를 밝히지는 못하고 있으나, 한 가지 제언은 가능하다.

여기서는 상권 규모에 따른 적정 점포 수를 간단히 파악하는 방법을 소개하겠다. 생필품은 최소 500세대가 되어야 창업이 가능하고, 전문점은 1,500세대 이상이라고 설명한 것을 상기해 보라. 위와 같이 4천 세대가 배후지일 경우 미니슈퍼 같은 경우는 7~8개가 가능하다. 하지만 이 정도 세대라면 중심지에 대형슈퍼가 있게 된다. 그런 경우 미니슈퍼의 경쟁력은 열위에 있게 되며, 경쟁력에서 심하게 밀리는 점포 일부는 폐업을 할 수밖에 없다. 단순히 산술적으로 적정 점포 수를 논하기에는 무리가 따른다는 것이다. 경쟁 정도가 비슷한 점포가 적정하게 있다면 상호경쟁 정도가 완화되지만, 경쟁력 차이가 심하면 경쟁점에 먹히는 결과가 발생한다.

따라서 상권 분석 시에 상권규모 파악이 중요하며, 입지조건 분석 시에 경쟁점포 파악도 중요한 것이다.

경쟁점포에 대한 평가 항목과 평가 잣대

| 경쟁점포 평가 항목 |

항 목	세부 내용	경쟁점 A	경쟁점 B	경쟁점 C	경쟁점 D	경쟁점 E
입지력	점포 위치					
	점포 거리					
	점포 규모					
	점포 시설					
상품력	상품 수량과 품질					
	상품 가격					
영업력	직원 숫자					
	직원 서비스 품질					
	마케팅 전략					
브랜드력	인지도 및 이미지					
월 매출액과 월 수익	월 매출액과 월 수익					
종합평가 (경쟁력)						

경쟁점포 평가 항목은 옆의 표와 같다. 업종의 특성에 따라 약간 수정 보완하여 사용하면 된다. 평가 결과는 어떻게 활용하여야 하는가. 경쟁력에서 확연하게 지고 있다면 당연히 피해야 한다. 더군다나 후발주자가 선발주자를 이긴다는 것이 쉽지 않은 현실에서 애초에 경쟁력이 없다면 피하는 것이 당연하다.

그런데 사업장 규모나 입지 이외의 평가요소를 보라. 상품이나 영업체제 및 경영능력에 관한 것으로, 이는 노력하면 개선이 가능하다. 상품이나 영업체제 및 경영능력이 우월하다고 경쟁력이 있다고 착각하지 말기 바란다. 상대방도 똑같이 개선한다면 경쟁요소 중 남는 것이 무엇이겠는가.

경쟁점포 조사는 어떠한 경쟁요소를 갖추어야 경쟁점포에 우위를 지킬 수 있는가를 파악하는 데 목적이 있다. 서비스업은 서비스 자체가 더 중요하며, 전문음식업은 맛(품질)이 더 중요할 수도 있지만 이러한 경우에도 경쟁점포가 노력하면 개선이 가능한 것이므로 지속적으로 경쟁력을 유지하기 힘들다. 때문에 노력으로 되지 않는 입지나 점포 규모를 경쟁력의 중요한 잣대로 삼는 것이다.

서울시 성동구 용답19길 ○○번지 ○○치킨호프의 경쟁력 분석 사례

경쟁력 분석

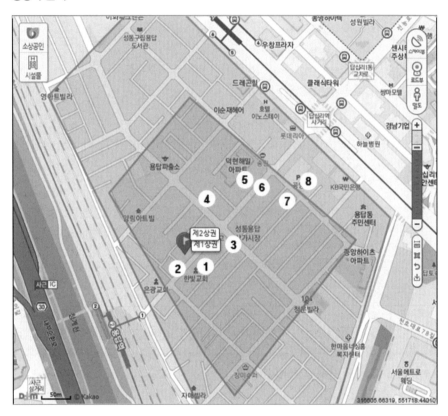

| 강력한 경쟁점 |

1. 호프킨   2. 헬○○우치킨
3. ○○치킨   4. ○○마루치킨
5. ○○ 숯불바베큐   6. 치킨○○
7. ○○○통닭   8. ○○통닭

1. 본 점포 일대 골목상권은 이곳 주민들과 직장인들이 일부 모여드는 먹자골목상권임.

2. 본 상가 상권 범위인 1상권(독점세대, 배후지 세대 중 지하철이나 재래시장 등을 갈 때 본 점포 앞을 반드시 지나가야 하는 세대 수를 범위로 하는 상권)은 주거 2,500 세대, 4,870명의 주민과 일대 직장인 1,400명 정도가 상주하면서 상권이 자그마하 나마 그런대로 장사가 되는 골목임. 더군다나 전철 용답역을 이용하는 2상권은 주거 6,330세대와 12,000명 및 직장인 4,600명이 상주하고, 용답역을 이용하면서 본 상권을 지나가고 있음.

3. 이곳 1상권에는 호프맥주 전문점 모두 14개가 있는데 직간접적으로 경쟁관계임.

4. 강력한 점포(입지와 점포규모 우위)는 앞에서와 같이 8개가 있는데, 이 중에서도 ○○ 숯불바베큐와 치킨○○가 가장 강력한 점포임.

5. 따라서 꾸준히 경쟁력 우위를 유지하기 위해서는 가격경쟁력을 갖춘 전략적인 메뉴를 확보하고(추가 메뉴 구성 필요) 효율적인 마케팅 전략을 수립하여 지속적으로 전개하는 것이 바람직할 것으로 판단됨.

6. 이를 위해서는 안정적인 직원 확보가 필요하며, 마케팅을 지속적으로 전개할 필요가 있음.

상가건물임대차보호법령의 제정 및 개정 주요 골자

상가 소유자와 창업자는 상호협력관계이지만 경우에 따라서는 기본적인 법조항을 알아야 하는 경우도 발생할 수 있다. 만약의 경우를 위해 준비하라는 것은 아니다. 서로를 이해하면서 원만하게 해결하기 위해서 알아야 한다는 것이다. 상가건물임대차보호법은 제정과 동시에, 즉 2002년도에 임대료를 폭등시키는 큰 역할(?)을 했다. 상가건물임대차보호법이 임차인을 제대로 보호하지 못한다는 이유로 여러 차례 개정되면서 조금씩 보호가 되었지만 항상 '소 잃고 외양간 고치는 격'이었고 2020년 현재도 그렇다.

2002년 11월 1일 시행 상가건물임대차보호법령 제정과 주요 골자

상가건물임대차보호법과 동법 시행령이 임차인의 지위를 보호해 주는 것은 틀림없지만 마냥 좋다고 할 수는 없다. 임대료의 대폭 상승을 야기했으며, 시설 권리금도 법으로 인정받지 못했다. 이처럼 법령으로 일부는 보호받는다고 하더라도 반대급부로 손해를 입게 되는 상황도 발생한다. 그뿐이랴. 동법 시행령에 매년 12%까지 임대료를 올릴 수 있도록 하였고, 동법의 적용을 받지 못하는 상가도 다수 발생하게 되었다.

① 상가건물임대차보호법 제정과정

영세상인 보호의 필요성이 제기된 것은 1989년 주택임대차보호법이 제정되면서부터이다. 상가임차인도 보호해야 한다는 의견이 제기되었지만 임대인의 재산권을 침해한다는 이유로 사장되고 말았다. 그런데 외환위기 이후 대형 상가들이 쓰러지는 경우가 비일비재하면서 상인들이 보증금 및 시설권리금을 날리는 등 피해가 급증하고 사회문제로 대두되자 본격 거론되기 시작했다.

2000년 시민참여연대, 전국상가임차인연합회 등이 상가건물임대차보호운동본부를 만들어 활동하면서 의원입법 형태로 상가건물임대차보호법안이 제안되고 진통 끝에 수정통과된 것이다.

② 상가건물임대차보호법과 시행령 주요 골자

　㉠ 계약기간 5년 연장 : 임대차계약기간은 통상 1년이지만 특별한 사유가 없는 한 최초계약일로부터 5년간은 그곳에서 장사를 할 수 있다. 하지만 반드시 그런 것은 아니고 계약갱신이 안 되기도 한다. 그중 중요한 사유는 '연체금액이 1년 동안 3기 이상일 때, 임대인 동의 없이 임차인이 임의로 재전대할 때, 건물 철거나 재건축 시' 등이었다.

　㉡ 경매 시 우선권과 영세상인 최우선권 부여 : 상가건물주가 부도를 내더라도 상인들은 일정 부분 보호를 받는다. 물론 시설권리금은 인정받지 못하지만 그래도 보증금 일부를 보호받을 수 있는 것은 바람직하다. 세무서에서 확정일자를 받으면 경매·공매 시 후순위권리자보다 보증금을 우선 변제받을 수 있다. 상가 세입자가 확정일자를 받으려면 세무서장에게 사업자등록 신청을 하고 임대차계약서 원본에 세무서장으로부터 확정일자인(印)을 받아야 한다.

　㉢ 대항력 인정 : 대항력이란 건물이 매매되었을 때나 경매나 공매 시에도 임대차기간만큼은 보호를 받을 수 있는 권리인데, 이를 받기 위해서는 점포에 입주해 사업자 등록을 해야 한다.

③ 상가건물임대차보호법령의 문제점

㉠ 임대료의 대폭상승 야기 : 임대차보호법으로 인한 임대료의 대폭상승 이유는 다음의 3가지이다. 당시에 칼럼으로 게재했던 글 일부를 발췌해서 싣는다.

주택임대차보호법이 시행되면서 임대차기간을 1년에서 2년으로 연장하자 전세금액이 무려 2배 가까이 상승했던 것처럼 상가임대료 상승도 우려된다. 연간 보증금과 임대료 인상비율이 시행령으로 정해지면 건물주들은 처음 계약할 때 임대료를 한꺼번에 크게 올려 받으려 할 것이다.

또한 임대차계약 확정일자 신고기관이 관할 세무서인 까닭에 임대소득이 노출되게 됨에 따라, 세 부담까지도 임차인에게 전가되어 임대료의 상승을 낳을 수 있다.

1999년도부터 불기 시작한 부동산 가격의 상승이 상가건물 가격 상승을 낳고, 건물주들은 가격 상승분 이상으로 임대료에서 벌충하려 할 것이다.

㉡ 여전한 시설권리금의 불안정한 지위 : 건물주 입장에서는 보증금은 받았지만 시설권리금을 세입자에게서 받은 것은 아니다. 때문에 시설권리금을 건물주에게서 인정받을 수는 없다. 당연히 세입자끼리 해결해야 하는데, 여기에 건물주가 개입하면 시설권리금을 받지 못하는 경우가 발생할 수 있다.

법 조항에서는 임대차기간 5년을 보장하고 있지만 사실 장사를 하다 보면 장사가 되든 안 되든 점포를 처분해야 할 때가 있다. 이때 건물주가 평소 점포주와 관계가 그리 좋지 않았다면 기회(?)를 이용하려 하기도 한다. 즉, 건물주가 새로운 세입자를 인정하려 하지 않으면 점포를 팔고 싶어도 팔 수가 없다. 당연히 임대차기간까지 기다려서 넘겨야 하는데 그러면 시설권리금에서 고스란히 손해를 보게 된다. 보증금은 받겠지만 시설권리금이 어디 한두 푼인가. 법 이전에 상식선에서 해결하려는 마음자세가 양측에 요구되는 이유다.

ⓒ 보호법 미적용 상가 증가와 연 임대료 12% 상승 : 상가건물임대차보호법의 보호를 받는 상인의 범위는 지역에 따라 다르다. 환산 임대가가 지나치게 높게 산출되도록 하여 이 법의 적용을 받지 못하는 상가가 상당수에 이르렀다. 그리고 임대료도 연 12%씩 올라가게 되어 임차인들의 부담이 가중되었다.

2008년 8월 21일 보호법 시행령 개정과 주요 골자

2008년 8월 21일 상가건물임대차보호법시행령을 개정하고 시행하기에 이르렀는데, 그 요지는 다음과 같다.

---

1. 개정이유

상가건물임대차보호법시행령을 개정하여 상가임대차보호법의 적용범위를 확대하고, 매년 임대료 증액 청구 한도를 경제변화에 맞춰 축소하여 영세상인의 애로를 해소하고자 함.

2. 주요내용
- 상가건물임대차보호법의 적용범위가 되는 보증금액을 서울특별시 2억 6천만 원, 인천광역시와 수도권 중 과밀억제지역 2억 1천만 원으로 각기 2,000만 원씩 상향 조정하고, 인천을 제외한 광역시 1억 6천만 원으로, 그 밖의 지역은 1억 5,000만 원으로 1,000만 원 상향조정함.
- 차임 또는 보증금의 증액 청구 한도를 연 100분의 12에서 100분의 9로 하향 조정함.

2013년 8월 13일 보호법 개정과 주요 골자

2013년 8월 13일 상가건물임대차 보호법이 개정되었는데, 주요 골자는 임대차보호법이 적용되지 않는 상가에도 계약갱신요구권을 인정한 것이다. 다만 건물주는 차임과 보증금의 증감을 청구할 수 있어서 임차인 보호가 그다지 효과적이지는 않다.

상가임대차보호법 개정 내용

법률 제12042호, 일부개정 2013.8.13. [시행 2014.1.1.] 주요 내용

가. 대통령령으로 정하는 보증금액을 초과하는 임대차에 대하여도 계약갱신요구권을 인정하고, 그 계약갱신 시 상가건물에 관한 조세, 공과금, 주변 상가건물의 차임 및 보증금, 그 밖의 부담이나 경제사정을 고려하여 차임과 보증금 증감을 청구할 수 있도록 함(제2조 제3항 및 제10조의2 신설)

나. 임차인의 보증금반환채권을 양수한 금융기관 등이 우선변제권을 승계하도록 함 (제5조 제7항, 제8항 및 제9항 신설).

다. 임차인의 계약갱신 요구를 거절할 수 있는 철거 또는 재건축의 사유를 사전에 철거 또는 재건축할 계획을 고지하거나, 건물이 노후·훼손 또는 일부 멸실 등 안전사고의 우려가 있는 경우 또는 다른 법령에 따라 철거 또는 재건축이 이루어지는 경우로 한정함(제10조 제1항 제7호).

2015년 5월 13일 보호법 개정과 주요 골자

2015년 5월 13일에 상가건물 임대차보호법이 개정되었는데, 그 주요 골자는 권리금 보호에 관한 것이다.

상가임대차법 개정 내용

법률 제13284호, 일부개정 2015.05.13.

제10조의3(권리금의 정의 등)

① 권리금이란 임대차 목적물인 상가건물에서 영업을 하는 자 또는 영업을 하려는 자가 영업시설·비품, 거래처, 신용, 영업상의 노하우, 상가건물의 위치에 따른 영업상의 이점 등 유형·무형의 재산적 가치의 양도 또는 이용대가로서 임대인, 임차인에게 보증금과 차임 이외에 지급하는 금전 등의 대가를 말한다.

② 권리금 계약이란 신규임차인이 되려는 자가 임차인에게 권리금을 지급하기로 하는 계약을 말한다.

(본조신설 2015.5.13.)

제10조의4(권리금 회수기회 보호 등)

① 임대인은 임대차기간이 끝나기 3개월 전부터 임대차 종료 시까지 다음 각 호의 어느 하나에 해당하는 행위를 함으로써 권리금 계약에 따라 임차인이 주선한 신규임차인이 되려는 자로부터 권리금을 지급받는 것을 방해하여서는 아니 된다. 다만, 제10조제1항 각 호의 어느 하나에 해당하는 사유가 있는 경우에는 그러하지 아니하다.

1. 임차인이 주선한 신규임차인이 되려는 자에게 권리금을 요구하거나 임차인이 주선한 신규임차인이 되려는 자로부터 권리금을 수수하는 행위

2. 임차인이 주선한 신규임차인이 되려는 자로 하여금 임차인에게 권리금을 지급하지 못하게 하는 행위

3. 임차인이 주선한 신규임차인이 되려는 자에게 상가건물에 관한 조세, 공과금, 주변 상가건물의 차임 및 보증금, 그 밖의 부담에 따른 금액에 비추어 현저히 고액의 차임과 보증금을 요구하는 행위

4. 그 밖에 정당한 사유 없이 임대인이 임차인이 주선한 신규임차인이 되려는 자와 임대차계약의 체결을 거절하는 행위

② 다음 각 호의 어느 하나에 해당하는 경우에는 제1항제4호의 정당한 사유가 있는 것으로 본다.

1. 임차인이 주선한 신규임차인이 되려는 자가 보증금 또는 차임을 지급할 자력이 없는 경우

2. 임차인이 주선한 신규임차인이 되려는 자가 임차인으로서의 의무를 위반할 우려가 있거나 그 밖에 임대차를 유지하기 어려운 상당한 사유가 있는 경우

3. 임대차 목적물인 상가건물을 1년 6개월 이상 영리목적으로 사용하지 아니한 경우

4. 임대인이 선택한 신규임차인이 임차인과 권리금 계약을 체결하고 그 권리금을 지급한 경우

③ 임대인이 제1항을 위반하여 임차인에게 손해를 발생하게 한 때에는 그 손해를 배상할 책임이 있다. 이 경우 그 손해배상액은 신규임차인이 임차인에게 지급하기로 한 권리금과 임대차 종료 당시의 권리금 중 낮은 금액을 넘지 못한다.

④ 제3항에 따라 임대인에게 손해배상을 청구할 권리는 임대차가 종료한 날부터 3년 이내에 행사하지 아니하면 시효의 완성으로 소멸한다.

⑤ 임차인은 임대인에게 임차인이 주선한 신규임차인이 되려는 자의 보증금 및 차임을 지급할 자력 또는 그밖에 임차인으로서의 의무를 이행할 의사 및 능력에 관하여 자신이 알고 있는 정보를 제공하여야 한다.

(본조신설 2015.5.13.)

제10조의5(권리금 적용 제외)

제10조의4는 다음 각 호의 어느 하나에 해당하는 상가건물임대차의 경우에는 적용하지 아니한다.

1. 임대차 목적물인 상가건물이 「유통산업발전법」 제2조에 따른 대규모점포 또는 준대규모점포의 일부인 경우

2. 임대차 목적물인 상가건물이 「국유재산법」에 따른 국유재산 또는 「공유재산 및 물품 관리법」에 따른 공유재산인 경우

(본조신설 2015.5.13.) 제10조의6 (표준권리금계약서의 작성 등)

국토교통부장관은 임차인과 신규임차인이 되려는 자가 권리금 계약을 체결하기 위한 표준권리금계약서를 정하여 그 사용을 권장할 수 있다.

(본조신설 2015.5.13.)제10조의7 (권리금 평가기준의 고시)

국토교통부장관은 권리금에 대한 감정평가의 절차와 방법 등에 관한 기준을 고시할 수 있다.

(본조신설 2015.5.13.) 제19조 (표준계약서의 작성 등)

법무부장관은 표준계약서를 정하여 그 사용을 권장할 수 있다.

(본조신설 2015.5.13.)

부칙(2015.5.13. 제13284호)

제1조(시행일) 이 법은 공포한 날부터 시행한다. 다만, 제4조의 개정규정은 공포 후 6개월이 경과한 날부터 시행한다.

제2조(대항력에 관한 적용례) 제2조 제3항의 개정규정 중 제3조 대항력에 관한 규정은 이 법 시행 후 최초로 계약이 체결되거나 갱신되는 임대차부터 적용한다.

제3조(권리금회수기회 보호 등에 관한 적용례) 제10조의4의 개정규정은 이 법 시행 당시 존속 중인 임대차부터 적용한다.

2018년 1월 26일 시행 임대차보호법 시행령 개정과 주요 골자

동법을 수차례 개정하면서 임차인을 보호하려고 했지만 실제 현장에서는 건물주와 임차인 간에 여러 문제가 발생해 왔다. 곳곳에서 임대료가 천정부지로 올라 소상공인들이 쫓겨나고 있다. 이러한 현상을 젠트리피케이션이라 하는데, 이와 같은 피해를 보호해 주지 못하고 있었다. 따라서 2018년 이후 상가건물임대차보호법과 동법 시행령을 개정해서 실질적으로 임차인 보호가 이루어지도록 한 것이다.

상가건물임대차보호법시행령 개정은 2018년 1월 26일부터 시행되고 있다. 주요 골자는 임대료 인상률 상한액을 현행 9%에서 5%로 낮추는 것, 환산보증금을 50% 이상 인상하여 상가임차인 90% 이상이 보호법 적용을 받도록 한 것이다.

환산보증금이란 보증금+월세×100이 산식이다. 예를 들어 보증금 5,000만 원, 월세 500만 원이라면 환산보증금은 5,000만+500×100=5억 5,000만원이다. 서울 지역이라면 임대차보호법 적용 상가에 해당된다.

> ▶ 주요 골자
> (1) 임대료 인상률 상한 9% → 5%
> (2) 환산보증금 범위 50% 이상으로 인상
>   • 서울 : 현행 4억 → 6억 1천만
>   • 과밀 억제권역, 부산 : 현행 3억 → 5억
>   • 광역시(부산, 인천 제외) 안산, 용인, 김포, 세종시, 화성, 파주 : 현행 2억 4천만
>   → 3억 9천만
>   • 그 밖의 지역 : 1억 8천 → 2억 7천만
>   ※ 개정안 시행 후 존속 중인 임대차에도 개정 규정이 적용됨

2018년 10월 16일 상가건물임대차보호법 개정과 주요 골자

상가건물임대차보호법 개정 주요 골자는 다음과 같다.

첫째, 계약갱신요구청구권을 행사할 수 있는 기간을 10년까지로 확대한다(제10조 제2항).

둘째, 임대인의 권리금 회수 방해 행위 금지기간을 임대차종료 6개월 전부터로 확대한다(제10조의4 제1항).

셋째, 영세 소상공인 보호를 위해 전통시장 내 영세상인도 권리금 적용 대상에 포함한다(제10조의5 제1호).

넷째, 상가 분쟁을 전담할 상가건물임대차 분쟁조정위원회를 법률구조공단 지부에 설치 운영한다. (제20조~22조)

이 네 가지 중 가장 중요한 것은 계약갱신요구권이다.

개정 주요 내용은 다음과 같다.

계약갱신요구권이 5년에서 10년으로 개정되었다. 다음의 조항을 보자.

『상가임대차보호법 제10조(계약갱신 요구 등) ② 임차인의 계약갱신요구권은 최초의 임대차기간을 포함한 전체 임대차기간이 10년을 초과하지 아니하는 범위에서만 행사할 수 있다. 〈개정 2018.10.16.〉』

상가건물임대차의 계약갱신요구권이란 상가건물임대차보호법상 임차인이 임대차기간 만료 전 6개월부터 1개월 사이에 임대인에게 계약갱신을 요구할 수 있고, 임대인은 정당한 사유가 없는 한 이를 거절할 수 없는 것을 말한다. 2018년 10월 16일부터 이 계약갱신요구권을 행사할 수 있는 기간이 5년에서 10년으로 개정되어 시행되고 있다. 이제 임차인들은 최초 임대차 기간을 포함한 전체 임대차 기간이 10년을 넘지 않는 범위에서 계약갱신요구권을 행사할 수 있다. 다만 부칙 제2조(계약갱신요구 기간의 적용례) 제10조 제2항의 개정규정은 이 법 시행 후 최초로 체결되거나 갱신되는 임대차부터 적용한다는 것을 유념해야 한다. 갱신되지 아니하는 임대차는 해당되지 않는 것이다.

임차인이 계약기간을 1년이나 2년으로 10년보다 적게 정했다고 하더라도, 임차인에게는 10년의 범위 내에서 임대차기간을 갱신해 달라고 요구할 수 있는 갱신요구권이 있다. 결국 임차인의 선택에 따라서 계약기간을 1년간 내지 10년의 갱신기간 내의 필요한 동안만 임대차계약관계를 지속하거나, 아니면 법정기간인 10년까지 계속 임대차기간이 연장될 수 있는 것이다.

2019년 4월 2일 임대차보호법시행령 개정 주요 골자

상가건물임대차보호법 시행령 일부 개정 주요 골자

대통령령 제29671호, 일부 개정 2019. 04. 02.

▶ 주요 내용

① 주요 상권의 상가임차인 95% 이상이 법의 보호를 받을 수 있도록 「상가건물임대차
보호법」의 적용범위를 정하는 기준인 보증금 상한액을 지역별로 대폭 인상하였다.
— 상가건물임대차보호법 적용범위에 포함되는 임차인들은 ① 임대료인상률 상한제
한, ② 우선변제권, ③ 월차임 전환 등 규정의 적용을 받을 수 있다.

	지역	현행	개정
1	서울	6억 1천만 원	9억 원
2	과밀억제권역,	5억 원	6억 9천만 원
3	부산광역시 등	3억 9천만 원	5억 4천만 원
4	그 밖의 지역	2억 7천만 원	3억 7천만 원

② 상가임대차와 관련한 각종 분쟁을 쉽고 저렴하게 해결해 주는 조정위원회가 2019년
4월 17일에 출범하게 된다.
– 이번 개정은 조정위원회를 신설하는 개정 「상가건물임대차보호법」 시행에 따른 것
이며, 개정법은 조정위원회를 대한법률구조공단 및 광역시·도에 설치하는 내용을
담고 있다.
– 개정령은 기존에 설치·운영 중인 주택임대차분쟁조정위원회와 통합 운영할 수 있
도록 주택임대차분쟁조정위원회가 설치된 대한법률구조공단 서울중앙·수원·대
전·대구·부산·광주지부에 조정위원회를 설치하도록 규정하였다.
– 또한 조정위원회사무국 조직 및 인력 등에 필요한 사항, 조정위원회가 심의·조정
할 분쟁의 유형 등을 주택임대차분쟁조정위원회와 동일하게 규정함으로써 주택
및 상가건물임대차 분쟁에 관한 통합적인 조정서비스를 제공하도록 하였다.

③ 이번 개정으로 보다 많은 상가임차인들이 법의 보호를 받으면서 안정적인 영업활동
을 보장받을 수 있게 되고, 저렴한 비용으로 신속하고 효율적인 분쟁해결이 가능할
것으로 기대된다.

2020년 현재 상가건물임대차보호법령 개정 주요 골자

2020년 7월 31일 임대차보호법 개정 주요 골자

2020년 7월 31일 임대차보호법 개정 주요 골자

법률 제17471호, 일부 개정 2020. 7. 31. [시행 2020. 11. 1]

▶ 개정 이유

국민의 일상 생활과 밀접한 관련이 있는 임대차 관련 제도를 마련하기 위해서는 임대차 현황에 대한 정확한 판단 및 관련 통계 분석 등이 수반되어야 하는 바, 상가건물 임대차 제도를 부동산 정책과 연계하여 탄력적으로 대응하기 위하여 부동산 정책 소관부처인 국토교통부와 상가건물 임대차와 관련된 주요 업무를 공동으로 관할하도록 하려는 것임.

▶ 주요 내용

① 현재 국토교통부장관이 정하던 표준권리금계약서 및 법무부장관이 정하던 상가건물임대차표준계약서 서식을 앞으로는 각각 법무부장관과 국토교통부장관이 협의하여 정하도록 함(제10조의6 및 제 19조).

② 이 법의 적용 범위에 관한 상가건물의 임대차 보증금액, 우선변제받을 임차인 및 보증금 중 일정액의 범위와 기준에 관한 사항을 심의하기 위하여 법무부에 상가건물임대차위원회를 설치하되, 위원장은 법무부차관으로 하고, 위원은 국토교통부에서 상가건물 임대차 관련 업무를 담당하는 고위공무원단에 속하는 공무원 등으로 함(제14조의2 신설).

③ 현재 대한법률구조공단 지부에 설치하도록 한 상가건물임대차분쟁조정위원회를 앞으로는 한국토지주택공사 및 한국감정원의 지사 또는 사무소에도 설치하도록 함(제20조 제1항).

2020년 9월 29일 임대차보호법 개정 주요 골자

코로나 19로 인해 소상공인들의 몰락이 현실로 다가오자 소상공인들을 보호하기 위하여 계약갱신요구 등에 관한 임시특례를 둔 것이다. 도덕과 상식으로 해결할 일을 법으로 규정한다는 것이 오히려 독이 될 수도 있음을 알아야 한다.

이 법의 시행으로 임대인과 임차인 간 법해석에 관한 이견이 생겨 분쟁이 발생할 수 있다. 또한 소상공인을 위한 근본적인 처방도 아니다. 여하튼, 그 골자는 다음과 같다.

2020년 9월 29일 임대차보호법 개정 주요 골자

법률 제17490호, 일부개정 2020. 9. 29. [시행 2020. 9. 29.]

제10조의9(계약 갱신요구 등에 관한 임시 특례)

임차인이 이 법(법률 제17490호 상가건물 임대차보호법 일부개정법률을 말한다) 시행일부터 6개월까지의 기간 동안 연체한 차임액은 제10조 제1항 제1호, 제10조의4 제1항 단서 및 제10조의8의 적용에 있어서는 차임연체액으로 보지 아니한다. 이 경우 연체한 차임액에 대한 임대인의 그밖의 권리는 영향을 받지 아니한다.

▶ 개정 이유

현행법에 따르면 차임연체액이 3기의 차임액에 달하는 경우 등은 계약의 해지, 계약 갱신의 거절 또는 권리금 회수 기회의 제외 사유에 해당한다.

하지만 코로나 19의 여파로 국내 소비지출이 위축되고 상가임차인의 매출과 소득이 급감하자 이 법 시행 후 6개월간 연체한 차임액은 계약의 해지, 계약갱신 거절 등의 사유가 되는 차임연체액에 해당하지 않는 것으로 보도록 함으로써, 경제적 위기 상황 동안 임대인의 계약해지 등을 제한하는 일시적 특례를 두게 된 것이다.

▶ 임시 특례의 효과

이 법 시행일로부터 6개월까지의 기간 동안 발생한 연체차임은 3기에 이르는 차임액 계산에 포함되지 않으므로, 이 법 시행일로부터 6개월까지의 기간 동안 차임을 연체하고 그 이후 3기에 이르는 차임을 연체한 경우 임대인은 임차인에게 계약해지를 통보할 수 있다.

▶ 특례 적용을 받는 상가임대차 범위의 제한

상가건물 임대차보호법의 경우 환산보증금을 초과하는 경우 적용이 배제되었으나, 위 임시 특례의 경우 제2조 제3항에서 환산보증금을 초과하는 경우에도 적용한다고 규정하고 있다. 따라서 모든 상가임대차에 적용되는 규정이라 하겠다.

제2조(적용범위)

① 이 법은 상가건물(제3조제1항에 따른 사업자등록의 대상이 되는 건물을 말한다)의 임대차(임대차 목적물의 주된 부분을 영업용으로 사용하는 경우를 포함한다)에 대하여 적용한다. 다만, 제14조2에 따른 상가건물임대차위원회의 심의를 거쳐 대통령령으로 정하는 보증금액을 초과하는 임대차에 대하여는 그러하지 아니하다.

③ 제1항 단서에도 불구하고 제3조, 제10조 제1항, 제2항, 제3항 본문, 제10조의2부터 제10조의9까지의 규정 및 제19는 제1항 단서에 따른 보증금액을 초과하는 임대차에 대하여도 적용한다.

2020년 10월 13일 임대차보호법 시행령 개정안 주요 골자

상가건물 임대차 보호법의 정책 실효성을 높이기 위한 '상가건물임대차보호법 시행령' 개정안이 2020년 10월 13일 국무회의를 통과했다. 상가건물임대차위원회 신설과 분쟁조정위원회의 전국 단위 확대 등을 주요 내용으로 하는 개정안은 대통령 재가, 공포를 거쳐 2020년 11월 1일부터 시행된다.

참고로, 현행법령상 법 적용범위 및 최우선변제 임차인과 보증금 범위는 다음과 같다.

① 법 적용범위 보증금액
- 서울특별시 : 9억 원
- 과밀억제권역, 부산 : 6.9억 원
- 광역시, 세종, 파주, 화성, 안산, 용인, 김포, 광주시 : 5.4억 원
- 그 밖의 지역 : 3.7억 원

② 최우선변제 적용 임차인(소액임차인)
- 서울특별시 : 6.5천만 원
- 과밀억제권역 : 5.5천만 원
- 광역시, 안산, 용인, 김포, 광주시 : 3.8천만 원
- 그 밖의 지역 : 3천만 원

③ 최우선변제금 범위
- 서울특별시 : 2.2천만 원

- 과밀억제권역 : 1.9천만 원

- 광역, 안산, 용인, 김포, 광주시 : 1.3천만 원

- 그 밖의 지역 : 1천만 원

   ※ 임대건물 가액의 2분의 1을 초과하지 못함(시행령 제7조제2항)

정부는 이번 개정안을 통해 상거건물임대차위원회의 구성 및 운영에 필요한 사항을 대통령령으로 구체적으로 정한다.

① 상가건물임대차위원회 신설 운영
  상가 임대차법의 적용 범위를 정하는 기준인 보증금액의 범위 및 최우선변제 대상인 임차인과 보증금 중 일정액의 적용범위와 기준을 상가건물임대차위원회의 심의를 거쳐 대통령령으로 정하는 것으로, 이번 개정은 상가건물임대차위원회의 구성, 운영에 필요한 사항을 대통령령으로 구체적으로 정하는 사항이다.

  주택의 경우 이미 '주택임대차보호법'을 통해 '주택임대차위원회'를 두고, 최우선변제를 받는 임차인과 보증금의 범위 및 기준을 주택임대차위원회의 심의를 거쳐 대통령령으로 정하도록 하고 있다.

② 정부는 또 임대인과 임차인 간 분쟁을 신속하고 편리하게 조정할 수 있도록 현재 6개소(법률구조공단 서울 중앙·수원·대전·대구·부산·광주 지부)인 분쟁조정위원회를 18개소로 확대할 방침이다.

  이전까지는 법률구조공단에서만 분쟁조정위원회를 운영했지만, 한국토지주택공사(LH)와 한국감정원도 추가하는 등 현재 설치된 6곳 이외에 12곳을 추가로 설치한다. 2020년 11월 1일부터 LH의 인천·청주·창원, 한국감정원의 서울동부·전주·춘천 지점에 한 곳씩 위원회가 설치된다. 2021년에는 LH의 제주·성남·울산, 한국감정원의 고양·세종·포항 지점에 위원회가 추가된다.

10 | 찾아야 할 점포 vs 피해야 할 점포

여기서는 상권과 입지조건 분석을 일일이 하지 않아도 알 수 있는, 일반적인 '좋은 점포'와 '피해야 할 점포'에 대해 설명하고자 한다.

찾아야 할 점포

① 모이는 유동인구가 많은 곳

② 접근하기 편한 곳이거나 가시성이 좋은 곳

③ 주변에 노점상이 많은 곳

④ 편의시설 등이 있는 곳

⑤ 출근길보다 퇴근길 방향에 있는 곳

⑥ 주차장이 있는 곳 : 단, 2~3대 주차할 수 있는 공간이 점포 앞에 있으면 입지가 나쁨

⑦ 버스 정류장이나 지하철역을 끼고 있는 곳 : 단, 흐르는 곳은 안 됨

⑧ 상권이 형성된 코너 점포

⑨ 대규모 아파트단지 중심상권 대형편의시설 바로 옆

⑩ 중소형 아파트 단지 상가

⑪ 낮은 지대의 중심지

⑫ 권리금이 있는 곳

⑬ 비어 있는 점포가 없는 곳

⑭ 아파트 진입로변

① 모이는 유동인구가 많은 곳

역세권, 대학가, 도심 등은 유동인구가 많은 곳이다. 유동인구가 많으면 당연히 대형 유통시설이 들어서고 더불어 고객들이 모여들므로 상호 상승 작용으로 인해 상권이 매우 활성화된다. 이런 상권의 A급지에서는 어떤 업종이라도 잘 된다. 다만 이러한 곳은 보증금과 권리금이 비싸다.

② 접근하기 용이한 곳이거나 가시성이 좋은 곳

점포는 사람들이 쉽게 찾을 수 있고 편하게 갈 수 있는 곳에 위치해야 한다. 이것을 '접근성'이라고 한다. 사람들은 특별히 정한 물건이 아니라면 대부분 접근하기 편한 곳을 이용한다. 가시성 역시 좋아야 한다.

③ 주변에 노점상이 많은 곳

요즘같이 실업자가 넘쳐나는 불황기에는 노점상이 늘어난다. 그런데 자세히 보라. 적법한 노점상이든 불법적인 노점상이든 노점상들이 있는 곳은 대부분 그 지역에서 유동인구가 제일 많다. 즉, 목이라는 말이다. 이곳이야말로 바로 그 지역의 확실한 상권이라고 할 수 있다. 그렇다면 입지는 좋은데 노점상들이 하는 업종과 중복된다면 어떻게 해야 할까? 물론 단기적으로는 같은 업종을 하는 점포들은 손해를 입는다. 하지만 장기적으로 보면 꼭 그렇지만도 않다. 오히려 노점상들이 있어서 새로운 손님들이 모이게 되어 상권이 활성화되기도 하기 때문이다. 특히 주택지 도로변 같은 곳은 노점상이 있느냐 없느냐에 따라 상권이 살아 있는가 죽었는가를 알 수 있다. 즉, 노점상은 살아 있는 상권이요, 목이다. 최근에 불법 노점상은 단속을 하기 때문에 거의 찾아보기 힘들기는 하다.

④ 편의시설 등이 있는 곳

입지가 좋고 나쁜 것은 결국 손님에 의해 판정된다. 손님이 쉽게 찾고 편안하게 올 수 있는지의 여부가 그래서 매우 중요하다. 손님들은 찾기 쉽고 편안하게 갈 수 있는 점포로 발길을 돌리게 되어 있다. 그중에서도 특히 은행, 유명의류 대리점, 대형 슈퍼 등이 있는 곳은 손님이 접근하기 쉽다.

⑤ 출근길보다 퇴근길 방향에 있는 곳

장사는 대부분 오전보다는 오후에 이루어진다. 점심시간 전후에 반짝하고 나서 퇴근시간 이후 절정에 이른다. 그렇기 때문에 점포의 위치는 출근하는 방향보다는 퇴근하는 방향에 있는 것이 유리하다.

'노루목'이라는 것이 있다. 노루란 짐승은 꼭 다니는 길로만 다닌다. 당연한 말이지만 사냥꾼은 바로 이 길목을 지키면 된다. 사람 습성도 이와 비슷하다. 당연히 퇴근하는 길목을 지켜야 한다. 퇴근시간에 주로 이용하는 보도가 어디이며, 주동선이 어떻게 흐르는지 종합적으로 판단하라.

⑥ 주차장이 있는 곳

승용차가 대중화되면서 주차장이 있는 곳과 없는 곳의 차이는 갈수록 심화되고 있다. 전용 주차장이 있으면 좋지만 여의치 않다면 공용 주차장 옆에 있는 점포도 괜찮다. 다만 상권 안에 공용 주차장이 있을 때는 상가의 연속성이 끊어질 수 있다. 예를 들어 상가가 줄지어 있는데 그 중간쯤에 주차장이 있다면 당연히 상가의 흐름이 끊긴다. 이 경우 주차장에서 상권 중심지쪽 방향의 점포는 매우 좋으나 주차장 뒤쪽의 외곽지역에 점포가 있으면 오히려 주차장이 상권을 죽이는 역할을 할 수 있다. 그러므로 이럴 때는 상권 중심지와 주차장 사이에 있는 점포를 구하기 바란다.

⑦ 버스정류장이나 지하철역을 끼고 있는 대로변

역세권이 아닌 주택지 상권에서는 버스정류장을 끼고 있는 대로변과 일반 대로변의 차이가 크다. 시내를 다닐 때 유심히 살펴보라. 대부분의 대로변에 변변한 음식점이나 선매품 점이 있는가? 거의 없으며 그런 곳이 눈에 띄면 그곳은 반드시 버스정류장이 있으면서 상권이 형성된 곳이거나 역세권 대로변이다.

⑧ 상권이 형성된 코너 점포

주택지 상권이든 역세권이든 코너 상가는 그중 최고의 자리이다. 이런 곳은 시선이 집중되고 출입구 접근이 쉽다. 어떤 업종이든 상권의 특성에 완전히 반하지만 않는다면 성공할 수 있다. 하지만 이렇게 좋은 목은 주위의 상인들이 주목하고 있는 대상이다. 장사가 잘되므로 매물로 나오지도 않지만, 나온다 하더라도 주위에서 아는 사람끼리 거래가 이루어진다. 그러므로 장사를 하려고 마음먹었다면 코너 상가를 눈여겨보아야 한다.

⑨ 대규모 아파트단지 중심상권 대형편의시설 바로 옆

대규모 아파트단지에는 대형유통시설이 경쟁적으로 들어서게 마련이어서 고객은 이런 곳을 중심으로 한 중심상권에서 구매를 한다. 때문에 대규모 아파트단지 내 상가는 살아남기가 어렵다. 1천 세대 이상 되는 독립단지인 경우에도 많은 세대를 중심상권에 빼앗기게 되므로 실제로는 300~400세대 정도의 상권밖에 안 된다. 그러니 장사가 되겠는가.

어쨌든 점포를 얻으려면 중심상권의 대형 판매시설 바로 옆에 얻는 것이 좋다. 그래야 단지 내의 모든 가구를 대상으로 할 수 있고, 업종과 품목에서 대형편의시설과의 경쟁만 피한다면 장사도 잘 된다.

⑩ 중소형 아파트단지 상가

아파트단지는 주택지보다 세대당 물품구매력이 높다. 수입과 지출이 상대적으로 높다는 말이다. 그러나 이들이 모두 아파트단지 내의 상가를 이용하는 것이 아니라는 점이 문제이다. 분양면적 110m^2 이하인 중소형 아파트에는 30~40대가 많이 산다. 당연히 어린아이나 학생들이 많다. 따라서 단지 내 상가에는 학용품점, 아동의류점, 식품점, 학원이 잘 된다. 소형아파트나 대형아파트에 비해 상대적으로 장사가 잘 된다.

중소형 아파트단지라도 500세대는 넘어야 자체 상권으로서의 구실을 한다. 하지만 500세대가 넘는다 하더라도 언덕 위에 있으면 저지대 상가주택에 있는 점포와의 경쟁에서 뒤지므로 운영하기가 힘들다.

⑪ 낮은 지대의 중심지

낮은 지대는 거의 교통의 요충지이며 위로부터 내려오는 길목이자 중심지가 되는 경우가 허다하다. 상권은 이처럼 낮은 지대에 형성되며, 이러한 곳은 전통시장, 버스정류장, 은행, 대형 슈퍼 등이 자리 잡고 있다. 당연히 유동인구가 많아 상권이 좋다.

⑫ 권리금이 있는 곳

권리금은 '1년 동안의 순수익의 합과 입지조건을 기준으로 시설상태와 업종의 경쟁력 유무, 점포의 크기 등을 감안하여 평가한다.' '1년 동안의 순수익'이 의미하듯이 권리금은 장사가 되는 곳에 따라붙는다. 기와 한 장 아끼려다 대들보 썩히는 우를 범해서야 되겠는가. 그런데도 많은 이들이 권리금이 부담스러워 망설이다가 좋은 점포를 놓치고 후회하는 경우가 많다. 이럴 때는 한 가지만 확실히 짚고 넘어가자.

'나중에 점포를 팔려고 할 때 권리금을 보상받고 쉽게 팔 수 있겠는가'를 객관적으로 판단하면 된다. 그러면 답이 나온다. 권리금이 있는 점포는 장사가 되는 곳이다. 그곳을 잡아라!

⑬ 비어 있는 점포가 없는 곳

상권이 좋으면 장사가 잘 되어 매물이 나와도 거래가 쉽게 이루어진다. 따라서 점포가 빈 상태로 있을 이유가 없다. 역세권을 보면 쉽게 이해가 갈 것이다. 반대로 주택지 상권이나 신도시 신흥상권을 보라. 문을 닫은 곳이 눈에 띈다. 상권이 안 좋다는 반증이다.

⑭ 아파트 진입로변

현대는 전문화, 차별화, 그리고 대형화 시대이다. 아파트단지 내 상가는 일반적으로 작다. 당연히 아파트 진입로변의 큰 점포가 경쟁력에서 앞서게 된다. 또한 아파트 진입로는 아파트뿐만 아니라 진입로 주변의 주택지까지도 상권의 범위에 들어가게 되어 상권력이 크다. 특히 재개발이나 재건축된 아파트단지 진입로는 상권이 좋다.

피해야 할 점포

---

① 점포 앞에 계단이 있거나 경사진 곳

② 6차선 이상의 도로가 상권을 양분하는 곳

③ 유동인구가 그냥 지나가는 곳(소위 '흐르는 자리')

④ 주변 점포가 기술 또는 저가 상품 위주인 곳

⑤ 업종이나 주인이 자주 바뀌는 곳

⑥ 주변 점포의 간판이 낡거나 변색된 점포가 있는 곳

⑦ 점포 전면이 좁거나 간판 설치가 어려운 곳

⑧ 주변 도로가 지저분한 곳

⑨ 편도인 도로변이나 맞은편에 점포가 없는 곳

⑩ 빈 점포가 많은 곳

⑪ 언덕 위나 상가의 연속성이 끊긴 곳

⑫ 주변에 공터가 있는 곳과 주변에 큰 규모의 동일 업종이 있는 곳

⑬ 막 다른 골목 끝인 곳

⑭ 300~500m에 대형유통시설이 있는 곳

⑮ 권리금이 없는 곳

⑯ 건물주가 장사하는 곳

⑰ 보도폭이 좁은 곳

---

① 점포 앞에 계단이 있거나 경사진 곳

점포 앞이 계단이나 경사가 지면 접근성에서 떨어진다. 이러한 점포는 설령 A급지에 위치하고 있다 하더라도 B급지 수준의 매출로 떨어지므로 유의해야 한다.

② 6차선 이상의 도로가 상권을 양분하는 곳

6차선 이상의 도로는 장애요인으로 작용한다. 다시 말하면 상권의 흐름

을 끊어버린다. 따라서 상권 자체가 크게 활성화되지 못하는 경우가 발생한다.

6차선 이상 도로의 경우 어느 한쪽의 도로변은 '흐르는 자리'가 되기 십상이다. 이러한 곳은 대체적으로 경사진 곳이다. 초보자들은 피하는 것이 상책이다. 물론 역세권의 경우는 유동인구가 많아 장사가 되므로 그다지 피할 상권은 아니지만, 이 역세권도 '흐르는 자리'일 경우에는 업종 선택에 유의해야 실패하지 않는다.

③ 유동인구가 그냥 지나가는 곳(소위 '흐르는 자리')

점포 앞을 유동인구가 그냥 지나간다면, 유동인구가 아무리 많아도 곤란하다. 이런 경우에는 대개 목적지를 향해 가는 사람이 대부분이다. 보행속도가 빠르다는 뜻인데, 통근이나 통학의 보행속도는 1초에 보통 1.59m라고 한다. 그런데 쇼핑의 경우에는 1초에 약 1.29m 정도로 느리다. 유동인구의 보행속도가 빠른 곳, 즉 '흐르는 자리'는 되도록 피하라.

그래도 역세권 '흐르는 자리'는 그나마 조금 낫다. 이곳은 짧은 시간에 구매가 이루어지는 저가 판매업종이 상가의 대부분을 차지하게 된다. 고객들이 짧은 시간에 구매를 하기 때문에 고가품은 취급할 수 없고, 중저가 의류나 액세서리, 화장품 등 비교적 충동구매가 많은 업종이 자리 잡아야만 한다.

하지만 주택지 대로변의 경우에는 역세권과는 상황이 다르다. 이곳에서 '흐르는 자리'는 생존과 연결된다. '흐르는 자리'는 갈수록 상권이 미약해져 가기 때문이다.

④ 주변 점포가 기술 또는 저가상품 위주인 곳

주변 점포가 기술 위주의 업종, 즉 세탁소, 지물포, 표구점, 세차장 등이 있는 곳은 어떤 곳인가? 일부 세대 수가 적은 아파트단지 내 상가나 주택지 상권의 C급지에 이런 업종이 분포되어 있지 않던가. 당연히 피해야만 되는 곳이다.

또한 저가상품 위주인 곳은 그 지역이나 상권의 소비수준이 매우 낮다는 뜻이다. 이것은 가격할인 전략을 세워 다른 점포와의 가격경쟁력에서 우위를 점하려는 저가격 할인매장 등의 점포와는 다른 의미이다. 또한 중하층 거주지역이 상권이 좋다는 것과도 다른 의미이다. 저가상품 위주인 곳은 상권 전체의 저소비 수준을 반영하고 있기 때문에 피해야 된다.

⑤ 업종이나 주인이 자주 바뀌는 곳

업종이 자주 바뀐다는 것은 이 업종을 해도 안 되고 저 업종을 해도 안 된다는 말과 같다. 또 임차인이 자주 바뀌는 것도 같은 이유에서이다. 장사를 하다 보면 불가피한 사유가 생겨 점포를 운영할 수 없는 경우가 있다. 하지만 그런 일은 그렇게 많지 않을 뿐만 아니라 어찌 한 점포에만 유난히 그같이 불가피한 일이 발생하겠는가? 당연히 그런 곳은 장사가 지독히 안 되는 자리이다.

그런 곳에 잘못 들어가는 경우 그 손해를 본인이 감수하려는 사람은 거의 없다. 어떻게 해서든지 자기는 손해 보지 않고 빠져나가려는 것이다. 그러다 보니 사람을 속이고 그 사람이 또 다른 사람을 속여 계속해서 손해 보는 사람이 발생하곤 한다.

⑥ 주변 점포의 간판이 낡거나 변색된 점포가 있는 곳

　주위를 둘러보라. 간판이 낡거나 또는 인테리어 등이 변색될 정도로 오래도록 방치된 점포가 어떠한 곳에 많은지. 주택지 C급지가 그러하다. 업종 자체도 그렇고 장사도 안 되니까 더욱 그러하다. 또한 주택지 B급지에서도 종종 눈에 띈다. B급지가 이러한 주택지 상권은 상권력이 약한 곳, 즉 상권이 좋지 않다고 보면 된다.

⑦ 점포 전면이 좁거나 간판설치가 어려운 곳

　점포의 전면 길이는 길어야 좋다. 건물의 전면은 많이 노출되면 될수록 좋다. 간판도 마찬가지이다. 이 둘은 점포의 얼굴이다. 첫인상이 얼마나 중요한가. 일단 눈에 띄어야 구매를 하든지 말든지 할 것 아닌가. 점포의 전면과 간판은 상호와 함께 최초의 그리고 최고의 홍보수단이다. 따라서 점포의 전면이 너무 좁거나 평면간판이나 돌출간판의 설치장소가 충분히 확보되지 않는다면 피해야 한다.

⑧ 주변 도로가 지저분한 곳

　방치된 점포들이 많은 곳은 주위가 산만하고 지저분하다. 업종 자체가 도로환경을 해치기도 하지만 장사가 신통치 않아서 주변 환경까지 신경 쓸 겨를이 없기 때문이기도 하다. 당연히 도로에는 휴지조각 등이 널려 있으며, 자전거나 각종 기물 등이 그대로 방치되어 있는 곳이 많다. 이러한 곳은 장사가 어렵다.

⑨ 편도인 도로변이나 맞은편에 점포가 없는 곳

　자기 점포의 고객이 아니라 하더라도 사람이 많이 모이거나 유동인구가 많으면 자연히 충동구매로 인해 매출이 올라간다. 그런데 편도인 도로변을 보자. 편도인 도로는 도로폭도 좁지만 일단 자동차가 한쪽 방향으로만 흐르기 때문에, 사람들이 그 도로를 이용할 때 심리적인 불안감을 갖고 있다. 자동차가 가는 방향으로는 그나마 사람들이 같이 움직이기는 하지만 자동차 진행방향과 역행해서는 사람들이 거의 걸어가지 못한다. 당연히 점포는 자동차 진행방향쪽 도로변 일부만 유지된다. 이곳도 유동인구가 거의 없어 장사가 어려운 곳이다.

또한 도로 맞은편에 점포가 없다면 십중팔구 앞에 하천이 흐르거나 철로가 나 있는 경우이다. 이런 경우 유동인구가 거의 없다. 일반 먹자골목에서도 맞은편에 점포가 있다 해도 표구점, 이삿짐센터 등이 마주하고 있으면 내 점포도 좋지 않다. 상가의 연속성이 끊어지기 때문이다.

⑩ 빈 점포가 많은 곳

빈 점포란 장사가 안 되어 비어 있는 경우로, 임차인도 권리금의 일부나마 받아내려고 갖은 노력을 했을 것이다. 그런데도 매매가 안 되고 장사하기도 힘들어 결국은 권리금(시설비 포함)까지 포기하고 보증금만 건물주에게서 받아 나간 것이다. 그럼 건물주는 어떤 입장일까? 빈 점포로 있으면 그만큼 월세를 받을 수 없다. 당연히 한시라도 빨리 임대가 이루어지길 바랄 것이다. 입지가 좋은 점포에서는 있을 수도 없는 상황이다.

빈 점포가 많다는 것은 그 지역의 상권이 좋지 않다는 말과 같다. 그런 곳에 들어가면 제대로 되돌아 나올 수 없다. 그런데도 젊고 경험 없는 초보자들은 권리금이 없어 좋고, 심지어는 망한다 하더라도 망할 것이 없다고 생각하기 일쑤이다.

왜 망할 것이 없는가? 보증금이 있잖은가? 하지만 "보증금을 까먹을 정도가 되면 처분해버리면 된다."라며 자신만만하게 빈 점포에 들어가는 사람도 분명 있다.

하지만 장사가 안 될 수밖에 없는 지역에서는 아무리 애를 써도 안 된다. 자신만만한 만큼 자포자기도 빠르다. '안되면 더욱 열심히 노력하면 된다.'고 여기던 사람들도 두 달 이상 못 버틴다. 점점 월세 내기도 벅차고 나중에는 문 닫고 그냥 월세만 내는 것보다 장사를 계속하는 만큼 인건비까지 손해를 보는 경우가 생긴다. 이러지도 저러지도 못하는 사이에 밀린 월세만 눈덩이처럼 불어나 결국은 보증금까지 다 날려버리기 십상이다.

⑪ 언덕 위나 상가의 연속성이 끊긴 곳

언덕 위는 상권이 매우 좁아서 언덕 주위의 극히 일부 세대로만 국한된다. 따라서 조그만 구멍가게 정도의 미니 슈퍼마켓밖에 할 것이 없다. 언덕 중턱의 오르막길 역시 마찬가지이다. 여기는 '흘러가는' 자리다. 사람들은 일단 낮은 데로 몰리는 경향이 있기 때문이다.

상가의 연속성이란 각종 점포가 줄지어 있는 것을 말한다. 그런데 이것이 끊긴다는 말은 무엇을 뜻하는가? 바로 주차장이나 세차장, 이삿짐센터, 그 외에 각종 기술 서비스업이 들어서 있으면 연속성이 끊기게 되는 것이다. 손님들이 차례차례 상가를 구경하다가 이러한 시설물이 나오면 계속 앞으로 나아가면서 쇼핑하지 않고 되돌아 가버린다. 끊긴 곳 다음에 있는 상가에서는 유동인구가 급격히 감소해 버린다. 따라서 이처럼 상가의 연속성이 끊긴 곳부터는 상권이 좋을 수가 없다. 특히 주택지의 경우, 대부분 이런 형태로 상권이 형성되어 있으므로 주의해야 한다.

이삿짐센터나 카센터 등은 월세가 싼 곳에 입점해도 무방한 업종이다. 유동인구가 많으면 오히려 사업에 지장을 받는다. 그렇다면 그런 업종이 그곳에 있다는 것이 무엇을 뜻하는지 확실히 알 수 있지 않은가. 유동인구가 적음을 반증한다. 즉, C급지라는 것이다.

⑫ 주변에 공터가 있는 곳과 주변에 큰 규모의 동일 업종이 있는 곳

장사를 할 때 신경 쓰이는 것 중 하나가 '자신의 점포가 다른 점포에 비해 규모가 작은 것은 아닌가?' 하는 점이다. 사실 요즘은 대형화, 전문화, 차별화 시대라는 것은 누구나 알고 있기 때문에 더욱 규모에 신경이 쓰인다. 당연히 크면 클수록 좋은 경우가 많다. 업종과 조화만 잘 된다면 말이다. 그래서 주변에 큰 규모의 점포가 눈에 띄지 않으면 계약부터 하는 경우도 많다. 하지만 이것은 보이지 않는 것이 무서운 경우가 더 많다는 점을 간과한 행동이다.

역세권 같은 유명상권에는 상가로 전환할 공터나 주택이 거의 없다. 이미 대부분 상가로 되어 있기 때문이다. 그러나 신흥 상권이나 주택지 상권에는 공터가 많고 웬만큼 오래된 주택은 상가주택으로 개조되는 경우도 많아 더 큰 상가가 건축될 가능성이 높다. 물론 이런 경우에도 자신의 점포가 입지조건이 확실히 좋다면 신경 쓰지 않아도 되겠지만 그렇지 않다면 십중팔구 무너진다.

종종 잘되는 점포가 싸게 나올 때가 있는데, 이때 공터나 오래된 주택이 있어 현재는 상가건물을 짓고 있지 않으나 계획단계에 있다는 것을 미리 알고 처분하려는 경우일 수도 있다. 이것을 일반인이 미리 알아보기란 매우 어렵다. 따라서 언젠가는 새로 지을 수 있는 여지가 있는 곳은 피하고 보는 것이 좋다. 특히 학원이나 PC방 등 서비스업이나 생필품은 일정 범위의 영역을 기반으로 하여 독점적인 권리를 누리고 있는데, 바로 그 영역 안에 큰 건물이 신축되고 경쟁점이 들어온다면 즉시 타격을 입게 된다.

일정 영역에 빈 땅이나 넓은 대지의 주택이 있을 때는 주의해야 한다.

⑬ 막다른 골목 끝인 곳

막다른 골목 끝인 곳은 어느 상권이든지 피하는 것이 좋다. 사람들은 막힌 곳에서는 답답함과 함께 벗어나고자 하는 심리가 있다. 그러니 그런 곳에 있는 점포가 좋을 리 없다. 주택지라면 점포 자체가 아예 형성이 안 될 것이다. 단, 역세권의 경우 A급지에서 이어진 골목길이 이와 같을 때 음식점 중 노하우가 있는 전문음식점을 한다면 B급지 이상의 구실을 하기도 한다. 이 경우에도 간판이 보여야 한다.

⑭ 300~500m에 대형 편의시설이 있는 곳

대형시설과 근접한 상가는 앉아서 덕을 보지만, 300~500m 정도 떨어진 작은 규모의 상가는 경쟁력이 떨어져 손님이 큰 시설로 분산되기 때문에 손해를 입는다. 특히 주택지나 아파트는 이러한 대형 시설의 영향을 많이 받게 된다.

이미 상권이 형성되어 있는 곳 중 역세권은 어떨까? 이런 곳에는 백화점 등 대형유통시설이 들어설 공터도 없지만, 대형시설이 들어선다 해도 A, B급지는 큰 영향을 받지 않고 오히려 더 새로운 손님이 유입되어 번성하기도 한다. 하지만 300~500m 떨어진 곳에 있는 대형편의시설 부근 공터에 새로운 상권이 형성된다면 이때는 경쟁관계에 있게 되어 고객을 뺏기게 된다. 신중하게 분석해야 한다.

⑮ 권리금이 없는 곳

급한 사정으로 인해 권리금도 받지 않겠다며 나오는 점포가 있다. 역시 장사가 안되는 곳이다. 물론, 현재는 상권이 좋다고 하는 명동상권이나 경리단길 상권 등 좋은 역세권에서도 권리금이 없는 점포들이 많은 것 또한 사실이다. 당연한 결과이다. 임대료는 계속적으로 오르고, 매출은 오르지 않아서 도저히 장사를 계속할 수 없는 지경에 이르렀기 때문이다.

권리금이 무엇인가? 장사를 맨땅에서 할 수는 없지 않은가? 시설과 간판, 집기 등을 갖추어놓고 장사를 하다가 사정이 있어 팔게 되었다고 하자. 이때 여러분이라면 시설비에 대한 것을 받으려 하지 않겠는가? 또한 영업을 잘해서 단골손님이 많다면 그에 대한 영업 권리금까지 받고자 할 것이다. 이것이 바로 '권리금'이라고 할 수 있는데, 장사가 안 된다 하더라도 점포 주인은 시설비의 일부는 받고자 하고 또 일반적으로도 인정해주고 있다.

권리금까지 포기한다면 어떤 경우인가? 당연히 목이 안 좋아 도저히 유지할 수 없는 경우가 대부분이다. 이런 곳은 누가 들어가도 장사가 안 된다. 월세에 치이는 것이다. 실제로 이런 경우는 주택지는 말할 것도 없고 유명상권에서도 셀 수 없이 많다. 물론 약간의 권리금이 있긴 하지만 미미한 수준이다. 월세에 치이기 시작하면 보증금 정도는 순식간에 까먹는다.

결국은 장사를 하면서 매달 입는 손해가 임대료를 넘는 경우가 나온다. 영업을 해도 손해, 안 해도 손해인 상태이다. 순식간에 권리금 몇천만 원에 보증금마저 잃게 되는 등 고생한 결과가 참담할 수 있다.

⑯ 건물주가 장사하는 곳

건물주나 그의 친척이 같은 건물에서 장사를 하는 경우가 있다. 이때는 유사한 업종을 해서도 안 되고 다른 업종이라도 곤란하다. 게다가 장사가 잘되어도 곤란하고 안되어도 곤란하다. 장사가 잘되면 주인이 욕심을 내기 쉽다. 내쫓기는 경우까지도 있다. 이때는 권리금도 당연히 못 받는다.

한편, 일부 악덕 건물주들도 종종 그런 횡포를 저지른다. 그렇다면 이런 건물주는 어떻게 알아볼 수 있을까? 간접적으로 알 수 있는 방법이 하나 있다. 보증금과 월세가 어느 정도인가를 보면 된다. 일반적으로 욕심이 많고 인정도 없는 수전노 같은 건물주는 보증금과 월세가 주변 점포 중에서 제일 높고 또 해마다 올린다. 일단 이런 건물에는 들어가지 않는 것이 좋다.

⑰ 보도폭이 좁은 곳

건물의 구조나 대지구조가 고객의 점포 접근을 저해하는 경우가 있다. 고객의 접근을 막는 것 중 하나가 보도폭이다. 그 외에도 점포 전면의 길이, 점포 출입구의 위치와 크기 등도 이에 속한다. 여기서, 점포 앞 보도폭이 좁으면 심리적인 요인으로 인해 빨리 걷게 되어서 시계도 좁아지지만, 보도폭이 좁은 것 자체가 시계를 벗어나게 되어 점포를 그냥 지나치게 된다. 특히 버스정류장 앞의 보도 폭이 좁으면 그 앞 점포에 불리하게 작용한다. 버스를 타기 위해 모여든 사람들 때문에 점포 전면이 차단되는 경우가 많기 때문이다.

chapter 6

—

| 권리금 |

뜨거운 감자,
권리금을 잡아라

01 권리금이 대체 뭐길래

　권리금은 2015년 5월 13일 상가건물임대차보호법 개정에 의해 제도적으로 보장된 금액이다. 상가건물임대차보호법이 개정되기 전까지는 권리금에 대해 명확히 규정된 것이 없었다. 법적 제도적 장치가 없어서 문제의 소지를 안고 있었다. 그동안 점포를 사고팔 때 건물주는 세입자끼리 주고받고 있는 권리금에 대해 어떠한 간섭도 하지 않으며 보호 또한 해주지 않았다. 바로 이 점이 장사를 하려는 사람들로서는 불안하기 짝이 없었던 것이다. 그래서 상가건물임대차보호법을 개정하여 권리금에 대해 다음과 같이 정의하였다.

> 제10조의3(권리금의 정의 등)
> ① 권리금이란 임대차 목적물인 상가건물에서 영업을 하는 자 또는 영업을 하려는 자가 영업시설·비품, 거래처, 신용, 영업상의 노하우, 상가건물의 위치에 따른 영업상의 이점 등 유형·무형의 재산적 가치의 양도 또는 이용대가로서 임대인, 임차인에게 보증금과 차임 이외에 지급하는 금전 등의 대가를 말한다.
> ② 권리금 계약이란 신규임차인이 되려는 자가 임차인에게 권리금을 지급하기로 하는 계약을 말한다.
> [본조신설 2015.5.13.]

권리금이란 무엇인가?

통상 상가 권리금은 세 가지로, '바닥 권리금'(점포의 장소적 이점), '영업 권리금'(장기간 영업하면서 확보한 고객 수, 명성, 노하우 등의 이점), '시설 권리금'(건축물의 구조 변경, 내부 인테리어, 잡기·비품 등 시설 설치비) 등이다.

권리금은 입지 선점에 대한 프리미엄이다

입지 선점에 대한 프리미엄이란 이미 다른 사람이 차지하고 있는 자리를 넘겨받으려면 그만한 대가를 지불해야 한다는 것이다. 그 자리 값에 대한 보상이 프리미엄이다. 이 입지선점에 대한 프리미엄이 이미 지역 골목상권마다 형성되어 있는 권리금이다. 따라서 상권과 입지조건 분석이 매우 중요하다. 장사가 되지 않는 곳은 아무리 시설이 좋고 점포가 커도 소용없다. 이런 곳에 누가 권리금을 주고 들어가겠는가.

권리금은 장사가 되는 곳에 형성된다. 그런데 불황에는 장사가 안 되기 때문에 아예 권리금이 없는 곳이 많다. 유명 역세권 B급지에 있는 점포라도 장사가 안 되어 순수익이 없는 곳도 있다. 그럼에도 불구하고 이런 곳은 권리금이 있다. 이유는 무얼까? 그 장소의 자리 값이다. 속칭 바닥권리라는 것이다. 이러한 상권과 입지조건의 차이가 권리금의 차이로 나타나고 있다.

권리금은 영업권과 시설에 대한 보전금액이다

권리금 산정기준은 '1년 동안의 순수익의 합과 입지조건을 기준으로 점포 크기 및 시설비 등을 감안하여 평가한다.' 여기서 권리금이란 입지조건이 기준이면서 점포를 팔 때 포기해야 하는 1년 동안의 영업수익과 시설비의 합이다. 다시 말해, 점포를 팔지 않고 영업을 계속한다면 그 주인은 계속 수익을 얻는다. 바로 그 포기한 수익을 금전적으로 보상해주는 것, 즉 영업권을 인정한 금액과 인테리어 및 비품 등에 대한 금액(이하 '시설비'라 칭함)까지를 포함한 금액이다. 영업권과 시설비에도 권리금을 인정하지만 이것도 입지에 기초해야 한다.

권리금 회수 기회 보호와 배제 및 권리금의 성격

권리금의 회수기회를 보호받을 수 있다

건물주와 권리금은 사실 전혀 별개였다. 건물주는 임대료만 제때에 받으면 그 점포에 대해 어떠한 권한도 행사해서는 안 된다. 하지만 건물주들이 실제 점포주와 창업 자간에 점포를 인계인수할 때 각종 조건을 내걸어 계약을 무산시키는 경우가 허다하게 발생하였다. 이 점을 해결하려고 2015년 5월 13일 상가건물임대차보호법을 개정하면서 건물주에게 권리금 회수기회 보호 의무를 규정하게 된 것이다.

제10조의4(권리금 회수기회 보호 등)

① 임대인은 임대차기간이 끝나기 6개월 전부터 임대차 종료 시까지 다음 각 호의 어느 하나에 해당하는 행위를 함으로써 권리금 계약에 따라 임차인이 주선한 신규임차인이 되려는 자로부터 권리금을 지급받는 것을 방해하여서는 아니 된다. 다만, 제10조 제1항 각 호의 어느 하나에 해당하는 사유가 있는 경우에는 그러하지 아니하다.
   1. 임차인이 주선한 신규임차인이 되려는 자에게 권리금을 요구하거나 임차인이 주선한 신규임차인이 되려는 자로부터 권리금을 수수하는 행위
   2. 임차인이 주선한 신규임차인이 되려는 자로 하여금 임차인에게 권리금을 지급하지 못하게 하는 행위
   3. 임차인이 주선한 신규임차인이 되려는 자에게 상가건물에 관한 조세, 공과금, 주변 상가건물의 차임 및 보증금, 그 밖의 부담에 따른 금액에 비추어 현저히 고액의 차임과 보증금을 요구하는 행위
   4. 그 밖에 정당한 사유 없이 임대인이 임차인이 주선한 신규임차인이 되려는 자와 임대차계약의 체결을 거절하는 행위

② 다음 각 호의 어느 하나에 해당하는 경우에는 제1항제4호의 정당한 사유가 있는 것으로 본다.
   1. 임차인이 주선한 신규임차인이 되려는 자가 보증금 또는 차임을 지급할 자력이 없는 경우
   2. 임차인이 주선한 신규임차인이 되려는 자가 임차인으로서의 의무를 위반할 우려가 있거나 그 밖에 임대차를 유지하기 어려운 상당한 사유가 있는 경우
   3. 임대차 목적물인 상가건물을 1년 6개월 이상 영리목적으로 사용하지 아니한 경우
   4. 임대인이 선택한 신규임차인이 임차인과 권리금 계약을 체결하고 그 권리금을 지급한 경우

③ 임대인이 제1항을 위반하여 임차인에게 손해를 발생하게 한 때에는 손해를 배상할 책임이 있다. 이 경우 손해배상액은 신규임차인이 임차인에게 지급하기로 한 권리금과 임대차 종료 당시의 권리금 중 낮은 금액을 넘지 못한다.

④ 제3항에 따라 임대인에게 손해배상을 청구할 권리는 임대차가 종료한 날부터 3년 이내에 행사하지 아니하면 시효의 완성으로 소멸한다.

⑤ 임차인은 임대인에게 임차인이 주선한 신규임차인이 되려는 자의 보증금 및 차임을 지급할 자력 또는 그 밖에 임차인으로서의 의무를 이행할 의사 및 능력에 관하여 자신이 알고 있는 정보를 제공하여야 한다.

[본조신설 2015.5.13.]

권리금 회수 기회 보호를 배제받는 경우도 있다

　상가건물임대차보호법이 2015년 5월 13일에 개정되면서 위와 같이 권리금에 대해 건물주의 협력의 의무가 부과되었지만 제10조 1항에 해당하면 협력의 의무가 없다. 즉, 제10조의4(권리금 회수기회 보호 등) ① 임대인은 임대차기간이 끝나기 6개월 전부터 임대차 종료 시까지 다음 각 호의 어느 하나에 해당하는 행위를 함으로써 권리금 계약에 따라 임차인이 주선한 신규임차인이 되려는 자로부터 권리금을 지급받는 것을 방해하여서는 아니 된다. 다만, 제10조 제1항 각 호의 어느 하나에 해당하는 사유가 있는 경우에는 그러하지 아니하다.

제10조(계약갱신 요구 등)　① 임대인은 임차인이 임대차기간이 만료되기 6개월 전부터 1개월 전까지 사이에 계약갱신을 요구할 경우 정당한 사유 없이 거절하지 못한다. 다만, 다음 각 호의 어느 하나의 경우에는 그러하지 아니하다. 〈개정 2013. 8.13.〉

1. 임차인이 3기의 차임액에 해당하는 금액에 이르도록 차임을 연체한 사실이 있는 경우
2. 임차인이 거짓이나 그 밖의 부정한 방법으로 임차한 경우
3. 서로 합의하여 임대인이 임차인에게 상당한 보상을 제공한 경우
4. 임차인이 임대인의 동의 없이 목적 건물의 전부 또는 일부를 전대(轉貸)한 경우
5. 임차인이 임차한 건물의 전부 또는 일부를 고의나 중대한 과실로 파손한 경우
6. 임차한 건물의 전부 또는 일부가 멸실되어 임대차의 목적을 달성하지 못할 경우
7. 임대인이 다음 각 목의 어느 하나에 해당하는 사유로 목적 건물의 전부 또는 대부분을 철거하거나 재건축하기 위하여 목적 건물의 점유를 회복할 필요가 있는 경우
　가. 임대차계약 체결 당시 공사시기 및 소요기간 등을 포함한 철거 또는 재건축 계획을 임차인에게 구체적으로 고지하고 그 계획에 따르는 경우
　나. 건물이 노후·훼손 또는 일부 멸실되는 등 안전사고의 우려가 있는 경우
　다. 다른 법령에 따라 철거 또는 재건축이 이루어지는 경우
8. 그 밖에 임차인이 임차인으로서의 의무를 현저히 위반하거나 임대차를 계속하기 어려운 중대한 사유가 있는 경우

권리금은 살아 움직이는 돈이다

권리금은 매도할 때 매수자에게서 받으므로 거의 보장된 금액이나 마찬가지이다. 한마디로, 살아 움직이는 돈이다. 건물주에게 내쫓기는 경우에는 죽은 돈이 되겠지만 임대차보호법에 의해 보호되고 있다. 다만 '임대인은 임대차기간이 끝나기 6개월 전부터 임대차 종료 시까지 권리금을 지급받는 것을 방해하여서는 아니 된다.'로 규정하고 있어서 그 권리금 회수 기간이 계약종료 6개월 전으로 짧다는 것이 문제이긴 하다. 왜냐하면 '임대차기간이 끝나기 6개월 전부터 종료 시까지'로 규정하고 있는데, 이 기간에만 권리금을 보호받는다는 것이다.

실제 장사가 안 되든 일신상의 변화가 생겼든 어떤 사정이 있어서 점포를 매도하는 것인데, 이때 상가건물임대차보호법에 규정된 기간인 6개월 전부터 종료 시까지의 기간이 아니라고 권리금 회수 기회 보호를 받지 못한다는 것이다. 종료 7개월 전이나 그 이전에 점포를 매도하면서 권리금을 받기로 했는데, 이때 건물주가 권리금 지급받는 것에 대해 방해해도 구제받지 못한다는 것 아닌가. 무언가 어처구니가 없는 일이 아닌가 말이다. 기간은 의미 없는 것이다.

상가건물임대차 보호법 제10조의4(권리금 회수기회 보호 등) 3항과 4항을 보면,

③ 임대인이 제1항을 위반하여 임차인에게 손해를 발생하게 한 때에는 그 손해를 배상할 책임이 있다. 이 경우 그 손해배상액은 신규임차인이 임차인에게 지급하기로 한 권리금과 임대차 종료 당시의 권리금 중 낮은 금액을 넘지 못한다.
④ 제3항에 따라 임대인에게 손해배상을 청구할 권리는 임대차가 종료한 날부터 3년 이내에 행사하지 아니하면 시효의 완성으로 소멸한다.

세입자의 손해 배상액은 임대차 계약 종료 시점의 권리금과 새로운 세입자가 내기로 한 권리금 중 낮은 금액 이하에서 법원이 결정하는데, 임대차 계약 종료시점의 권리금을 감정평가하는 절차와 방법 등에 관한 기준은 국토교통부 장관이 고시하도록 돼 있다.

'감정평가 실무 기준 개정안'을 보면, 권리금 산정의 방식이 나와있다. 영업시설 등의 유형재산을 감정평가할 때는 원가법을 적용하도록 했고, 원

가법 적용이 부적절한 경우 거래사례비교법으로 감정평가하도록 했다. 거래처·신용 등의 무형재산을 감정평가할 때는 수익환원법을 적용하되, 수익환원법 적용이 어려우면 거래사례비교법이나 원가법으로 감정평가하도록 했다.

수익환원법은 매출액과 영업경비 등을 고려해 산출된 예상 영업이익을 현재가치로 환산한 것이고, 거래사례비교법은 인근 점포의 권리금 거래실태와 수준을 고려하여 비교하는 방법이다. 이처럼 국토교통부는 상가 권리금의 정의와 유사한 방식으로 각 권리금 종류별 산정방법의 큰 틀을 내놓았으나 명확히 제시하지는 못하고 있다. 결국은 지금까지 통상적으로 해오고 저자가 제안했던 권리금 산정기준과 유사할 수밖에 없을 것이다.

그래서 지금까지 통상적으로 해왔던 권리금 산정기준에 대해 설명한다.

권리금 산정기준

권리금은 '1년 동안의 순수익의 합과 입지조건을 기준으로 점포크기 및 시설비 등을 감안하여 평가한다.' 점포를 보면 권리금이 가지각색이다. 권리금이 없는 것도 있고, 어떤 것은 몇 억까지도 한다. 이 권리금이 이 점포에 합당한지, 터무니없는 금액인지 알 길이 없다. 하지만 깊이 있게 보면 권리금도 일정한 원칙 아래에서 움직인다는 사실을 알 수 있다. 장사가 안되는 점포에 권리금이 있을 리 없고, 장사가 잘되는 점포에 권리금이 없을 리 없다.

권리금 산정근거

파는 사람의 기회비용인 '1년 동안의 순수익'

점포를 파는 사람은 다음과 같은 것을 포기한다. 점포를 팔지 않고 장사를 계속할 경우에 벌어들일 수 있는 영업수익이 그것이다. 매도자가 점포를 처분함으로써 발생하는 기회비용이 곧 권리금으로 보전되는 것이다.

여기서 1년이란, 파는 사람이 영업을 계속한다고 가정했을 경우 영업이 보장되는 기간이다. 경우에 따라 다르지만 점포는 통상 1년 단위로 임대차기간을 정한다. 상가건물임대차보호법 제9조 1항에 '기간의 정함이 없거나 기간을 1년 미만으로 정한 임대차는 그 기간을 1년으로 본다.'고 한 이유가 무엇이겠는가. 물론 임대차기간은 특별한 사유가 없으면 최초계약일로부터 10년간 계약이 갱신되어 보호를 받는다.

점포매도자가 법적으로 영업을 보장받는 임대차 계약기간 동안은 수익역시 보장된 것이다. 하지만 계약기간이 보호되는 10년이 아니라 최소한의 계약기간 동안의 수익, 즉 1년 동안의 수익을 권리금으로 보전해 주는 것이다.

상권의 좋고 나쁜 기준인 '입지조건'

장사가 잘되면 당연히 순수권리금, 즉 1년 동안의 순수익으로 권리금을 평가한다. 장사가 잘되는 곳은 대체로 입지조건이 좋은 곳이라 1년 동안의 순수익을 그대로 권리금으로 평가한다.

그런데 장사가 안되는 경우에는 사정이 다르다. 장사가 안되는 경우 입지조건이 좋은 경우가 있고, 안 좋은 경우도 있을 수 있다. 장사가 안되면 순수익이 거의 없으므로 권리금을 1년 동안의 순수익으로 평가할 수는 없다. 이때 바로 입지조건을 기준으로 평가한다.

입지조건이 좋으면 시설비(엄밀히 말하면 '바닥권리')를 인정받으나, 입지조건이 나쁘면 시설비도 아예 받지 못한다. 즉, 무권리가 된다. 이와 같이 입지조건은 장사가 안 되어 순수익이 없는 점포에서는 권리금 평가의 절대적 기준이다.

매출액에 영향을 미치는 '점포 크기'

점포 크기는 매출에 영향을 미친다. 너무 작거나 커도 점포로써는 좋지 않다. 너무 작으면 아무리 노력해도 일정 한도 이상의 매출을 올릴 수 없고, 너무 커도 무한정 손님을 받을 수 없으므로 투자 대비 수익률이 오히려 떨어진다. 이상적인 점포 크기는 $33\sim100m^2$(10~30평) 사이로, 매출액과 투자 대비 수익률이 좋기 때문에 권리금을 산정할 때 높은 평가를 받는다.

시설의 차이 '시설비'

수익이 있는 점포는 순수권리금에 보통 시설비가 포함된다. 즉, 순수권리금 따로, 시설비 따로 계산하지는 않는다. 단 고급재로 시설을 했을 경우에는 그 차액만큼 인정해준다. 장사가 안 되어 수익이 없을 때는 입지조건이 좋으면 시설비만이라도(실은 바닥권리) 권리금으로 계산할 수 있다. 또한 장사가 아주 잘되는 점포는 예외적으로 순수권리금 외에 시설비를 더 인정해 주기도 한다.

아무리 장사가 안되는 점포일지라도 시설비가 들지 않은 점포는 없다. 빈 땅에서 헤엄칠 수 없듯이 빈 점포에서 장사를 할 수는 없다. 당연히 업종에 맞는 시설을 갖추어야 한다. 그뿐인가? 각종 집기와 비품, 간판, 광고 선전비 등 이루 말할 수 없는 경비가 들어간다. 이미 장사를 하고 있는 점포에는 그러한 시설들이 다 되어 있다. 그러므로 낡았으면 낡은 만큼 감가상각해서 계산한다. 또한 전 주인이 영업을 궤도에 올리기 위해 기울인 노력을 감안하여 입지조건이 좋으면 시설비만이라도 보전해주는 것이 합리적이다.

여기에서도 알 수 있듯이 '입지조건'이 장사를 하는 데에 있어서도, 권리금 평가에 있어서도 얼마나 크게 영향을 미치는지 깨닫기 바란다.

쉬어가기   시설 집기비품의 감가상각기간은 통상 3년

시설은 보통 3년 정도를 내용연수로 하여 감가상각한다. 물론 소상공인시장진흥공단은 감가상각기간을 5년으로 보기도 한다. 이처럼 어떤 명확한 기준이 있는 것은 아니지만 대개 다음과 같은 이유로 3년 정도를 내용연수로 본다.

- 3년 정도면 시대의 흐름이 달라져 손님들의 소비성향과 취향도 변하므로 실내 인테리어도 바꿔주어야 한다.
- 3년이 되면 시설이 낡고 퇴색해 시설을 교체해야 한다.
- 한 사람이 한 장소에서 3년 정도 장사를 했다면 그 시설로 충분히 수익을 올렸다고 본다. 또한 사람들은 보통 3년이면 그 장소에서, 그 장사를 계속하는 것에 싫증내는 경향이 있어 교체시기로 보기도 한다.

권리금은 1년 동안의 순수익의 합과 시설비를 합쳐 계산한다. 그렇다면 거꾸로 권리금을 보고 1년 동안의 순수익과 월 순수익도 알 수 있지 않을까?

잘되는 업소를 유심히 보면 대부분 장소가 좋다. 상권이 좋은 A급지라는 뜻이다. 이렇게 목이 좋은 곳은 특히 불황기 때 톡톡히 그 구실을 한다. 이러한 곳의 권리금은 호황일 때나 그다지 차이가 없다. 월 순수익이 좋기 때문에 급하게 팔 이유가 없다. 받고자 하는 금액을 다 받을 수 있다.

그러나 목이 나쁜 곳을 보라. 특히 주택지 상권의 C급지나 신도시 상권의 C급지 등은 장사가 안되기 때문에 아예 권리금이 없는 곳이 많다. 최근에는 일부 유명상권 B급지, C급지 같은 곳에서 종종 권리금 없이 점포를 매도하려는 곳이 생기고 있다. 이런 곳은 장사가 안되기도 하지만 앞으로도 힘들 것이라고 여겨 업주가 아예 포기했기 때문이다.

여하튼, 권리금을 보면 월 순수익을 알 수 있다. 예를 들어 신촌 상권 A급지 1층 33㎡ 크기의 점포가 고급재 시설을 하였는데, 권리금 1억 3천만 원에 매물로 나왔다고 해보자. 이 권리금 속에 1년 동안의 수익과 시설비가 들어 있는 것이다. 그렇다면 총 권리금 1억 3천만 원에서 시설비 3천~4천만 원을 빼면 9천만~1억 원이 된다. 이것이 바로 1년 동안의 순수익이다. 따라서 월 순수익은 700~800만 원이다.

여기에서 우리는 이 권리금이 합당한 것인지 아닌지를 판단할 수 있다. 월 순수익 700만 원 정도가 확실히 보장되고 있는 점포라면 당연히 권리금을 주더라도 점포를 구입해야 한다.

한편, 위의 예에서 보면 투자 대비 수익률도 알 수 있다. 위의 점포는 보증금(5천만~7천만원), 권리금(1억 3천만 원), 시설 개·보수비(3천만~5천만 원) 합쳐 약 2억 3천만 원대의 투자비가 든다. 월 순수익 700~800만 원이므로 투자 대비 수익률은 약 3~4% 정도가 되는데 매우 양호한 점포이다. 이와 같은 투자 대비 수익률이라면 당연히 좋은 입지의 점포라는 뜻으로 점포를 구입해도 좋다.

03 적정권리금을 산정하는 방법

적정권리금을 도출하기 위해서는 권리금 산정방법에 의한 권리금과 실제 이미 형성되어 있는 1층, 33㎡ 크기의 상권별 권리금을 활용하여 조율해야 한다. 물론, 권리금은 점포 크기나 층별에 따라서도 달라지므로 그 모든 상황에 맞게끔 권리금을 산정할 수 있어야 한다.

> • 권리금 산정기준에 의해 권리금 산정 : 1년 동안의 수익과 입지조건, 점포 크기, 층별 등을 적용한 권리금 (권리금 산정기준에 의한 것)
> • 이미 형성된 권리금 : 상권별 권리금 현황과 점포 크기(33㎡), 층별 (1층) 적용한 권리금
> → 상기 두 가지를 조율한 권리금이 적정권리금

권리금 산정방법에 의해 도출하기

입지조건이 좋으면 장사를 못 하려고 작정하지 않은 이상 대부분 장사가 잘 된다. 그런데도 종종 장사를 못 해 그럭저럭 유지나 하는 경우도 있고,

아예 손해를 보고 있는 경우도 있다. 반대로 입지조건이 나쁜데도 장사수완이 좋아서 잘되는 경우도 있다. 그러나 입지조건이 나쁘면 태반은 장사가 안 된다. 아무리 노력해도 근본적으로 되지 않을 장소이니 어쩌겠는가?

이처럼 입지조건에 따라서 여러 가지 상황이 발생하는데, 바로 이 입지조건과 상황에 따라 권리금 산정방법이 달라진다. 입지조건별 권리금 산정방법을 체득한다면 A급 점포도 비교해 선정할 수 있는 능력이 생기며, 결국은 장사에서도 성공할 것이다. 먼 훗날 점포를 매도할 때도 권리금에서 손해는커녕 큰 이익을 남기게 됨은 불문가지이다.

입지조건이 좋고 나쁨에 따라서 권리금 산정방법은 이처럼 달라진다. 장사가 안되어 그럭저럭 유지하고 있는 경우에 입지조건이 좋은 것인지 나쁜 것인지를 파악해야 한다.

| 입지조건별 권리금 산정방법 6가지 |

구분 조건	상황	권리금 산정방법	
입지 조건이 좋은 경우	장사가 잘된다.	순수권리금+시설비	①
	장사가 안되어 손익분기점에 있다.	약간의 순수권리금+시설비 (주변 점포들의 순수익 감안 산정)	②
	장사가 안되어 손익분기점 이하에 있다.	약간의 시설비(일종의 바닥권리)	③
입지 조건이 나쁜 경우	장사가 잘된다.	주변 점포들의 순수익 감안 산정 (경영능력 그대로 평가해서는 안 된다.)	④
	장사가 안되어 손익분기점에 있다.	약간의 시설비(일종의 바닥권리)	⑤
	장사가 안되어 손익분기점 이하에 있다.	아예 시설비도 없다.	⑥

예를 들어 보자. ⑤번처럼 입지조건이 나빠 장사가 안 되어 손익분기점에 있는 점포는 약간의 시설비 정도가 권리금이다. 만약 입지조건이 좋은데 이와 같이 손익분기점에 있다면 권리금은 어떻게 될까? ②번에서 본 대로 입지조건이 좋은 관계로 약간의 순수권리금(주변점포들의 순수익을 감액 산정)과 시설비가 포함된다. 이 차이는 실로 엄청나다.

여기서 입지조건이 나쁜 경우에 해당되는 것은 역세권 C급지나 주택지 상권 C급지 또는 일부 주택지 상권 B급지이며, 아파트단지 내 상권 B, C급지도 거의 이 경우에 속한다.

사례 **권리금 산정 사례**

합정역 홍대 방면 첫 골목 초입(A급지)에 점포 크기가 33㎡ 정도인 분식점이 매물로 나왔는데, 매달 순수익이 700만~800만 원 정도이다. 이곳의 권리금은 얼마나 될까? 시설이 보통인 경우와 고급재(시설비 2천만 원, 본인 직접 시공)를 사용하고 1년 정도 됐을 경우로 나누어 산정해보라.

이 경우 순수권리금 '1년 동안의 순수익'과 함께 '시설비'도 인정해준다. 즉 권리금 산정방법 ① 입지조건이 좋고 장사가 잘되는 점포 : 순수권리금 + 시설비에 해당된다. 여기서 산정한 권리금과 뒤에 설명하는 이미 형성된 권리금을 조율한 것이 적정권리금이다.

이와 같이 권리금을 제대로 평가받는 곳은 유명상권 안의 B급지 이상이다. 주택지 상권의 A급지와 아주 번성하고 있는 주택지 상권의 B급지도 여기에 해당된다. 유명상권의 C급지는 장사가 잘될 수도 있지만 절대적인 입지조건이 나빠 여기에 해당되지 않는다.

⇒ "1년 동안의 순수익" : 700만~800만 원 ×12개월 = 8,400만~9,600만 원

⇒ "시설비"
- 보통 시설의 경우 : 1,500만 원 정도 (3.3㎡당 150만 원)의 시설비를 상정하여 감가상각한다. 현실적으로는 처음 들인 시설비의 반액 이상을 1년 사이에 상각한다. 따라서 잔존 시설비 750만 원 이하이다.
- 고급재를 사용한 경우 : 감가상각액은 시설비의 1/3이다. 따라서 잔존 시설비는 1,400만 원 정도이다.

⇒ 권리금 산정방법에 의해 도출된 권리금
- 보통 시설의 경우 : 1년 동안의 순수익(8,400만~9,600만 원)+시설비(750만 원) ≒ 9,150만~1억 350만 원
- 고급재를 사용한 경우 : 1년 동안의 순수익(8,400만~9,600만 원)+시설비 (1,400만 원) ≒ 9,800만~1억 1,000만 원

이미 형성된 상권별 권리금

| 상권 입지단계별 임대가와 권리금 |

점포 숫자	상권력	입지 수준	3.3㎡당 (평당) 분양가	3.3㎡당 (평당) 임대가	보증금	월 임대료	권리금	비고
역세권	상권 매우 좋음	A	최근 역세권 신규상가	2,000 이상	5,000	300	1억 5천	신도시 중심 상권 제외
		B	분양가가 높아서 비교	1,200 내외	4,000	160	8,000	
		C	어려움	800	2,000	120	4,000	
점포 수 70~80개 이상인 주택지 상권	주택지 상권 중 상권 매우 좋음	A	3,000 내외	1,200 이상	4,000	160	8,000	
		B	1,500 내외	800	2,000	120	4,000	
		C	600 이상	400	1,000	60	2,000 이하	
점포 수 40~50개인 주택지 상권	상권 좋은 편임	A	1,500 내외	800	2,000	120	4,000	
		B	800 이상	400	1,000	60	2,000	
		C	400~500	200	500	30	500 이하	

앞에서 살펴본 권리금 산정기준과 방법을 활용하면 권리금이 얼마인지를 알아볼 수 있다. 어떤 점포이든 일일이 체크해가면서 구체적이고 세부적으로 파악하면 된다. 하지만 전혀 모르는 점포에 가서 월 수익이 어느 정도인지 점포 주인에게 하나하나 물어보고 확인할 수는 없지 않은가. 이처럼 일일이 파악하지 않고도 대략적이나마 한눈에 권리금을 알아볼 수 있는 방법은 없을까? 다행히도 있다.

어느 지역이든 일정 범위 내 같은 조건에 있는 점포들의 경우 비슷한 권리금이 형성되어 있다. 바로 이것이다. '권리금 시세에 의해 이미 형성된 권리금'이란 상권마다 이미 형성되어 있는 대략적인 권리금을 말한다. 자료에서 제시한 금액은 현재 이루어지고 있는 대략적인 권리금이다.

물론 점포마다 입지조건이 다르듯 권리금이 조금씩 다르기도 하지만 하나의 기준이 되므로 큰 도움이 된다. 따라서 실제 점포를 구입할 때 대략적인 것은 이미 형성된 권리금 현황에서 알아본 뒤, 앞에서 배운 권리금 산정 방법대로 권리금을 산정하여 적정하게 도출하면 실수하지 않을 것이다.

제시되어 있는 권리금은 편의상 지상 1층 $33m^2$(10평)를 기준으로 했다. 지상 1층의 점포는 거의 대부분 $33m^2$(10평) 내외이다. 따라서 가장 쉽게 접하는 1층 $33m^2$(10평) 점포를 기준으로 상권별 권리금 현황을 제시한 것이다.

한편, 위의 임대가는 현재 고평가 되어있는 임대가보다 훨씬 저렴하다. 그 이유는 이렇다. 신규 상가들의 분양가가 너무 높게 책정되다 보니 임대가도 덩달아 높게 책정되고 있다. 이러한 신규 상가의 고임대가가 기존 상가의 임대료를 높이는 역류현상이 벌어지면서 지금의 고임대가를 형성하고 있다. 이러한 고임대가 하에서는 창업자들의 사업성은 요원하다. 따라서 창업자의 사업성이 있으려면 위에서 제시한 임대가가 타당하므로 여기까지 임대료가 떨어지길 바라는 염원을 담았다.

chapter 7

—

| 창업 숫자 |

창업은
숫자가 기본이다

골목 장사도 사업이다. 감성이 아니라 숫자로 접근해야 한다. 창업에서 예상매출액 산정과 투자대비수익률분석 및 손익분기분석을 통한 사업타당 성분석 등 숫자로 파악할 것은 의외로 많다.

예상매출액 산정서

가맹사업거래의 공정화에 관한 법률의 개정에 의해 '예상매출액 산정서' (2013.8.13 신설, 2014.2.14. 시행)를 가맹본부가 가맹점 희망자에게 서면 으로 제공하게 되었다. 그렇다면 예상매출액은 어디에서 나올까? 이에 대 한 해답이 2014년 2월 27일 공정거래위원회 홈페이지 공지사항에 떴다. 가 맹사업거래의 공정화에 관한 법률 개정에 의한 '예상매출액 산정서의 표준 양식에 관한 규정'이다.

여기서 예상매출액의 산정기준은 오로지 상권과 입지이다. 이 기준에서 열심히 한다면 최고액은 기준매출액(상권과 입지에 기인한 매출액) + 25.9%이고, 운영을 못 한다면 기준매출액(상권과 입지에 기인한 매출액) - 25.9%이다. ±25.9%가 바로 아이템의 차별화와 서비스나 마케팅 등 경영능력분이다. 그리고 나머지 74.1%가 상권과 입지분이다. 그만큼 상권과 입지가 창업에서 중요하다는 것을 명심하기 바란다.

물론 가맹본부들이 '예상매출액 산정서의 표준양식에 관한 규정'을 잘 지켜서 예상매출액 산정서를 제공하고 있다면 더 이상 바랄 것이 없겠지만 실상은 그러하지 못하다. 가맹점수가 100개 이상, 또는 연매출액이 200억 이상이거나 직원 수가 200명 이상이면 의무적으로 제공해야 한다. 여기에 포함되지 않는 가맹본부도 예상매출액을 제공하는 것이 맞다. 자기네 점포 입지도 분석하지 못하는 가맹본부는 본부 자격이 없다. 가맹본부 외에 창업 관련업에 종사하는 모든 (예비)창업자나 창업컨설턴트들도 알고 있어야 한다.

예상매출액은 첫째, 가맹본부 예측에 의한 방식(가맹사업법 시행령 제9조 제3항에 의한 방식) 4방식 중 택일하든지, 둘째, 인근 가맹점 매출액을 활용한 방식(가맹사업법 시행령 제9조 제4항에 의한 방식)으로 하든지 가맹본부가 선택하면 된다.

예상매출액산정서의 표준 양식에 관한 규정

예상매출액 산정서의 표준양식에 관한 규정 (1)

제정 2014. 2. 27.

제1조(목적) 이 규정은 「가맹사업거래의 공정화에 관한 법률」(이하 "법"이라 함) 제9조 (허위·과장된 정보제공 등의 금지) 제7항의 규정에 의한 예상매출액 산정서의 표준양식을 정하여 가맹본부 또는 가맹본부로 구성된 사업자단체에게 그 사용을 권장함으로써 가맹희망자나 가맹점사업자에게 실효성이 있는 예상매출액 산정서를 제공하고 가맹본부의 업무편의를 높이며 나아가 가맹사업의 공정한 거래관행 정착을 목적으로 한다.

제2조(용어의 정의) 이 규정에서 "예상매출액 산정서"란 가맹본부 또는 가맹본부로 구성된 사업자단체에게 그 사용이 권장되는 예상매출액 산정서 표준양식으로 법 제9조 제5항 및 같은 법 시행령 제9조(예상수익상황에 대한 정보 제공 등) 제3항 또는 제4항의 내용을 포함한 것을 말한다.

제3조(예상매출액 산정서 작성원칙) 가맹본부는 다음 각 호의 원칙에 따라 예상매출액 산정서를 작성한다.

1. 가맹희망자가 이해하기 쉽도록 명확하면서도 구체적으로 예상매출액산정서를 작성하여야 한다.
2. 예상매출액 산정서는 읽는 사람의 이해를 쉽게 하기 위하여 표, 그림 등 시각적 효과를 높이는 도구를 가능한 많이 사용하고, 예상매출액의 범위 등 중요한 내용은 별도의 색상, 글꼴, 글씨 크기 등으로 작성하여야 한다.
3. 예상매출액의 범위는 객관적이고 구체적인 근거를 통해 산출하여야 하며, 산출근거의 항목 및 내용을 명확하게 작성하여야 한다.

제4조(예상매출액 산정서 이용) ① 예상매출액 산정서는 별지 서식과 같다.

② 가맹본부는 예상매출액 산정서의 내용을 자신이 영위하는 가맹사업에 맞도록 수정하여 사용할 수 있으나, 법 및 같은 법 시행령에서 규정한 사항을 위반하여서는 아니 된다.

부칙 〈2014.2.27.〉

이 규정은 2014년 2월 28일부터 시행한다.

[가맹희망자가 운영하게 될 영업표지(브랜드명)]

예상매출액 산정서

[가맹본부명]은 「가맹사업거래의 공정화에 관한 법률」제9조 제5항의 규정에 따라 20 년 월 일 [가맹희망자] 귀하에게 이 예상매출액 산정서를 교부합니다.

20 . . .

[가맹본부명]

예상매출액 산정서 교부 확인서

본인 [가맹희망자]은 「가맹사업거래의 공정화에 관한 법률」제9조 제5항의 규정에 따라 [가맹본부명]가 본인에게 제공한 예상매출액 산정서(예상매출액의 범위 및 그 산출근거 포함)를 20 년 월 일[교부장소]에서 교부받았습니다.

가맹희망자 주소 :

전화번호 :

성명 :   (인)

가맹본부   주소 :

대표이사 :   (인)

〈작성시 유의사항〉

예상매출액 산정서(예상매출액의 범위 및 그 산출근거) 제공받았다는 사실, 제공받은 일시 및 장소, 가맹희망자의 성명, 주소 및 전화번호, 가맹희망자의 서명 또는 기명날인 은 가맹희망자의 자필로 작성하시기를 권장합니다.

〈 가맹희망자는 아래 사항에 유의하시기 바랍니다. 〉

① 이 산정서는 귀하께서 체결하려는 가맹계약 및 해당 가맹사업 예상매출액의 범위 및 산출근거 정보를 담고 있으나, 가맹본부의 자료에 기초하여 작성된 것이므로 사전에 내용의 타당성을 충분히 파악한 후에 계약체결 여부를 결정하시기 바랍니다.

② 이 산정서는 가맹계약 체결일인 20   년   월   일 기준으로 작성(작성자 : 홍길동, ☎ 00-000-0000)되었습니다.

③ 이 산정서에 기재된 예상매출액 범위는 가맹계약 체결 후 상권변화, 제품 수요 변화, 가맹점사업자의 노력 등의 사유로 변동될 수 있음을 유의하시기 바랍니다.

④ 이 산정서에 기재된 사항 중 (   )은 당사 또는 당사 가맹점사업자(이하 "당사 등"이라 함)의 영업 비밀에 해당되며, 당사 등의 동의 없이 위 영업 비밀에 해당하는 사항을 이 산정서의 타당성 검토 목적 이외의 다른 용도로 활용하실 수 없습니다. 귀하께서 이를 위반하여 당사 등에게 손해가 발생할 경우 이에 대한 책임을 부담하실 수 있음을 유의하시기 바랍니다.

1. 점포 예정지에 관한 사항

1) 주소 : ○○시 ○○구 ○○로 ○○

2) 기존 업종(상호) : ○○○○

3) 점포 규모

층구조	계약면적	전용면적	전면길이	측면길이
(예시) 1F	㎡	㎡	m	m

4) 임차 조건

보증금	권리금	월 임차료	월 관리비
천 원	천 원	천 원	천 원

* 임차조건은 20   년   월   일 기준으로 작성되었으며, 실제 임대차 계약시 임차조건이 변동될 수 있음을
유의하시기 바랍니다.

5) 점포 예정지 모습

건물(점포) 전면 사진	건물(점포) 측면 사진

2. 주변 상권에 관한 사항

1) 상권형태 : (예시) 도심권 오피스, 역세권 오피스, 아파트 주거지 등

2) 주변 주요 시설물 현황

구분(시설물명)	입주/운영현황	업종
○○○타워	AAA 외 ○○개 업체 입주	오피스
AAA회관	임대형 오피스텔	
BBB아파트	○○○세대	주거지

3) 주변 주요 경쟁점 현황

구분	영업개시일	점포 전용면적	주력 상품	이격거리
당사 ○○점		m²		m
경쟁사 ○○점				

〈작성시 유의사항〉
○ 이격거리는 직선거리를 기재하는 것을 원칙으로 하되, 도보거리로 영업지역을 설정하는 업종의 경우 도보거리를 기재할 수 있습니다. 이때 직선거리 또는 도보거리로 기재하였음을 명시하여야 합니다.
○ 경쟁사 점포의 경우 기재 가능한 항목을 기재하되, 주력상품 및 이격거리는 반드시 기재합니다.

4) 상권규모 및 점포예정지의 상권 내 위치

〈작성시 유의사항〉
점포예정지의 유동인구 주동선내 위치여부 및 유동인구 수, 유동인구의 집중성, 주요 고객층 등을 고려하여 구체적으로 작성하시기 바랍니다.

5) 상권 입지조건 분석도
점포예정지, 가맹희망자의 영업예정지역, 주변 주요 시설 및 경쟁점의 위치를 아래 그림에 표시하였습니다.

3. 예상매출액에 관한 사항

1) 가맹본부 예측에 의한 방식(가맹사업법 시행령 제9조 제3항에 의한 방식)
   가. 예상매출액의 범위(영업개시일 이후 1년간)
   - 최고액 : (예시) 17,000천 원[VAT 포함(별도)](최고액은 최소액의 1.7배)
   - 최저액 : (예시) 10,000천 원[VAT 포함(별도)]

<작성시 유의사항>

예상매출액의 범위(최고액와 최저액)의 표시가 선명하게 부각되도록 글자크기를 크게 하고, 글자를 고딕체로 하여 색도를 진하게 하여야 하며, 숫자는 붉게 표시합니다. 또한 부가가치세 포함 여부를 기재합니다.

   나. 예상매출액 범위의 산출근거 (구체적 산출방식을 설명)

<예시 1>

① 당사에서 예상한 귀하의 점포 예정지 매출액의 범위는 다음 ②의 평균매출액에 (±25.9%)를 곱하여 산출한 것(산출한 매출액과 평균매출액을 더하고 뺀 매출액으로 변경)입니다. 가맹사업거래의 공정화에 관한 법률 제9조 제5항 및 같은 법 시행령 제9조 제3항의 규정에 따르면 예상매출액의 최고액은 최저액의 1.7배를 초과하지 않도록 되어 있으며, 이 규정에 따른 최대 비율이(±25.9%)입니다.

② 평균매출액이란 귀하의 점포 예정지와 점포 및 상권형태*가 가장 유사한 당사 00개 가맹점의 직전 사업연도 1년간의 POS(Point of Sales)상의 평균매출액(VAT 포함 또는 별도)을 말합니다.

* 위 1. 점포예정지에 관한 사항 및 2. 주변 상권에 관한 사항 참조

○○개 가맹점의 직전 사업연도 평균매출액 현황(단위 : 천 원, VAT 포함 또는 별도)

구분	A점	B점	C점	D점	평균
매출액					

<예시 2>

① 당사에서 예상한 귀하의 점포예정지의 매출액의 범위는 다음 ②의 산식에 따라 산출된 매출액에(±25.9%)를 곱하여 산출한 것입니다. 가맹사업거래의 공정화에 관한 법률 제9조 제5항 및 같은 법 시행령 제9조 제3항의 규정에 따르면 예상매출액의 최고액은 최저액의 1.7배를 초과하지 않도록 되어 있으며, 이 규정에 따른 최대 비율이(±25.9%)입니다.

② 매출액 : 당사가 직전 사업연도 1년간 귀하의 점포 예정지와 점포 및 상권형태*가 가장 유사한 ○○개의 가맹점에게 공급하는 평균 물품공급액(○○,○○○천 원, VAT 포함 또는 별도) × 추정비율(%)

* 위 1. 점포예정지에 관한 사항 및 2. 주변 상권에 관한 사항 참조

○○개 가맹점의 직전 사업연도 평균 물품공급액 현황(단위 : 천 원, VAT 포함 또는 별도)

구분	A점	B점	C점	D점	평균
매출액 (물품공급 액 변경)					

③ 당사가 보유한 가맹점사업자 원가분석 자료에 따르면 가맹점사업자의 매출액에서 물품공급액이 차지하는 비율이 (%)이므로 추정비율이 (%)가 됩니다.

<예시 3>

① 당사에서 예상한 귀하의 점포예정지의 매출액의 범위는 다음 ②의 산식에 따라 산출된 매출액에(±25.9%)를 곱하여 산출한 것입니다. 가맹사업거래의 공정화에 관한 법률 시행령 제9조 제3항의 규정에 따르면 예상매출액의 최고액은 최저액의 1.7배를 초과하지 않도록 되어 있으며, 이 규정을 준수하기 위한 최대 비율이(±25.9%)입니다.

② 매출액 : 영업시간(○○시간) × 귀하의 점포 예정지의 시간당 유동인구(○○,○○○명) × 고객 내점율(○.○○%) × 고객 실구매율(○○.○○%) × 고객 1인 1회 구매금액(○○,○○○원) × 365일

③ 시간당 유동인구는 소상공인진흥원의 상권 분석시스템(지방자치단체의 지능형도시정보시스템 등)을 통해 산출하였고, 고객 내점률, 고객 실구매율 및 고객 1인 1회 구매금액은 직전 사업연도 당사 가맹점 평균으로 산출하였습니다.

〈예시 4〉

① 당사에서 예상한 귀하의 점포예정지의 매출액의 범위는 다음 ②의 산식에 따라 산출된 매출액에(±25.9%)를 곱하여 산출한 것입니다. 가맹사업거래의 공정화에 관한 법률 제9조 제5항 및 같은 법 시행령 제9조 제3항의 규정에 따르면 예상매출액의 최고액은 최저액의 1.7배를 초과하지 않도록 되어 있으며, 이 규정에 따른 최대 비율이(±25.9%)입니다.

② 매출액 : 귀하의 점포 예정지와 점포 및 상권형태*가 가장 유사한 당사의 ○○개 가맹점의 직전 사업연도 1년간의 가맹점 POS(Point of Sales)상의 평균매출액 × 입지여건 가중치(%) × 경쟁강도 가중치(%)

* 위 1. 점포예정지에 관한 사항 및 2. 주변 상권에 관한 사항 참조

○○개 가맹점의 직전 사업연도 평균 매출액 현황(단위 : 천 원, VAT 포함 또는 별도)

구분	A점	B점	C점	D점	평균
매출액					

③ 당사는 입지여건에 대한 가중치를 다음과 같이 산정합니다. 보증금 또는 권리금의 주변 시세 대비 귀하의 점포 예정지의 월 임대료를 파악하여 A등급에서 D등급으로 분류하고 ○○%에서 ○○○%의 범위로 등급별 가중치를 설정하고 있습니다. 귀하의 점포 예정지의 입지여건은 (   )등급입니다.

④ 당사는 경쟁강도에 대한 가중치를 다음과 같이 산정합니다. 귀하의 점포 예정지 주변 상권 내 경쟁점포 수에 따라 A등급에서 D등급으로 분류하여 ○○%에서 ○○○%의 범위로 가중치를 설정하고 있습니다. 귀하의 점포 예정지의 경쟁강도는 (   )등급입니다.

㉮ 가맹사업거래의 공정화에 관한 법률 제9조 제5항 및 같은 법 시행령 제9조 제3항의 규정에 따라 예상매출액의 최고액은 최저액의 1.7배를 초과할 수 없으므로, 최고액은 최저액의 1.7배 이내로 작성하시기 바랍니다.

㉯ 다음과 방식으로 예상매출액의 범위를 제공하는 경우 허위·과장정보 제공행위에 해당될 수 있음을 유의하시기 바랍니다.

　㉠ 〈예시 1 및 2〉와 관련하여 가맹희망자의 점포 예정지와 점포규모(점포 면적, 층구조, 보증금, 권리금) 또는 상권형태가 다른 가맹점을 포함하는 방식 등

　㉡ 〈예시 2〉와 관련하여 최근 3년간 가맹본부가 가맹점사업자에게 공급한 물품공급액이 가맹점사업자의 매출액에서 차지하는 비율에 상당한 변동이 있었음에도 이를 반영하지 않는 방식 등

　㉢ 〈예시 3〉과 관련하여 시간당 유동인구, 내점률, 실제 구매율, 1인 1회 고객 구매금액을 사실과 다르게 적용하거나 과장하여 적용하는 방식 등

　㉣ 〈예시 4〉와 관련하여 입지여건 및 경쟁강도에 대한 등급별 가중치를 사실과 다르게 적용하거나 과장하여 적용하는 방식 등

　㉤ 〈예시 1 내지 4〉 이외의 방식과 관련하여 사실과 다르거나 객관적인 근거가 없이 예상매출액의 범위를 산출하는 방식 등

㉰ 위 3. 1). 나. 예상매출액 범위의 산출근거에서 기존 가맹점에 대한 자료를 사용하는 경우 가맹희망자가 기존 가맹점의 점포명을 요청하는 때에는 기존 가맹점사업자가 동의하는 경우 이를 제공할 수 있습니다.

㉱ 가맹본부는 위 3. 1). 나. 예상매출액 범위의 산출근거에서 사용된 산출근거와 관련된 세부자료를 사무실에 비치하시기를 권장합니다. 공정거래위원회가 가맹사업거래의 공정화에 관한 법률 제9조 제1항 위반여부를 심사하기 위한 절차를 개시하는 경우 법 위반 여부를 판단하는 중요 요소 중의 하나가 예상매출액의 범위를 산출한 근거의 객관성 여부입니다. 만일 가맹본부가 산출근거의 객관성을 입증할 수 있는 세부자료를 비치하지 않을 경우 객관적 근거가 없이 예상매출액을 과장하여 가맹희망자에게 제공한 것으로 판단될 여지가 있음을 유의하시기 바랍니다.

2) 인근 가맹점 매출액을 활용한 방식(가맹사업법 시행령 제9조 제4항에 의한 방식)

가. 직전사업연도 인근 가맹점 매출환산액의 범위

- 최고액 : 전용면적 $1m^2$ 당 ○,○○○천 원

　[직전 사업연도에 발생한 매출액 ○○○,○○○천원]

- 최저액 : 전용면적 $1m^2$ 당 ○,○○○천 원

　[직전 사업연도에 발생한 매출액 ○○○,○○○천원]

㉮ 인근 가맹점 매출환산액의 범위(최고액와 최저액)의 표시가 선명하게 부각되도록 글자크기를 크게 하고, 글자를 고딕체로 하여 색도를 진하게 하여야 하며, 숫자는 붉게 표시합니다. 또한 부가가치세 포함여부를 기재합니다.

㉯ 가맹희망자의 점포예정지가 속한 광역자치단체에 소재하면서 가맹희망자의 점포예정지에서 가장 인접한 5개 가맹점 중 다음 ㉰의 계산방법에 따른 직전 사업연도 매출환산액이 가장 작은 가맹점과 가장 큰 가맹점을 제외한 나머지 3개 가맹점을 기준으로 최고액과 최저액을 작성합니다. 가맹희망자의 이해를 돕기 위해 최고액과 최저액에 해당하는 가맹점에서 직전 사업연도에 발생한 매출액을 함께 기재하는 것도 가능합니다.

㉰ 직전 사업연도 매출환산액은 점포 전용면적을 기준으로 산출하며 그 계산 방법은 다음과 같습니다.

　㉠ 직전 사업연도의 영업기간이 1년인 가맹점의 경우

　　직전 사업연도 매출환산액

$$= \frac{\text{직전 사업연도에 발생한 매출액(원)}}{\text{점포 전용면적}(m^2)}$$

　㉡ 직전 사업연도의 영업기간이 6개월 이상 1년 미만인 가맹점의 경우

　　직전 사업연도 매출환산액

$$= \frac{\text{직전 사업연도에 발생한 매출액(원)}}{\text{점포 전용면적}(m^2)} \times \frac{365}{\text{직전 사업연도 영업일수}}$$

나. 직전사업연도 인근 가맹점 매출환산액의 범위의 산출근거

〈예시 4〉

① 위 ㉮의 직전 사업연도 인근 가맹점 매출환산액의 범위는 가맹사업거래의 공정화에 관한 법률 제9조제5항 및 같은 법 시행령 제9조제4항에서 정한 바에 따라 산출된 인근 가맹점 매출환산액의 최고액과 최저액을 말합니다. 구체적 산출방식은 다음 ②에서 설명 드리는 바와 같습니다.

② 귀하의 점포예정지가 속한 광역자치단체에 소재하면서 귀하의 점포예정지에서 가장 인접한 당사의 5개 가맹점 중 다음 ③의 계산방법에 따른 직전 사업연도 매출환산액이 가장 작은 가맹점과 가장 큰 가맹점을 제외한 나머지 3개 가맹점을 기준으로 최고액과 최저액을 산출하였습니다. 귀하의 이해를 돕기 위해 최고액과 최저액에 해당하는 가맹점에서 직전 사업연도에 발생한 매출액을 함께 기재하였습니다.

| 가장 인접한 5개 가맹점의 직전 사업연도 매출환산액 |

(단위 : m^2, 천 원)

점포명	점포 전용면적	직전 사업연도 매출액	직전 사업연도 매출 환산액	비고
A점				가장 큼
B점				
C점				
D점				
E점				가장 작음

③ 직전 사업연도 매출환산액은 인근 가맹점의 점포 전용면적을 기준으로 산출하였으며, 그 계산 방법은 다음과 같습니다. 최고액은 아래 ㉠(또는 ㉡) 방식에 따라 산출되었으며, 최저액은 아래 ㉠(또는 ㉡) 방식에 따라 산출되었습니다.

㉠ 직전 사업연도의 영업기간이 1년인 가맹점의 경우
직전 사업연도 매출환산액

$$= \frac{\text{직전 사업연도에 발생한 매출액(원)}}{\text{점포 전용면적}(m^2)}$$

㉡ 직전 사업연도의 영업기간이 6개월 이상 1년 미만인 가맹점의 경우
직전 사업연도 매출환산액

$$= \frac{\text{직전 사업연도에 발생한 매출액(원)}}{\text{점포 전용면적}(m^2)} \times \frac{\text{직전 사업연도 영업일수}}{365}$$

④ 위 ③의 직전 사업연도 매출환산액 계산 방법에 기재된 직전 사업연도에 발생한 인근 가맹점의 매출액이란 당사가 직전 사업연도에 해당 가맹점에게 공급한 물품공급액에 당사가 산출한 매출액 추정비율(%)을 곱하여 산출된 금액을 말합니다. 당사가 보유한 가맹점사업자 원가분석 자료에 따르면 가맹점사업자의 매출액에서 물품공급액이 차지하는 비율이 (%)이므로 추정비율이 (%)가 됩니다.

⟨가맹점 POS매출을 사용한 경우 아래와 같이 작성⟩

④ 위 ③의 직전 사업연도 매출환산액 계산 방법에 기재된 직전 사업연도에 발생한 인근 가맹점의 매출이란 해당 가맹점 POS(Point of Sales)상의 매출을 말합니다.

<작성시 유의사항>

㉮ 가맹본부가 가맹희망자의 점포예정지로부터 가장 인접한 가맹점 5개에 해당하지 않은 가맹점을 매출환산액 산정대상 가맹점으로 포함하는 방식 등으로 매출환산액의 범위를 제공하는 경우 허위·과장정보 제공행위에 해당될 수 있습니다.

㉯ 가맹희망자가 위 3. 2). 인근 가맹점 매출액을 활용한 방식에서 사용된 기존 가맹점의 점포명을 요청하는 때에는 기존 가맹점사업자가 동의하는 경우 이를 제공할 수 있습니다.

㉰ 가맹본부는 가맹희망자의 점포예정지로부터 가장 인접한 가맹점 5개의 점포 전용면적 및 직전 사업연도 매출액 관련 세부자료를 사무실에 비치하시기를 권장합니다. 공정거래위원회가 가맹사업거래의 공정화에 관한 법률 제9조 제1항 위반여부를 심사하기 위한 절차를 개시하는 경우 법 위반 여부를 판단하는 중요 요소 중의 하나가 예상매출액의 범위를 산출한 근거의 객관성 여부입니다. 만일 가맹본부가 산출근거의 객관성을 입증할 수 있는 세부자료를 비치하지 않을 경우 객관적 근거가 없이 예상매출액을 과장하여 가맹희망자에게 제공한 것으로 판단될 여지가 있음을 유의하시기 바랍니다.

02 | 골목장사도 사업이다, 숫자로 골목상권 파악하기

지속적으로 분석하고 연구해야 할 상권은 바로 역세권(중심상업지역 상권)과 주택지 상권이다. 이 두 상권만 파악한다면 상권에 대해 거의 대부분을 알고 있다고 할 것이나 이것이 그리 녹록지는 않다. 역세권과 주택지 상권이 모든 상권의 80~90%를 차지하고 있으므로 이를 파악하기는 대단히 어렵다.

주택지 상권은 가장 쉽게 접하고 이용할 수 있는 상권이며, 대부분 적은 자본으로 장사를 시작한다. 그만큼 시작하기가 쉽고 자주 만날 수 있는 상가이기 때문에, '나도 웬만큼은 이 상권에 대해 알고 있다.'고 착각하는 경우가 많다. 하지만 막상 접해보면 그렇지 않다. 어느 지역 상권보다 파악하기 어려운 것이 바로 주택지 골목상권이다. 이유가 무엇일까? 그 상권만의 특성과 발전성 여부를 파악하기가 어렵기 때문이다.

하지만 방법이 없는 것은 아니다. 우선 상권이 번성할 수 있을지 알기 위해서는 그 상권 내에 있는 점포 수를 기준으로 파악하면 된다. 지역에 따라 약간의 차이는 있지만 대개 버스정류장이나 지하철역을 끼고 있는 도로변, 전통시장 입구 등에 상권이 크고 작게 형성되어 있다. 이때 어떤 지역에서는 버스정류장이나 지하철역 부근에 점포가 제일 많고 또 어떤 지역에서는 전통시장 입구 상권이 제일 클 수도 있다. 당연히 번성하는 점포 수가 많은 상권에 들어가야 한다.

쉬어가기　전통시장과 재래시장

대부분 전통시장과 재래시장을 혼용해서 사용하고 있으며, 소비자들은 재래시장이라는 용어를 많이 쓰지만 시장 종사자의 경우 전통시장이라는 용어를 많이 쓰고 있다.

이러한 이유는 2009년 '전통시장 및 상점가 육성을 위한 특별법'에서 그 답을 찾을 수 있다. 재래시장이라는 용어 자체에서 느껴지는 비위생적이라는 인식 때문에 특별법 이후에는 '전통시장'을 법적 용어로 사용하고 있다. 사전적인 의미를 봐도 차이가 거의 없다.

- 전통 : 어떤 집단이나 공동체에서 지난 시대에 이미 이루어져 계통을 이루며 전하여 내려오는 사상·관습·행동 따위의 양식
- 재래 : 예전부터 있어 전하여 내려옴

주택지 상권 점포 숫자와 상권력

　주택지 상권에서도 상호 상권력이 다르게 나타나는데, 모여 있는 점포 숫자에 의해 상권력이 다르다. 점포 숫자가 많다는 것은 배후지 세대 수가 많다는 것을 의미한다. 이처럼 점포 숫자와 배후지 세대 또는 이용고객 수는 상호 유기적인 관계에 있다. 점포 숫자로 상권력을 파악하는 근거는 배후지 세대와 서로 맞물려가기 때문이다. 당연히 배후지 세대가 어느 정도

있어야 사업이 되지 않겠는가. 더불어 상권력이 약한 곳은 장사가 안 되기도 하지만 안정되어 있지도 못하다. 고객은 조금 멀더라도 상권력이 강한 곳에서 소비한다는 것을 명심하라. 특히 전문음식업과 선매품은 더욱 그러하다.

때문에 주택지 상권을 파악할 때 모여 있는 점포 숫자로 파악하되 점포 숫자가 20~30개 미만인 곳은 상권으로 보지 않는다. 단, 활성화된 주택지 상권으로 보지는 않지만 낙후화된 골목상권인 것은 분명하다. 골목상권을 살려야 하는 곳도 바로 점포 숫자가 20~30개 정도에 불과하여 모든 지원에서 제외되고 있기 때문이다.

| 주택지 상권 점포 숫자와 상권력 |

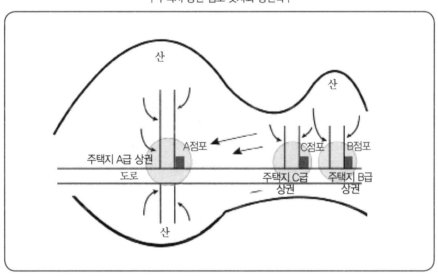

그림을 자세히 보면 세 개의 상권이 있다. 주택지 A급, B급, C급 상권들이다. 그리고 각 상권마다 똑같은 코너 점포로 똑같은 A급지에, 똑같은 크기의 점포들이 있다. A점포, B점포, C점포들이다. 코너 점포로 입지와 점

포크기가 같으므로 임대가와 권리금이 같아야 하지 않겠는가? 그런데, 그렇지 않다. 이것은 무엇을 의미하는가? A점포, B점포, C점포들의 상권력이 다르기 때문에 권리금이 다르게 나타난다는 것이다. 상권력이 어떤가에 따라서 임대가와 권리금의 차이가 크다.

점포 수가 70~80개 이상이면 번성하는 주택지 A급 상권

점포 전면의 길이가 6m 이상 되는 점포는 많지 않다. 1층에만 점포가 있는 것이 아니라 2층과 지하에도 점포가 있기 때문에 점포 숫자가 70~80개 이상이라면 사방 60~70m가 상가로 이어져 있는 주택지 중심상권이다. 배후지 세대는 7천~8천 세대에 이른다. 이러한 상권은 서울시에도 몇 개밖에 되지 않는다. 지방도시에는 거의 없다.

그림을 보면 A점포가 있는 곳이 주택지 A급 상권이다. 이처럼 점포 수가 70~80개인 상권은 번성하고 있는 상권이므로 임대가와 권리금이 다른 주택지 상권에 비해 비싸다. 역세권보다 한 단계 떨어지는 상권 수준이다. 즉, 이 상권의 A점포는 A급지로 역세권의 B급지 수준으로써 평당 임대가가 1,200만 원 안팎, 33m^2일 경우 권리금이 8천만 원 내외이다.

점포 수가 40~50개이면 번성할 가능성이 있는 주택지 B급 상권

주택지 상권의 대부분이 이러한 상권이다. 그림에서 보면 B점포가 있는 주택지 B급 상권이다. 이러한 주택지 상권은 A급지와 B, C급지 간의 차이가 심하다. 이러한 상권의 배후지 세대 수는 3천~4천 세대에 이른다. 따라서 나름 먹자상권이 형성된다.

본 상권의 A급지는 그 상권의 목이라서 장사가 잘 되지만 B, C급지는 상권규모 자체가 작기 때문에 장사가 잘 되지 않는 답보상태에 있다. 주택지 A급 상권보다 한 단계 떨어지는 상권이다. B점포는 이 상권의 A급지로 점포가 70~80개인 상권의 B급지 수준으로써 평당 임대가 800만 원 안팎, 33m^2일 경우 권리금 4천만 원 안팎이다.

점포 수가 20~30개인 골목상권이면 장래가 불투명하다

주택지에는 이런 골목상권이 많다. 그림에서 보면 C급 점포가 있는 곳이 주택지 C급 상권으로, 주부나 어린 학생들을 상대로 필수품을 판매하는 점포가 대부분이다. 이러한 골목은 배후지 세대 수가 2천 세대 내외로 먹자상권이 형성되지 않는다. 주택지 B급 상권보다 한 단계 떨어지는 상권이다.

C점포는 이 상권의 A급지로 점포가 40~50개인 상권의 B급지 수준으로써 평당 임대가 400만 원 안팎, 33m^2일 경우 권리금 2천만 원 안팎이다. 이러한 상권의 대부분 점포는 답보상태이며 권리금 또한 1천만 원 이하가 대다수다. B, C급지는 아예 무권리도 많다. 이러한 골목에서도 패스트푸드와 생필품 그리고 일반서비스업은 가능하다.

주택형태로 상권을 파악하는 방법

배후지의 주택형태를 보고도 상권을 파악할 수 있다. 주택형태로는 단독주택, 다세대, 다가구, 연립, 저층아파트, 고층아파트 등이 있다. 물론, 상권은 지형지세 등을 보고 판단해야 한다. 주택형태만 보고 상권을 파악하기에는 무리가 따른다. 하지만 인구밀도 및 밀집도 파악은 가능하다. 따라서 그 지역 상권의 번성도 여부도 판단할 수 있다.

| 주택형태별 소비 행동 특성과 상권 |

주택형태	소비 행동 특성	주택지 상권 활성화 정도
중대형아파트, 오피스텔, 원룸 등	• 편의성을 추구 • 가격 민감도 낮음	• 소비성향 높음 • 소비행태는 외부상권으로 나감 • 주택지 상권 좋지 않으나 대형점 가능, 생필품 좋음
대형단독주택이나 고급빌라	• 편의성 추구 • 양보다 질 추구 • 가격민감도 낮음	• 소득수준 높음 • 주택가 상권 좋지 않으나 대형점 가능
중소형아파트, 다가구, 중소형다세대, 단독주택	• 편의성보다 가격 추구 • 질보다 양 추구 • 가격민감도 높음	• 주택가 상권으로 좋음 • 최근의 경향은 질과 양 모두 추구 • 소비성향 높음
연립, 저층아파트	• 편의성보다 가격 추구 • 질보다 양 추구 • 가격민감도 매우 높음	• 재개발 가능성 점검 필요 • 소비성향 높음 • 주택지 상권 무난함

업종 분포도로 입지 파악하기

상가 입지를 접근성이나 가시성 그리고 동선에 의해서 파악한다고 하더라도 주택지 상권에서는 간편하게 업종 분포도로 입지 파악이 가능하므로 활용하기 바란다. 달리 설명하면 바로 업종마다 적합한 입지가 있다는 것이다.

① 패스트푸드류와 선매품이 있으면 A급지

커피전문점, 베이커리전문점 등 패스트푸드류와 금은방, 안경점, 여성의류 전문점, 화장품전문점 등 선매품, 고가품, 기호품 등이 밀집해 있으면 A급지이다.

② 전문음식점이 있으면 B급지

고기 전문점 등 각종 전문음식점이 밀집해 있으면 그 상권 내에서 B급지이다.

③ 기술 위주의 서비스업종과 배달업이 있으면 C급지

카센터, 각종 공작기계, 가구점, 표구점, 수석가게, 철물점, 자전거 및 오토바이 가게, 부동산 중개업소(중개업소는 A급지에 입지하는 경우가 드물지 않다) 등 기술 위주 서비스 업종과 각종 배달전문점이 있으면 C급지이다.

④ 일부 패스트푸드, 생필품, 일반서비스업은 입지보다는 500세대~1,500세대 독점이면 가능

떡볶이 등 패스트푸드, 슈퍼, 미용실, 세탁소, 피아노학원, 미술학원, 속셈학원 등은 이용률과 이용 빈도가 높아서 500세대 독점이면 가능하다.

야채가게, 과일가게, 정육점, 네일아트, 피부관리실, 치과, 내과, 이비인후과 등 일반진료과목 병의원 및 한의원은 1,500세대 독점이면 가능하다.

정형외과, 항문외과 등 특수진료과목은 3천 세대 이상 독점해야 가능하다.

신도시나 대단위 아파트단지 상권은 좋지 않다. 한편, 상권 전체는 좋지
않다고 하더라도 근린상가든 중심상가든 동선이 형성된 곳, 소위 메인통은
된다. 상권 내 20~30% 정도가 이에 해당된다. 상권별로 공략해 보자.

첫째, 대단위 아파트단지 내 상권은 좋지 않다. 재개발, 재건축아파트단
지 내 상가는 500세대가 넘으면 좋지만 대단위 아파트단지 내 상권은 그렇
지 않다.

이곳의 거주자들은 거의 대형 판매시설에서 구매하기 때문에 상가들 대
부분이 살아남기 어렵다. 생필품과 기술을 밑천으로 하는 업종만이 명맥을
유지할 수 있다. 물론 배달업은 더없이 좋다. 하지만 대부분의 상가투자자
나 창업자의 입장에서 보면 좋은 곳이 아니다. 대규모 단지에서는 아파트
세대 수를 파악하는 것이 큰 의미가 없다.

둘째, 3천 세대 이상 아파트단지 앞 일반상업지역에 있는 근린상가 역시

중심상업지역으로 소비자를 뺏기기 때문에 좋지 않다. 하지만 메인통에서 업종 선택만 잘 한다면 좋은 곳이 없지 않기는 하다. 문제는 이제 상가를 짓기 시작하는 곳에서 동선을 어떻게 파악할 것인가이다. 간단하다. 근린상가와 가장 가까운 주력 아파트(단지가 크거나, 세대 수가 많은 아파트단지)와 생활편의시설(대중교통망과 대형슈퍼 등) 사이 직선거리가 동선이 된다. 따라서 동선 상에 있는 상가를 구하라. 이러한 근린상가에는 가능한 업종이 있는데, 바로 생필품과 소규모서비스업과 일부 기술 서비스업이다.

셋째, 중심상업지역 역시 좋지 않지만 메인통에서 하면 좋다. 지금까지 신도시나 대단위 아파트단지 중심상권이 그다지 좋지 않았던 것은 사실이나 여기서도 상가투자로 이익을 낸 사람들은 많다. 그들이 왜 성공했는지를 보라. 단순히 남들 하는 대로 한 사람은 없다. 중심 상권에서는 메인통이 분양가가 비싸다. 프로는 바로 그 물건을 구입한다. 초보들은 그 물건을 피한다. 계산기만 때리기 때문이다. 계산기로 투자 수익률만 따지지 마라. 첫째도 입지, 둘째도 입지, 셋째도 입지이다. (외국서적 ≪Location, Location, Location≫이란 책을 참고하라.)

대단위 아파트단지의 적정 업종은?

도시 외곽지역에 대단위 아파트단지나 지방도시에 대단위 아파트단지가 조성되면 반드시 그 일대에 상업지역이 기획·조성된다. 신규 상권은 처음에는 성쇠 여부가 드러나지 않고 점차 상권끼리의 경쟁이 매우 심해진다. 이 상권이 과연 성장할 것인지 아니면 그대로 주저앉고 말 것인지를 분석해 내는 일은 매우 중요하다. 이런 곳에 잘못 입지하면 힘 한번 써보지 못하고 죽기 때문이다. 상권이 무너져 피해를 입는 일은 대단위 아파트단지 상업지역에서 계속 발생해 왔고 앞으로도 계속 발생할 것이다.

피해를 최소화하기 위해서는 상권을 파악하는 방법을 알아야 한다.

첫째, 일정 범위 내 지역의 상권마다 상권력으로 파악하되(점포 숫자와 배후지 세대, 그리고 대형편의시설 유무에 의거) 거리가 먼 곳에 있는 상권이더라도 가까운 곳에 있는 상권보다 상권력이 강하면 가까운 상권에 입지해서는 안 된다. 거리가 멀더라도 상권력이 강한 곳으로 소비자가 이동하기 때문이다. 이것이 소비자의 소비심리다.

둘째, 설령 상권력이 강해서 아파트 주민이 외부로 빠져나가지 않는다 하더라도, 배후 아파트 세대 수에 비해 지나치게 상업지역이 넓은 것은 아닌지 조사해야 한다. 지방도시 내 외곽지역 대단위 아파트단지와 도시 밖에 신규로 조성되는 대단위 아파트단지를 예로 들어 설명해 보자.

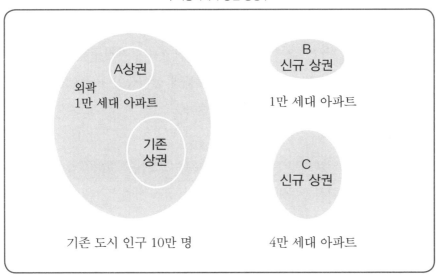

| 지형지세와 상권 형성 |

A상권

외곽
1만 세대 아파트

기존
상권

B
신규 상권

1만 세대 아파트

C
신규 상권

기존 도시 인구 10만 명

4만 세대 아파트

신규 A, B, C 상권이 있다. A 상권은 이제 상가건물 완료단계이며, 나머지 상권들은 계획 단계로 아직 착수 전이다. 이 경우 '아파트단지 바로 옆에 있는 상업지역 A를 그 아파트단지 사람들이 이용할 것'이라고 착각하기 쉬운데, 절대 그렇지 않다. 상업지 부근의 2천~3천 세대 정도는 걸어서 올 수 있겠지만 나머지 7천~8천 세대가 상가를 이용하려고 걸어서 오겠는가. 나머지 세대는 차량을 이용할 확률이 높으며, 10분 이상 걸어서 오는 경우는 목적 구매가 아니면 불가능하다. 바로 여기에 해답이 있다.

아파트 주민들이 소비를 한다면 조금 멀더라도 상권이 번성한 곳으로 가서 소비한다. 상권 분석의 핵심은 심리 분석이다. 접근성을 막는 요인 중에는 물리적인 것(상권단절요인 중 바로 강, 하천, 둑, 도로 등)도 있지만 심리적인 것(학교 운동장은 저녁에 어두워서, 병원은 기피하려는 심리 때문에)도 매우 많다.

그래서 A상권은 같은 도시 내의 기존 상권에 밀려서 안 되며, 도시 밖의 B상권은 C상권에 밀려서 안 된다. C상권이 있는 4만 세대 아파트 지역에는 분명코 중심상업지역이 기획되고 대형편의시설과 상가건물들이 들어차 소비자를 끌어갈 것이 뻔하기 때문이다. 때문에 선매품이나 중소형음식점을 하고 싶다면 무조건 C상권으로 가야 한다.

그러면 상권이 약한 아파트단지 앞 상권(A상권이나 B상권)은 모든 업종이 안되는가? 그렇지는 않다. 생필품이나 소규모 서비스업은 가능하다. 다만 경쟁점포를 고려해서 입점해야 한다. 생필품과 소규모 서비스업(미용실, 세탁소 등)은 500세대면 가능하고, 오락·교육·서비스업 등은 1,500세대는 독점해야 좋다. 물론 학원 중 유치부 어린이를 상대하는 피아노, 미술, 속셈은 500세대면 가능하다. 엄마들은 찻길을 건너는 것에 불안감을 갖고 있기 때문에 통학 차량이 있어도 길 건너까지 멀리 보내지 않는다.

04 점포 크기별 적정 권리금 산정하기

　　적정권리금을 도출하기 위해서는 권리금 산정방법에 의해 도출한 권리금과 실제 이미 형성되어 있는 상권별 권리금을 산정하여 조율해야 한다. 또한 권리금은 점포 크기와 점포 층별에 따라서도 달라진다.

| 점포 크기별 적정 권리금 산정방법 |

1) 권리금 산정방법에 의해 권리금 산정
　① 권리금 산정방법대로 권리금을 산정한다.

2) 이미 형성된 상권별 권리금(33㎡(10평)기준)의 점포 크기 적용법
　① 33㎡(10평) 미만 점포의 권리금 : 점포크기 비례대로 적용
　② 33㎡(10평) 이상~66㎡(20평) 미만 점포의 권리금 : 33㎡(10평) 크기 권리금의
　　1.1배~1.6배
　③ 66㎡(20평) 이상~100㎡(30평) 미만 점포의 권리금 : 33㎡(10평) 크기 권리금의
　　1.7배~2배
　④100㎡(30평) 이상 점포의 권리금 : 2배+∝

3) 적정권리금 : 1)번과 2)번을 적절하게 조율

권리금 산정방법 활용하기

권리금 산정기준과 방법대로 산정한다. 점포 크기에 따라 매출액과 순수익도 달라진다. 점포가 크면 큰 대로, 작으면 작은 대로 순수익은 점포 크기에 녹아들어가 있다. 권리금 산정기준은? 결국 순수익과 입지조건이다. 보통의 점포는 권리금 산정기준과 방법대로 평가하면 된다. 다만 $33m^2$(10평) 미만의 점포는 매출액에 한도가 있기 때문에, 산정기준과 방법대로 평가한 금액에 일정률을 감액 적용한다.

$33m^2$(10평) 이상의 점포가 제대로 순수익을 올리지 못하는 경우에는 $33m^2$(10평) 점포 권리금보다 약간의 금액을 감안하여 평가한다. 예를 들어 $66m^2$(20평) 정도인데도 매출액이 적어 순수익이 $33m^2$(10평) 크기 점포와 같은 경우에는 어떻게 산정할까? 이때에는 $33m^2$(10평)보다 상회한 선에서 권리금을 산정하면 된다. 규모가 큰 만큼 매출액이 증가할 가능성이 높기 때문이다.

권리금을 평가할 때 입지조건보다는 못하지만 점포 크기 또한 영향력을 발휘한다. 하지만 $100m^2$(30평) 이상인 대형 점포들 모두가 $100m^2$ 점포보다 권리금 평가에서 반드시 유리한 것만은 아니다. $100m^2$ 이상이라고 매출액이 점포 크기에 비례해 나아지는 것은 아니며, 임대료나 인건비 등의 지출이 높아 오히려 위험할 수도 있기 때문이다. 때문에 $100m^2$ 이상 점포의 권리금은 $33m^2$(10평)의 권리금의 2배에 $+\alpha$ 를 더한 것이다.

상권별 권리금에 점포 크기를 적용하는 법

점포 크기는 매출액과 업종에 큰 영향을 미친다. $33m^2$(10평) 크기를 기준으로 이루어지는 권리금 시세인 상권별 권리금을 점포 크기에 맞추어 적용해야 한다. 그러면 그 상권에서 이루어지고 있는 점포 크기별 권리금 시세가 된다.

| 상권별 권리금에 점포 크기 적용법 |

상권별	급지	실면적(평)	권리금	실면적(평)	권리금	비고
점포 수 70~80 개인 상권	A	10	8,000	8	6,400	33㎡의 80%
				20	1억2,800	33㎡의 1.6배
				30	1억6,000	33㎡의 2배
	B	10	4,000	8	3,200	상동
				20	6,400	
				30	8,000	
	C	10	2,000 이하	8	1,600 이하	위와 같으며 C급지는 약간 배수가 낮다.
				20	3,200 이하	
				30	4,000 이하	

05 층별 적정 권리금 산정하기

1층에서는 어느 업종이나 거의 다 잘 된다. 하지만 무조건 1층이 좋은 것은 아니다. 보증금, 권리금, 월세도 비쌀 뿐만 아니라 1층이 아닌 곳에 더 어울리는 업종도 많다. 그래도 지하 1층과 지상 2, 3층은 역세권이든 대학가든 아파트단지든 주택지든 업종에 제한이 따를 수밖에 없다. 일단 접근하기 어렵기 때문에 1층에 비해 판매업은 어렵다.

동일 조건 · 동일 아이템일 경우 1층과 지하 1층, 지상 2층의 이용률을 보면 1층이 접근성과 가시성에서 얼마나 유리한가를 알 수 있다. 즉, 층수가 올라 갈수록 접근성과 가시성이 떨어지는 만큼 수확체감의 법칙이 작용한다. 그에 비례해 권리금도 떨어질 수밖에 없지 않겠는가.

| 층별 적정권리금 산정방법 |

1) 권리금 산정방법에 의해 권리금 산정

2) 이미 형성된 상권별 권리금에 대한 층별 적용법

구 분	이용률	권리금	비고
1층 점포	100%	100%	
2층 점포	50%	60(50)%	현재 같이 극심한 불경기에는 1층의 40% 권리금
지하 1층	60%	50(40)%	극심한 불경기에는 1층의 30% 권리금

※ 지하가 2층보다 이용률이 높은데도 권리금이 낮은 것은 지하 1층 수요가 적기 때문이다.

지상 1층은 기준 층으로써 권리금 산정기준과 방법대로 산정한다. 그렇다면 지하 1층이나 2층은 어떤가? 권리금은 지하 1층이나 지상 2층 이상일 때도 똑같이 순이익과 입지조건, 점포크기 및 시설비 등을 감안하여 평가한다. 다만 지하 1층의 경우에는 순수익을 권리금 그대로 인정하지 않고 감액한다.

지하 1층은 환경조건이 좋지 않다. 점포를 구하는 사람들이 꺼리고, 업종에서도 제한을 받는다. 그만큼 수요가 적을 수밖에 없다. 때문에 지하 1층은 지상 2층보다 매출이 나아도 감액 산정하므로 권리금이 2층보다 저평가된다.

상권별 권리금을 층별로 적용하는 법

1층보다 매출액이 떨어지는 지하 1층이나 지상 2, 3층은 매출액 차이만큼 권리금이 떨어지는 것이 당연하다. 위와 같이 층별에 따른 비율을 적용하면 현재 그 상권에서 이루어지는 층별 권리금 시세가 된다.

| 상권별 권리금에 층별 적용법 예 |

점포 숫자	급지	실면적(평)	권리금	층별	권리금	비고
점포 수 70~80개 이상인 상권	A	10	8,000	지하 1층 지상 2층	2,400 3,200	1층의 30% 1층의 40%
	B	10	4,000	지하 1층 지상 2층	1,200 1,600	1층의 30% 1층의 40%
	C	10	2,000 이하	지하 1층 지상 2층	600 800	1층의 30% 1층의 40%

얼마를 팔아야 돈 벌 수 있을까?
사업타당성 분석하기

아이템과 상권, 입지를 알면 매출액추정이 가능하다. 매출액을 알면 월 수익을 알게 되고, 월 수익을 알면 당연히 투자 대비 수익률을 알 수 있다. 투자 대비 수익률을 알면 사업타당성 유무 파악이 가능하다.

사업타당성 분석이란?

사업성 분석이란 창업 이후에 어느 정도의 매출을 올려 일정 수익을 낼 수 있는가를 분석하는 활동이다. 결국 선별된 창업 아이템과 입지를 최종 적으로 선택할 것인지 기각할 것인지를 결정하기 위함이다.

이는 세 가지로 나누어 볼 수 있다. 상품의 마케팅 및 판매와 관련된 시장 분석, 생산과 관련된 기술 분석, 이 두 가지 분석 자료를 토대로 한 수익성 분석이 그것이다. 사업성 분석의 최종 결과물 중 하나는 바로 수익성에 대한 평가이다. 그래서 사업성 평가와 수익성 평가가 동의어로 사용되고 있기도 하다. 한편, 사업성 분석은 사업의 종류나 트렌드에 따라 평가요소가 다를 수밖에 없다.

사업타당성 분석Feasibility Study의 결과물은 의사결정에 있어 매우 중요하다. 이와 같은 사업성 분석은 다음과 같은 유용성이 있다.

첫째, 사업성 분석을 통해 사업기간을 단축해 효율적인 사업을 수행할 수 있으며, 둘째, 미처 깨닫지 못했던 세부 사항을 알게 되어 효율적인 사업 경영을 도모할 수 있고, 셋째, 보완해야 할 사항을 미리 확인할 수 있다.

매출액 추정 방법

사업을 성공으로 이끄는 핵심은 바로 얼마나 파는가이다. 아무리 아이디어가 참신하고 독특하다 할지라도 팔리지 않으면 소용없다. 창업에서 성장 발전하려면 이익이 실현되는 수준까지 판매되어야 한다. 따라서 매출액의 추정은 매우 중요하다.

매출액은 상권과 입지조건분석을 통해서 파악한 상권범위 내 배후지 세대 중 독점세대에 의한 매출액과 가망세대에 의한 매출액, 그리고 점포 앞 유동인구유입(여기서는 배후지거주 주민의 유동을 뺀 순수 외부유동인구)에 의한 매출액을 합하여 산출한 금액이 가장 정확하다. 하지만 이는 매우 전문성을 요한다.

따라서 대개 동일상권 내 동일 입지조건 경쟁점포의 매출액(매출액 추정

방법 중 경쟁점포의 내점객 수를 비교하여 산출하는 방법과 동일)에 사정 보정(입지 수준, 점포 크기, 그리고 경쟁점포와 자사의 브랜드 인식 정도 및 상품력과 서비스 수준 등을 고려하여 가감 수정)해서 산출하고 있다. 예 상매출액 산정방법 중 가맹본부 예측에 의한 방식(가맹사업법 시행령 제9조제3항에 의한 방식)에 의해 매출액을 산정한 것과 유사하다.

위의 매출액 추정방법 이외에도 투자금액으로(투자회전율) 산출하는 방법, 그리고 종업원 수나 점포면적에 의해 산출하는 방법 등 다양하다. 여기서 설명하는 방법과 혼용해 종합적으로 판단하는 지혜가 필요하다.

매출액 추정방법

① 독점세대와 가망세대에 의해 매출액 추정

> 월 매출액 = 독점세대 매출액+ 가망세대 매출액+ 외부 유입인구 매출액
> ・독점세대 월 매출액 = 독점세대 수(이용인구) × 이용률 × 구매빈도 × 구매단가
>   × 월간 영업일수
> ・가망세대 월 매출액 = (배후세대 수 ÷ 경쟁점포 수)(이용인구) × 이용률 × 구매빈도
>   × 구매단가 × 월간영업일수
> ・외부유입인구 월 매출액 = 외부유입인구수 × 이용률 × 구매빈도 × 객단가
>   × 월간 영업일수

특히 경쟁점포를 피해서 창업해야 하는 아이템인 패스트푸드와 생필품 및 일반서비스업은 독점세대와 가망세대에 의한 추정 방법이 유효하다.

상권 분석과 입지조건 분석을 하면 독점세대와 가망세대로 나뉜다. 물론

역세권의 경우는 오로지 유동인구수에 의해 매출이 결정되지만 그 이외 상권에서는 대부분 이렇게 분리된다. 이렇게 세분화하면 상당히 정밀하게 매출액이 추정된다. 이 추정방법은 모든 업종에 걸쳐서 매출액 추정이 가능한 장점이 있는 반면 초보자에게는 약간 어렵다. 상권 분석과 입지조건 분석을 제대로 할 줄 알아야 가능하기 때문이다.

한편 이용률은 업종에 따라 다르다. 어떤 업종이든 모든 사람이 이용하는 것은 아니지 않은가. 이용률이 높은 업종과 구매빈도가 높은 업종이 무엇인가. 바로 대중적인 업종이다. 대중적인 업종이 유망업종이라고 하는 이유가 바로 여기서도 증명된다. 예를 들면 편의점이나 김밥 전문점은 거의 모두 이용하기 때문에 이용률이 매우 높다. 하지만 일부 고객만이 이용하는 보신탕이나 추어탕, 한의원 등은 이용률이 매우 낮다.

뒤에 설명할 매출액 추정방법(경쟁점포 비교 산출법 등)과 병행하여 실시하면 후보 점포의 매출액 추정을 비교적 정확하게 할 수 있다.

② 경쟁점포의 내점객 수 비교 매출액 추정

> 월 매출액 = 1일 내점객 수 × 1인 구매단가 × 월간 영업일 수

상권과 입지조건이 유사한 경쟁점포의 데이터를 객관적으로 가지고 있을 경우나 1일 방문고객 수를 직접 조사할 수 있는 경우 쓰는 방법으로 경쟁점포와 자사의 브랜드 인식 정도 및 상품력과 서비스 수준 등을 고려하여 추정한다. 실제 매출액 추정 방법 중 정확하다고 할 수 있으나 이는 경

험이 풍부한 전문가 수준의 능력이 요구된다.

③ 후보점포 통행인구 수의 내점률에 의해 매출액 추정

> 월 매출액 = 통행인구 수 × 내점률×실구매율 × 1인 구매단가 × 월간 영업일 수

1일 통행인구 수를 조사하여 그중 내점하는 인구를 예측하고, 아이템에 따라서 실 구매율을 조사하여 매출액을 추정하는 방법이다. 유동인구 중심형 업종에 맞는 추정법이기는 하지만 유동인구가 단순히 흘러가는 경우에는 오히려 오류를 낳는 단점이 있다. 과도하게 내점률이 잡히고 매출액도 과대 계상된다. 일부 프랜차이즈본부의 경우 내점률에 대해 의도가 다분한 경우도 있다.

④ 예상고객 수 추정 매출액 산출

> 월 매출액 = 예상고객 수 × 1인 구매단가 × 월간 영업일 수

자체 점포의 데이터를 가지고 있거나 조사 자료가 있는 경우에 사용되는 방법이다. 하지만 예상고객 수에 대한 근거가 불확실할 수 있어서 이를 보완하기 위해서 상권과 입지조건 분석이 필요하다.

⑤ 목표에 의해 매출액 추정(손익분기분석에 의한 산출)

> 월 매출액 = 월 매출원가 + 월 판매비 + 비지출성 비용 + 희망이익액
>   = (월 고정비용/마진율)

　　월 고정비용과 마진율을 통해 매출액을 추정하는 방법으로 얼마를 팔아야 기대한 이익을 얻을 것인가를 정해 이것을 매출액으로 산출하는 것이다. 사실 이 방법은 계획성 있게 추진한다는 목표 설정의 방법으로는 좋으나 현실성이 떨어진다.

07 | 투자 대비 수익률에 의한 사업타당성 분석

    간단히 매출액을 추정하는 법을 보자. 먼저 자신의 점포로 유입될 수 있는 수요량을 파악한다. 간단하게 수요량을 파악할 수 있는 방법은 같은 상권 같은 입지에 있는 동일 업종의 점포를 정하고 그 점포의 방문자 수를 세어보면 된다. 그리고 이 방문자 수 가운데 몇 퍼센트가 실질적인 수요량이 되는가를 파악하여 내 점포에 적용하면 된다.

    이러한 수요량에 고객 1인당 예상 판매액(객단가)을 곱하면 일일 매출액이 산출되며, 월 매출액도 산출 가능하다. 여기에 마진율을 곱하면 매출총이익이 산출된다. 매출총이익에서 임대료, 인건비, 제세공과금 등 운영비를 제하면 바로 월 수익이 나온다.

지출성 비용과 비지출성 비용을 나눠보자

지출성 비용

지출비용의 구분은 크게 매출원가와 판매비 및 일반관리비로 나눌 수 있다.

① 매출원가 : 판매상품의 구입비

② 판매비 및 일반관리비

　㉠ 점포임대료 : 점포임대의 경우 월세에 해당

　㉡ 관리비 : 전기, 가스, 상하수도료 등의 관리비

　㉢ 인건비 : 직원의 급료

　㉣ 광고선전비

　㉤ 기타제비용 : 통신비, 공과금, 차량유지비, 기타 소모품비 등

비지출성 비용(실제 지출되지 않는 비용)

① 감가상각비

시설투자에 대해 차후 권리금으로 받을 확신이 없을 경우에 감가상각처리를 해야 하는데, 특히 요즘의 환경에 비추어 보면 감가상각 처리하는 게 좋다. 시설투자비는 물론 소개비, 시장조사비, 상담비, 접대비 등도 마찬가지로 감가상각 처리하고, 개업 행사에 들어간 개업 행사비 및 개업 관련 광고비, 비품구입비 역시 감가상각한다.

② 이자 기회비용

점포에 투자한 보증금과 권리금을 은행에 예금하였을 경우를 상정하여

은행 이자율로 계산하면 된다.

③ 점포주 인건비

점포주가 타 직장에 근무하였을 경우 받을 수 있는 금액으로 적절하게 책정하여 기회비용으로 처리한다.

④ 외부 차입이자 및 할인이자

은행 등에 자금을 차입하여 이자가 발생되는 경우에 산정한다. 사실 이 것은 실제 지출하는 비용이긴 하다.

⑤ 재고감모손실

상품의 도난, 망실, 훼손의 경우 비용으로 계상(보통 3%로 책정). 식자재 등 매출원가 개념의 물건이 파손되었을 경우는 매출원가에 산정한다.

투자 대비 수익률 분석

$$\text{월 투자 수익률} = \frac{\text{월 매출액} - \text{월 지출액}}{\text{총투자금액}} \times 100\%$$

투자 대비 수익률은 월 수익 ÷ 총투자비용(보증금＋권리금＋시설비 등)×100%이다.

투자 수익률은 상가투자자와 창업자로 나누어 볼 수 있다. 상가투자자의 경우 투자 대비 연 임대소득으로, 창업자의 경우 투자 대비 월 사업소득으로 나뉜다. 창업자는 본인이 사업에 직접 뛰어들어서 소득을 내기 때문에 월 투자 수익률로 분석하는 것이다.

투자 수익률 및 투자비 회수기간의 판단기준

사업성 판단기준	투자 수익률	투자비 회수기간
매우 우수	4.2% 이상	2년 이내 회수
우수	3.2% 이상~4.2% 미만	2~3년 회수
보통	2.2% 이상~3.2% 미만	3~4년 회수
불량, 매우 불량	2.2% 미만	4년 이상 회수

사업성 판단기준은 경기, 즉 시장상황과 맞물려 변동한다. 위의 자료는 불경기 시의 판단기준이다. 경기가 좋아져서 전체적으로 사업이 잘된다면 한 단계씩 높게 기준을 삼을 수 있다.

08 | 손익분기를 이용한 사업타당성 분석

수익과 지출이 같아지는 점 이상의 수익을 내어야 사업을 계속할 수 있다. 그래서 손익분기점 분석은 장래 사업을 계속할 것인지 말 것인지 판단할 수 있는 하나의 기준이 되고, 영업 방향까지도 제시해 주므로 분석이 필요한 항목이다.

손익분기점은 평균수입과 평균비용이 같아지는 지점

손익분기점이란 일정기간 수입과 비용이 같은 액수가 되어 이익도 손실도 없는 매출액을 말한다. 손익분기점 분석은 왜 하는가? 사업을 하면서 최소한 적자를 면하기 위한 교점이 아닌가?

손익분기분석을 통해 다음을 알 수가 있다.

첫째, 적자를 없애려면 얼마를 팔아야 하는가?
둘째, 목표이익 달성을 위해서 매출을 얼마나 올려야 하는가?

셋째, 매출이 부진할 경우 어떤 비용을 감소시켜야 하는가? 비용을 줄이는 것은 점포 규모나 아이템에 따라서는 운영 전략으로 부적합할 수 있지만 판단기준을 제공하므로 유용하다.

쉬어가기　손익분기점

손익분기점이란 경제이론에서는 평균수입과 평균비용이 같아지는 점을 가리킨다. 즉, 이 점에서는 정상이윤이 있다.

- 평균비용 = 고정비 + 변동비 + 정상이윤
- 고정비용 = 인건비, 임대료, 감가상각비, 세금, 광고 선전비 등 판매와 관계없이 투입되는 비용
- 변동비용 = 상품의 재료비, 운임 등 판매와 관계되는 변동비용

장사에서 손익분기점에 있다는 것은 인건비, 임대료 등 고정비용 이상으로 장사는 되고 있으나 점포를 운영할 수 있을 정도밖에 이익이 없다는 뜻이다. 즉, 현상유지는 하고 있는 상태이다. 어쨌든 손익분기점 이상이 되어야 돈을 벌 수 있다.

하지만 손익분기점 이하로 떨어지면 수입이 비용보다 적어져 손해가 발생한다. 즉, 인건비나 임대료와 같은 고정비용이 나오지 않아 손해를 보게 되어 점포 문을 닫을 수밖에 없다.

→ 장사에서는 손익분기점이 점포 문을 닫고 여는 기준이 된다. 하지만 기업은 손익분기점 이하일 때도 영업을 한다. 이들은 가변비용도 못 건질 때 조업을 중단한다.

고정비와 변동비를 나눠보자

고정비는 매출액과 관계없이 일정하게 고정적으로 발생하는 비용이다. 따라서 고정비를 무서워할 줄 알아야 한다. 사업이 잘 된다면 문제가 없겠지만 사업이 원활하게 진행되지 않을 경우에는 고정비 부담 때문에 사업을

접어야 하는 경우도 생기기 때문이다. 대표적인 고정비는 월세, 인건비, 감가상각비, 이자 기회비용, 주인 인건비이다.

변동비는 매출액에 비례해 변동되는 비용을 말하며, 매출원가 및 그와 관련된 포장, 운반비 등이 대표적이다. 광고 선전비의 경우는 고정비로도 변동비로도 책정할 수 있지만 사업 초기에는 고정비로 생각하는 것이 좋다.
또한 준고정비와 준변동비의 성격이 있는 비용이 있다. 수도광열비, 통신비 등의 관리비이다. 약 20%는 고정비로, 나머지 80%는 변동비로 생각한다.

손익분기점 분석의 공식과 사례

손익분기점 분석 공식

항목	산출식	산출금액
손익분기점 매출액	$\dfrac{고정비}{1 - \dfrac{변동비}{매출액}} - \dfrac{(\ \ )}{1 - \dfrac{(\ \ )}{(\ \ )}}$	
목표매출액	$\dfrac{고정비 + 목표이익}{1 - \dfrac{변동비}{매출액}} - \dfrac{(\ \ ) + (\ \ )}{1 - \dfrac{(\ \ )}{(\ \ )}}$	
손익액	매출액 − (고정비+변동비) = (　) − (　) + (　)	

손익분기 매출의 계산 사례

점포 손익 계산을 해보자.

항목		내용	비고
변동비율 (50%)	원가율	40%	
	제경비율	10%	업계 평균치 적용(5% 적용도 다수임)
고정비	인건비	7,000,000	종업원 3명(1명 아르바이트)
	임대료	2,400,000	
	감가상각	670,000	시설 및 비품비용에 대한 감가상각 일괄처리 (4,000만 원 ÷ 60개월 = 670,000원)
	지불금리	280,000	(보증금 + 권리금 = 5,600만 원)에 대한 재테크 금리(연 6% 이하) 적용 ÷ 12개월
	계	10,350,000	
손익분기 매출		20,700,000	변동비율을 매출대비 50%로 설정 *10,350,000 ÷ (1−0.5) ≒ 20,700,000

과목	금액(원) 최근 월간실적(또는 개업 후)	비고
Ⅰ. 매출액		월 평균매출
Ⅱ. 매출원가		월 상품구입비(또는 원재료비)
Ⅲ. 매출이익		Ⅰ-Ⅱ
Ⅳ. 판매관리비		아래 1.급료부터~7.기타경비의 합계
1.급료		직원 인건비 (월 평균 아르바이트비용포함)총액
2.임차료		월세 및 건물관리비
3.통신비		통신비 (인터넷전용회선비용 및 휴대요금포함)
4.수도광열비		전기, 가스, 수도료 등 합계
5.복리후생비		차량유지비, 식비, 휴가비, 회식비, 4대보험료 등
6.감가상각비		집기, 시설비용 등을 사용연한(보통 60개 월)으로 나눈 금액
7.기타경비		접대비 및 홍보비 등 상기항목 미포함 금액
Ⅴ.영업이익		Ⅲ-Ⅳ
Ⅵ.영업외 비용		월 발생 지금이자 등 영업과 관련 없이 지출 한 비용
Ⅶ.경상이익		Ⅴ-Ⅵ

불경기에도 줄 서는 작은 가게의 비밀

소비자, 그들은 모든 사업의 근원이다. 소비자 없이는 어떤 사업도 할 수 없다. '누군가가 무엇을 사기 전까지는 아무 일도 생기지 않는다.'라는 말이 있다. 모든 사업의 가장 중요한 기능은 소비자를 만들어내고 유지하는 일이다. 실제로 사업 실패는 모두 소비자가 부족한 데에서 기인한다. 그렇다면 소비자를 만들어 내고 유지하면 되지 않겠는가. 바로 이것이 점포운영자가 감당해야 할 몫이다.

작은 가게라도 사업은 사업이다

작은 점포도 엄연한 사업체이기 때문에 체계적인 경영이 필요하다. 하지만 점포 경영은 기업체 수준의 경직되고 복잡한 경영을 요구하지도 않고 필요하지도 않다. 소비자를 잡고 유지하기 위해서는 직원 관리, 고객 관리, 상품 관리, 자금 관리 등 점포 관리를 철저히 해야 한다. 그리고 점포가 부진할 때에는 점포 활성화 전략을 강구해야 한다.

여기서 점포가 부진하다는 것은 매출액과 수익성이 3개월 이상 나아지지 않는 경우를 일컫는다. 활성화 전략을 시행했는데도 불구하고 3개월 이상 점포의 회생기미가 보이지 않으면 바로 업종변경이나 매도전략으로 들어가야 한다. 업종변경이나 매도전략도 점포 운영에 있어서 중요한 전략이다. 거기에 점포 폐업전략까지도 알아야 한다.

불황기 매출 올리기 전략

불황기에는 소비심리가 위축되어 있다. 입지가 좋은 곳에서 장사를 하든 나쁜 곳에서 하든 누구라 할 것 없이 모두 영업이 부진하다. 당연히 장사는 위치 불문하고 침체에 빠져 있다. 입지조건이 나쁜 경우에는 거의 어떤 방법도 강구할 수 없을 정도로 상황이 안 좋아진다.

우리가 알아야 할 것은 이런 악조건 하에서도 입지가 좋은 점포는 호경기 때보다 전반적으로 매출이 하락하기는 하지만 여전히 잘된다는 사실이다. 이처럼 창업에서는 입지가 생명이다. 특히 불황기에는 더욱 그렇다. 하지만 입지가 좋다고 모두 성공하는 것은 아니다. 입지가 좋아도 지지부진한 점포도 셀 수 없이 많다. 점포 경영을 못해도 이렇게 침체의 늪에 빠진다.

여하튼, 입지가 좋든 나쁘든 여러분이 이와 같이 침체의 늪에 빠져 있다면 어찌할 것인가. 손 놓고 있을 것인가. 창업단계에서부터 점포운영에 이르기까지 제반사항을 재점검하여, 문제점 발견과 해결에 모든 노력을 쏟아야 불경기를 극복해 나갈 수 있으며 나아가 창업 성공도 바라볼 수 있다.

침체기를 극복하는 방법론을 살펴보자.

첫째, 초보창업자들이 흔히 저지르기 쉬운 실수가 인건비 등 제반 경비를 줄이려 하는 것이다. 그러나 이는 오히려 점포 자체를 회생불능으로 몰고 갈 확률이 높다. 단순히 손익분기점에 맞추는 등 회계학적인 수치에 매달리는 것은 사업가로서 부적합한 행동이다. 사업은 그 자체가 모험과 도전정신을 내포하고 있다. 그렇다고 방만한 운영을 하라는 것은 절대 아니다. 정도(正道)로 어려움을 뚫고 나가라는 것이다. 예를 들어 인건비를 줄이는 것보다는(점포 분위기가 극도로 침체된다) 차라리 점포의 어려움을 극복해 나가기 위해 전력투구하는 것이 좋다.

둘째, 사업 침체를 불가항력적인, 외부적인 요소(사회전반적인 불경기 등)에만 돌려서는 안 된다. 점포의 문제점을 차례차례 진단해서 그 해결책을 찾아야 한다. 상권 자체가 쇠퇴기에 있는지, 아니면 점포 입지와 업종이 과연 적합한 것인지, 그리고 경쟁점포와의 경쟁력 우위를 지키고 있는지를 조사해야 한다. 애초에 경쟁점포를 파악하고 장사를 시작했지만 막상 부딪쳐보니 경쟁력에서 뒤지는 경우도 있고, 자기 점포보다 더 강력한 경쟁점포가 새로이 출현하는 경우도 있다. 이때에는 경쟁점과의 경쟁력 유무를 따져보아야 하는데, 입지조건과 점포크기 등을 비교해야 한다. 그도 아니면 고객 서비스 등 점포 관리상의 문제점이 없는지를 파악해야 한다.

셋째, 상권 입지와 업종의 적합성, 경쟁점포와의 경쟁력, 그리고 점포 관리에 있어서 모두 문제가 없는데도 점포가 부진하다면 이것은 마케팅 전략이 잘못된 것이다. 상품의 품질이나 가격, 광고 홍보 등 촉진 전략을 적절히 구사하지 못했다는 것이다.

　점포가 위치하고 있는 상권이나 취급하는 업종에 맞지 않는 마케팅 전략을 구사한 것은 아닌지 재점검해 보아야 한다. 예를 들어 가격 전략이 유용하다고 판단하여 강남지역 상권에서 저렴하게 판매했다면 그것이 먹히겠는가. 음식점의 경우 파격적인 가격 할인 전략을 구사한다면 초기에는 일시적으로 먹히겠지만 장기적으로는 점포 이미지를 악화시켜 결국 매출부진으로 이어진다. 이와 같이 마케팅 전략은 상권 입지와 업종의 특성에 따라 적합한 것을 구사해야 한다.

　위와 같이 점포를 진단하여 문제점이 발생하면 해결하는 데에 집중하기 바란다. 그리고 경쟁점포와의 차별화로 틈새시장을 개척하여 불황을 뚫고 나아가기 바란다.

장사의 기본기 차이가 매출 차이를 만든다

장사에 있어 기본기는 크게 두 분야로 나뉜다. 직원 관리와 고객 관리가 그것이다. 둘 다 소홀히 할 수 없다. 어느 것 하나만 잘못돼도 매출하락 및 사업실패로 이어질 수 있다.

직원 관리 : 맹구주점猛拘酒店에서 배우는 교훈

옛날 중국의 어느 작은 마을에 주점이 몇 개가 있어서 경쟁이 치열하였다. 그중 한 주점에 주인의 말을 아주 잘 듣는 개가 한 마리 있었다. 그 주점은 경쟁력을 갖추기 위해 최고의 시설과 최고의 술을 빚고, 최저 가격으로 무장하여 재오픈을 하였다. 그런데 하루가 지나고 이틀이 지나도 손님은커녕 개미 한 마리도 얼씬거리지 않는 것이었다. 주막에 손님이 없으니 술은 팔리지 않고, 시간이 지나자 곧 쉬어 버렸다(막걸리처럼 누룩을 발효시켜 만든 술은 금방 쉰다). 사나운 개가 으르렁거리며 문 앞을 지키고 있으니 손님이 없는 것은 당연한데도 주인은 오지 않는 손님만 탓했다.

이것을 맹구주산猛狗酒酸이라고 한다. '개가 사나우면 술이 쉰다.'라는 뜻이다. 주인에게는 더할 나위 없이 충성스러운 개였지만 손님이 오면 으르렁거리며 내치는 것을 맹구 같이 멍청한 주인이 알 리가 없다. 마구 짖어대며 사납게 구는 개가 고객에게는 말 그대로 무서운 테러리스트나 진배없다.

자질을 제대로 갖추지 않은 직원을 접점에 두는 것은 맹구(테러리스트)를 배치한 것과 다름없다. 소비자는 의도와는 상관없이 그 행동으로 서비스를 판단하고, 좋고 싫음을 결정해 버린다. 게다가 그 인상을 오래오래 잊지 않고 기억한다. 맹구주점 이야기는 고객만족 경영, 고객만족 서비스를 추구해야 하는 창업자에게 직원관리나 고객관리의 중요성을 깨닫게 해주는 교훈이다.

'하급의 인간은 자신의 능력만 열심히 쓰고, 중급의 인간은 자신 이외 사람들의 힘을 쓰며, 상급의 인간은 사람들의 지혜를 쓴다.'는 옛말을 되새겨 보기를 바란다.

직원 채용

경영자 혼자서 점포를 경영하기란 매우 어렵다. 그렇기 때문에 경영자는 조력자인 직원을 채용해야 한다. 물론 규모가 작은 소점포인 경우에는 경영주 혼자서 운영할 수도 있겠지만, 그렇지 못한 경우에는 직원을 채용해야 하는데 전혀 생면부지인 사람을 모집, 채용한다는 것은 매우 어려운 일이다.

① 직원 채용 전 인원계획 수립

직원을 채용하기 전에 경영자는 먼저 이 점포에 몇 명의 인원이 필요하며, 어떠한 능력을 소유하고 있어야 하는가를 결정해야 한다. 따라서 경영자는 점포의 크기, 고객 수, 업무량, 가장 바쁜 시간대 등을 고려하여 적절한 인원계획 및 배치 계획을 짤 필요가 있다.

피크 시간이 아닌 경우에는 별도로 직원을 고용할 필요가 없다. 이것은 인건비의 절감 및 고객에게 최상의 서비스를 제공한다는 측면에서 신중히 고려되어야 할 사항이다. 직원이 해야 할 직무가 무엇인지 먼저 조사해야 하며, 이에 따른 필요 인원 수 및 요일별 인원의 배치 계획도 수립해야 한다. 근무할 시간과 기간을 정확하게 결정하는 것은 매우 중요하다. 왜냐하면 지원자들의 근무 가능한 시간과 기간이 점포에서 필요로 하는 여건과 일치하여야 하기 때문이다.

② 직원 채용 시 고려 사항

점포 크기, 고객 수, 업무량, 가장 바쁜 시간대 등을 고려하여 어떠한 능력이 있어야 하는가? 몇 명이 필요한가? 연령은 어느 정도가 좋은가? 이에 따라 경력 · 신입 여부, 정식직원 · 아르바이트 여부를 정한다.

③ 가능한 최단 기간 인원 확보

필요한 인원이 결정되면 가능한 모든 방법을 이용하여 직원을 즉시 모집한다. 이때에는 점포에서 필요한 근무 시간대, 자격 요건, 그리고 급여 조건 및 지급 방법이 결정되어 있어야 하며 지원자가 문의를 해올 때 정확하게 설명해 주어야 한다. 이것은 그들이 원하는 조건을 알려주어 빠르게 의사

결정을 내릴 수 있도록 하기 위해서이다.

④ 직원 채용 방법

점포 내부나 앞쪽에 모집 광고를 부착한다.

지역 신문 등에 광고를 게재한다.

인터넷 아르바이트 관련 사이트 검색해서 게시한다.

고객이나 종업원의 추천을 통해 채용한다.

⑤ 면접 시 점검해야 할 사항

면접 시에 점검해야 될 사항은 제출된 취업 신청서 또는 이력서 등을 통하여 지원자의 경력 및 가족 사항, 성격 등을 확인하는 것이다. 또한 근로의 대가로 지불할 급여 및 근무 일정, 휴무 등에 관하여 정확하게 알려주어 근무 희망자 입장에서도 근무를 결정하는 데 있어서 정확한 고려 대상이 되어야 한다. 향후 근무를 할 때 이러한 사항의 변동이 있다면 근무 의욕이 반감될 수 있기 때문이다.

⑥ 면접 내용

미성년자 여부를 확인한다.

보건증 소지 여부(미소지 시 즉시 신청)를 확인한다.

경력, 관심, 희망 사항에 대해서 대화를 나눈다.

가족이나 교우관계에 대하여 대화를 나눈다.

주택사정, 통근사정에 대하여 물어본다.

급여제도, 복리후생에 대해서 알려준다.

직무를 설명한다.

직원 교육

점포를 운영하는 데 있어 직원 교육은 매우 중요하다. 교육은 점포의 발전 및 직원 자신의 자기 계발에 도움이 되는 것이다. 능력 있는 직원은 하루아침에 탄생하는 것이 아니라 꾸준한 교육 및 훈련을 통하여 얻어지는 것이다.

① 실습을 통한 교육

교육이라 하면 보통 일방적으로 일정한 장소에 직원을 집합시켜 점포 경영자의 일방적인 생각을 전달하고 끝나게 되는 경우가 많다. 그러나 효과적인 교육은 이론에 바탕을 두고 실습을 통하여 직원이 직접 해보도록 하는 것이다. 직접 판매 현장에서 경영자 자신이 직접 실연을 하여 직원이 보고 느끼도록 하는 것이 가장 중요하다. 시행 후 경영자 또는 직원이 느끼는 문제점을 서로 논의하여 보완하는 것이 가장 훌륭한 교육 과정이라고 할 수 있다.

② 교육 시기

교육은 업무의 연속으로서 필요성이 느껴질 때마다 실시해야 한다. 그러나 교육을 필히 해야 하는 적절한 시기가 있는 것이 사실이다. 이 시기에 교육을 받음으로써 직원은 판매 현장에서 교육받은 내용을 적절히 활용할 수 있게 된다.

교육이 필요한 시기는 다음과 같다.

- 신입 직원이 처음 근무를 시작하기 전에
- 신입 직원이 할당된 업무를 처음으로 시작할 때

- 직원의 업무 처리가 미숙할 때
- 새로운 업무가 시작될 때

③ 교육 단계별 진행 방법

교육을 통하여 효과적인 결과를 얻기 위해서는 체계적인 단계로 교육을 진행해야 한다. 교육은 1회로 끝나서는 안 되며 직원의 경력이나 능력 정도에 따라 체계적으로 진행하여야 한다.

④ 교육의 내용

교육의 내용은 무엇을 파는 점포냐에 따라 달라질 수 있다. 대개 다음과 같다. 출·퇴근시간 준수, 기본적인 접객 용어, 인사 방법, 고객 응대 자세, 복장 차림새, 청소, 전화 받는 법, 고객 불평·불만 처리, 계산요령, 포장방법, 상품정보 숙지, 동료 직원 간 성희롱 금지 등.

직원 근태관리

직원을 채용하고 교육이 완료되면 근무일정 계획을 수립해야 한다. 이 일정표는 어떤 형태로든 직원이 볼 수 있도록 정해진 곳에 게시되어야 하며, 사전에 직원의 의견을 반영하여 일정을 수립한다. 특히 점포의 휴일, 공휴일 등을 고려하여 수립할 필요가 있다. 다음은 직원들의 근무 일정 계획을 수립할 때 항상 고려해야 할 사항이다.

① 인력 배치

점포의 크기와 고객 수를 고려하고, 일반 시간대 및 피크 시간대를 구분하여 인력의 배치 계획을 수립한다.

② 정규 직원

직원은 근무 시간을 근로기준법에 맞추어 준수해야 한다. 그리고 휴무일과 정기 휴가를 고려해야 한다.

③ 임시 직원

한시적으로 근무를 원하는 임시 직원의 경우 근무하고자 하는 시간대가 따로 있다. 점포에서 필요로 하는 시간대를 먼저 결정한 후, 그들의 희망 근무 시간대를 고려하여 근무 계획을 수립한다.

④ 휴무

경영자는 모든 직원의 휴무일이 지정되어 있는지 확인해야 한다. 직원의 휴무일 지정에는 공정성이 있어야 하며, 공정한 배치기준이 있어야만 한다.

⑤ 결근 및 퇴직

몸이 아프거나 개인적인 사정에 의하여 직원들이 아무런 통보 없이 결근하거나 퇴직하는 경우가 있다. 따라서 사전에 교육을 통하여 긴급 시는 반드시 미리 연락하게 하며, 퇴직을 원할 때에는 최소한 1주일 전에 통보하도록 하는 등 갑작스러운 문제가 발생되지 않도록 예방하는 수밖에는 더 좋은 방법이 없다.

⑥ 경영자의 휴가 시에는 업무 대체 계획을 수립한다

경영자가 휴무 또는 휴가를 갈 때는 대신할 직원을 선정하여 경영자의 업무에 대해 인수인계를 해야 한다. 좋은 방법은 평소에 후임자를 선정하고 경영자의 업무에 대해 단계적으로 전수하여 점포 경영자를 만드는 것이다.

고객관리 : 파레토의 20대80 법칙을 활용한 전략

시대 환경의 변화에 따라 고객들의 요구는 10인 10색으로 다양해지고 있다. 고객의 니즈에 민감하게 변화하고 적응하지 않으면 고객은 다시 찾지 않는다. 아무리 강조해도 지나치지 않는 것이 바로 '고객감동 서비스'다. 고객감동 서비스는 사소한 것 같지만 치열한 시장에서의 강력한 생존 경쟁력이 되고 있다.

고객감동 서비스를 실천하라

직원의 이미지가 점포 이미지를 결정한다. 아무리 좋은 직원일지라도 진심 어린 마음이나 행동이 전제되었을 때에 좋은 이미지를 낳는다는 것을 명심해야 한다.

소자본 점포사업은 지역밀착형 사업이다. 대형 백화점과 같은 고객창출형 사업이 아니다. 대부분 지역에 근거를 둔 사람들과 자주 만나는 사업이므로 의례적인 예절로는 그들을 만족시킬 수 없다. 투박하더라도 진심 어린 태도나 말 한마디가 그들을 감동시킨다는 것이다.

따라서 진심 어린 마음으로 장사하면 성공할 수 있다. 그러한 마음은 항상 머금고 있는 미소로 표출된다. 예절의 시작은 미소로 시작되고 미소로 끝난다. 미소를 지으면 밝고 예의 바른 마음이 생겨나는데 그러한 마음은 다시 미소를 만들어낸다. '고객감동'이라는 일념으로 정성을 다해 서비스를 해야 한다. 하지만 서비스가 지나치면 오히려 손님을 쫓는 경우도 있으므로 주의하라. 지나친 친절은 손님에게 '반드시 물건을 사야 할 것 같다.'는 부담감과 함께 불쾌감까지 안겨준다. 이처럼 서비스란 쉬운 듯하면서도 어렵다. 그러므로 있는 듯 없는 듯 항상 마음 편한 서비스, 정성을 다한 따뜻한 서비스를 하는 것이 가장 좋다.

한편, 시선을 잘못 두어도 큰 실례가 된다. 손님이 점포로 접근할 때나 물건을 고를 때 뚫어지게 쳐다보면 감시당하는 느낌을 주므로 좋지 않다. 그러므로 시선은 되도록 마주치지 않되, 손님의 코와 입술 사이의 인중을 바라보는 것이 무난하다. 손님에게 지나치게 가까이 다가서는 것도 좋지 않다. 친절하게 대하기 위해서 그랬을지라도 손님은 구매를 강요당하는 듯한 기분과 경계심까지 들어 장사에 도움이 되지 않는다.

손님은 주인이나 직원의 표정, 몸짓, 시선 하나에도 민감하게 반응한다. 얼핏 보기에 불쾌한 시선, 몸짓, 표정을 한 것 같은데도 손님이 전혀 그렇게 받아들이지 않는 경우가 있는데 바로 진심에서 우러나오는 행동을 했을 때이다. 직원의 진심에서 우러나는 미소야말로 고객 관리의 최대 무기이다.

파레토의 20대80 법칙으로 20% 충성고객을 잡아라

이탈리아의 유명한 경제학자인 파레토는 '때때로 양적으로 작은 항목들의 가치가 다른 큰 항목들의 가치보다 훨씬 중요하다'는 사실을 알아냈다.

파레토는 백화점의 하루 매상 중 80%는 그 백화점의 단골인 20%의 손님이 올린다는 것을 발견하면서, 이를 '20대80 원칙'이라고 하였다. 그는 이러한 현상을 분석하여 간단한 도식을 만들어 냈는데, 전체 중 20%만의 투입으로 80%의 성과가 산출된다는 것이다.

'상위 20% 이내에 드는 고객이 전체의 80% 매출을 발생시킨다.'는 말이기도 하다. 하루 종일 걸려오는 전화 중의 80%는 전화를 자주 하는 친근한 20%가 하는 것이다. 또한 교수가 한 시간 강의하는 동안에 전달한 지식의 80%를 이해하는 학생은 불과 20%밖에 안 된다. 또한 20%의 인구가 80%의 돈을 가지고 있고, 20%의 근로자가 80%의 일을 하는 것 등이 바로 사례로 법칙을 인증한다.

파레토 법칙에 따르면 많은 기업가들이 생각하는 것과는 달리 모든 제품과 고객은 똑같지 않다. 그러므로 모든 제품과 고객에게 같은 투자를 하는 것은 낭비이다. 중요한 20%를 찾아내어 그들에게 투자해야 최대의 효과를 얻을 수 있다. 1대1 마케팅을 지향하는 텔레마케팅에서 파레토 법칙의 진정한 의미는 상위 20%의 고객들을 끊임없는 노력으로 고객을 만족시켜 기업의 가치를 향상시킨다는 의미이기도 하다.

창업에서도 마찬가지다. 다만, 20%의 우량고객도 80%의 개미군단이 받쳐주어야 존재한다는 것을 명심해야 한다. 상위 20%를 잡기 위해 하위 80%를 놓치는 우를 범하지 말라는 것이다. 점포창업은 손님이 많아야 한다. 그중 단골고객 20%에게 좀 더 집중하는 것이 매출 증대에 이바지한다는 뜻이다.

롱테일 법칙으로 80%의 개미고객도 놓치지 마라

롱테일 법칙은 2004년 말부터 미국을 중심으로 화제가 된 키워드다. 이제까지 한심하게 보았던 사소한 80%에 주목하는 '역(逆) 파레토 법칙'이다. 인터넷서점 '아마존닷컴'은 사실상 무한대의 서적을 진열하고 있다. 현실 세계의 서점에서는 80대20 법칙에 따라 잘 팔리는 20%의 책이 80%의 매출을 일으키므로, 서점 경영의 핵심은 '잘 팔리는 책을 어떻게 효율적으로 진열하는가'였다.

그러나 아마존은 진열 가능한 책의 수가 무한대에 가까우므로, 80대20 법칙을 적용할 필요가 없다. 1년에 단 몇 권밖에 팔리지 않는 '흥행성 없는 책'들의 판매량을 모두 합하면, '잘 팔리는 책'의 매출을 추월한다. 이처럼 롱테일은 인터넷과 디지털이 만들어내고 있는 비즈니스 패러다임의 변화 속에서 탄생한 것으로 앞으로 마케팅 전략에서 주목해야 할 것이다.

실전 고객응대와 화법

고객응대는 무엇보다도 고객의 중요함을 마음속 깊이 가지면서, 고객이 원하는 상품을 원하는 시기에 신속하게 고객에게 제공하는 데 의미가 있다.

| 서비스 절차별 권장 용어 |

구분	접객 용어	상황
인사	• 어서 오십시오(어서 오세요) • 반갑습니다	• 상냥하게 • 정중하게
안내	• 몇 분이십니까? • 이 자리가 괜찮습니다 • 이쪽으로 오시죠	• 직접 몸으로 안내 • 정중하게
주문받기	• 실례합니다 • 메뉴(판)는 여기 있습니다 • 주문하시겠습니까? • 말씀하십시오 • 더 필요하신 것이 있습니까?	• 정확하게 • 공손하게 • 분명하게 • 메뉴(판)를 가리키면서 • 추가 주문 여부를 묻는다
지체되거나 주문 실수시	• 잠시만 기다려 주십시오 • 죄송합니다, 잘못된 것은 바로 고치겠습니다 • 주문이 밀려서 그렇습니다	• 공손한 마음과 자세로 • 정중하게 사과하고 • 설명한다
상품제공	• 맛있게 드십시오(드세요)	• 상냥하게 바르게
치우기	• 이것은 치워도 되겠습니까?	• 부담을 주지 않으면서
계산 시	• 감사합니다. 맛있게 드셨습니까? • ○○○원 받았습니다. 감사합니다	
인사	• 감사합니다. 안녕히 가십시오 • 또 오십시오 • 다시 방문해 주십시오	• 정중하게

■ 고객이 점포의 문을 열고 들어올 때는 일체의 행동을 중지하고
  고객을 응대할 준비를 한다.

■ 접객의 순서를 먼저 온 순서대로 하며 공평해야 한다.

■ 상품 지식 및 생활 정보를 숙지한다.

■ 말씨와 인사는 예의 바르게 실시한다.

■ 옷차림을 단정하게 한다.

■ 행동은 정중하며 경쾌하게 해야 한다.

■ 고객과의 약속은 반드시 지킨다.
  - 예약, 배달, 불만사항 처리결과 등

■ 점포에서의 '결정적인 순간' 발생 시점
  - 주차장에 들어섰을 때 주차요원의 태도
  - 주문을 받는 순간적인 모습
  - 주문한 음식이 조리되어 직원이 음식을 제공하는 순간
  - 고객이 점포의 쿠폰이나 전단지를 접하는 순간
  - 점포에 도착하여 건물의 외관을 접하는 순간
  - 테이블에 앉는 순간
  - 계산을 마치고 직원의 인사를 받는 순간

03 | 손님을 100배 끌어들이는 전략

점포의 전면은 지나가는 사람들의 눈길을 잡아 끌어들이는 유인수단이자 점포를 홍보하는 강력한 광고판 구실을 한다. 이와 같은 점포 전면에는 간판과 출입문, 쇼윈도 등이 있다. 이들은 사람의 얼굴과 같아서 그 점포의 첫인상을 좌우한다. 손님들은 대부분 점포의 전면을 보고 구입할지 말지를 결정한다. 점포 전면의 가시성이 중요하다는 것도 같은 맥락이다.

즉, 간판 크기나 글씨체, 사용된 색깔 등 점포의 외관을 보고 자신에게 맞는 상품이 있을지 없을지를 판단하는 것이다. 때문에 점포의 전면은 주고객의 연령층, 성별, 소비성향 등에 따라 효과적으로 꾸며야 한다. 개성과 특성을 살려 자기만의 색깔을 유지하되 동시에 친밀감과 편안함을 느낄 수 있도록 점포 전면을 꾸며 보라. 간판의 상호나 쇼윈도만 보고도 무엇을 파는 점포인가를 쉽게 인지하도록 꾸민다면 이미 절반의 성공은 '떼놓은 당상'이다.

고객을 끌어들이는 상호 짓기

상호를 그냥 짓다 보니 나중에 잘못 지은 이름 때문에 고생하는 사람이 의외로 많다. 그러므로 실수하지 않으려면 어떤 물건을, 누구에게, 어떻게 팔 것인가에 대해 명확히 정의를 내린 다음 이에 맞춰 상호를 지어야 한다. 또, 상호를 지은 후 나만의 상호로 사용하려면 상표등록을 해두어야 한다.

주고객을 고려한 상호 짓는 법

상호는 창업자의 의지나 희망을 담기 마련이다. 하지만 고객의 요구에 상응하는 상호여야 효과적이다. 상호는 가장 짧은 시간에 손님에게 제품이나 서비스를 각인시킬 수 있는 수단이다. 중요한 광고수단으로서 매출액과 직결되며, 마케팅 전략과 연계되면 강력한 마케팅 수단이 된다.

그러므로 주고객 연령에 맞게 상호를 지어라. 주고객의 나이에 맞게 상호를 짓는다는 것은 달리 보면 업종에 맞게, 품목에 맞게 이름을 지어야 한다는 뜻이다. 예를 들어 취급하는 업종과 품목이 음식업 중 해물칼국수나 쇠고기 전문점인데 요즘 유행하는 튀는 이름이나 외래어를 사용한다면 어떻게 되겠는가? 따라서 이름을 지을 때는 점포를 주로 찾을 손님들의 특성, 즉 연령층을 분석하여 이름을 지어야 한다. 나이에 따라 생활방식 또한 다르기 때문에 그 연령층이 선호하는 언어도 매우 다르다.

보통 10대들은 재미있는 이름에, 20대~30대 초는 튀는 이름이나 독특한 외래어에 호감을 보인다. 독특함을 추구한다는 것은 글자 수가 많아도 부담을 느끼지 않는다는 것이다. 한때 'ㅇㅇ가 우물에 빠진 날'이라는 고기전문점이 대유행했던 것을 기억할 것이다. 10대~20대는 글자 수와 무관하게 상호가 독특하면 쉽게 인지한다. 카페나 커피숍 상호로 '그림이 있는 풍경'과 미술학원 상호로 '바퀴 달린 그림책'이 있다. 한번 조용히 읽어보라. 누구에게, 무엇을, 어떻게 팔 것인지 바로 연상되지 아니한가. 무언가 그윽한 묵향 같은 아련함과 함께 가보고 싶은 욕구가 피어오르지 않는가 말이다.

한편, 30대 후반~60대는 한글 이름에 관심이 많다. 당연히 글자 수가 길어서는 좋지 않다. 길어야 3~4자 이내로 하는 것이 좋다. '춘천옥', '파주집', '문산집' 등 짧은 상호를 많이 보았을 것이다. 길거리에서 상호만 보고도 저 집이 누구를 주 고객으로 하여 무엇을 파는지 알 수 있다.

예전에 '○○대학 떡볶이꽈'라는 브랜드로 체인 사업을 벌인 가맹본부가 있었다. 글자 수나 상호에서 이미 고객을 젊은 층, 그것도 대학생으로 제한하는 우를 범하고 있다. 낙지볶음 등 낙지전문점은 고객층이 다양하다. 다시 말해 다양한 수요층이 받쳐줘야 지속성을 유지하는데, 일부 계층으로 수요층을 제한한 상호 문제로 결국은 무너지고 말았다. 이 같은 사례를 타산지석으로 삼아 상호를 지을 때는 반드시 취급하는 업종과 주고객의 연령을 고려해야 함을 명심하기 바란다.

인기 있는 브랜드의 이름들을 살펴보고 상호를 지어라

장사에서는 독특한 아이디어를 내어 이름을 짓는 것도 좋지만, 기존의 것을 응용한 이름도 좋다. 먼저 자신의 업종이 어떤 업종군에 속하며, 어떤 제품과 경쟁하는지 파악해야 한다. 해당 분야의 제품, 특히 현재 광고를 내보내고 있는 인기 있는 브랜드들의 경향을 살펴볼 필요가 있다. 대부분의 사람들은 광고를 많이 하는 브랜드의 이미지에 길들여져 있으므로 이러한 경향을 비교, 분석해본 후에 방향을 정하는 것이 좋다. 이때 무조건 따라가기 식으로 모방하는 것은 오히려 해가 될 수도 있으므로 주의하라. 즉 단순히 모방하기보다는 거기에 참신한 것을 가미하여 자신의 업종에 맞게끔 재미있게 개작하는 정도가 좋다.

장사를 오래 할 것인지, 짧게 할 것인지에 따라서 상호를 지어라

장사를 어떻게 꾸려갈 것인지, 계속해서 장사를 할 것인지 아니면 짧게 2~3년만 할 것인지에 따라 이름을 다르게 지어야 한다. 장기적으로 점포를 꾸려갈 계획이라면 유행을 타는 이름보다는 그 사업의 일반적인 특성을 가장 잘 반영해주는 이름을 짓는 것이 좋고, 2~3년 이내에 승부를 거는 유행 편승 업종이라면 당연히 유행에 맞는 이름을 지어야 할 것이다.

사실 창업과 상가투자 교재를 9권째 집필하고 있는 저자도 항상 이 점을 고려하여 책 제목과 중제목, 소제목을 정한다. 책 내용이 좋고, 나쁘고를 떠나 '확' 눈에 띄는 제목을 선정해야만 잘 팔리는 것은 이쪽 출판시장이라고 다르지 않다. 그럼에도 불구하고 결국은 독자들 눈에 띄지 않는 평범한, 흥미를 유발하지는 않지만 나름 원칙을 고수한다고 보수적인 제목으로 정하고 만다. 당연히 책 판매량은 그다지 폭발적이지 않다. 하지만 장기적으로 꾸준히 팔리는 '스테디셀러'는 되고 있다. 독자들의 도움으로 저자로서는 소기의 목적을 달성하고 있는 편이지만 책을 낼 때마다 늘상 고민하는 것도 바로 이 이름짓기이다.

이름을 결정할 때는 혼자서 하지 말고 주변 사람들에게 도움을 요청하여 여러 가지 이름을 뽑아보고 그중에서 선별하라.

점포 이미지를 결정하는 간판 기획

점포를 대표하는 간판은 점포 이미지를 결정한다. 가장 짧은 시간에 제품과 서비스를 손님의 머릿속에 새길 수 있는 수단이다. 그저 점포의 상호만 내다 걸어서는 안 된다. 간판은 점포를 대표한다. 게다가 간판은 그 자체로도 중요한 광고수단이다.

전체적인 조화를 염두에 두고 간판의 디자인과 색깔, 글씨체를 정하라. 특히 간판의 크기는 점포 크기 등과 조화를 이루어야 더욱 빛을 발한다.

간판 형태는 간단명료하고, 눈에 잘 띄며 보는 사람들에게 호감을 주어야 효과적이다. 전면간판과 돌출간판, 그리고 입간판 등을 최대한 활용하라. 다만 간판 규제는 미리미리 파악하고 있어야 낭패를 겪지 않는다. 간판 설치에 관한 신고 및 허가는 대부분 간판업자들이 시방서와 몇 가지 서류를 작성해 얻게 되는데, 창업자들은 업자와 계약할 때 이에 관한 사항을 명기하라. 돌출간판은 관할구청 건설과 소관이고, 벽면간판은 관할 동사무소에 신고하면 된다.

네온간판의 경우는 상업지역에서만 허가가 나온다. 서울시의 경우는 '옥외광고물 가이드라인'을 만들어 2008년 4월부터 시행하고 있다. '옥외광고물 가이드라인'이 적용되면 기둥형 광고, 창문을 이용한 광고, 점멸 조명 광고물은 설치가 원천 금지된다. 권역에 따라 간판 설치 숫자나 규제가 다르므로 자세한 사항은 미리미리 관할 구청에 확인하는 것이 좋다.

여하튼, 다른 부분의 비용은 최소화하되 간판만은 아낌없이 투자해야 함은 너무도 당연하다.

구매 욕구를 일으키는 출입문과 쇼윈도 구성

출입문

출입문은 자연스럽게 들어가고 나올 수 있도록 하는 것이 좋다. 지나치게 고급스러운 재질로 화려하게 해놓아도 부담스럽고, 창고형 출입문처럼 촌스럽게 해놓아도 제 얼굴을 깎아먹는다. 물론 취급하는 품목과 전체 분위기에 맞게 시설을 해야 한다.

최근에 풍수지리나 역학에 근거하여 인테리어를 하는 경우가 매체에서 자주 소개되고 있다. 출입문도 마찬가지다. 출입문 방향이나 출입문 위치 선정 시에 고객 동선상에 있는 곳에 설치하되, 풍수나 역학을 고려해 보는 것도 좋을 것이다. 사람들의 심리를 고려하면 거기에 해답이 있다. 예를 들어 출입문과 주방 또는 홀 건너 뒷문이 정면으로 마주 바라보이면, 무언가 허전하면서도 안정되지 못하고 어딘지 불편함을 느끼게 된다. 그리고 이러한 불편한 심리가 매출 하락으로 이어진다. 풍수나 역학에서는 이런 경우를 무엇이라고 하던가. '돈이 샌다.', '돈이 앞문으로 들어와서 뒷문으로 빠져 나간다.'고 표현하지 않던가 말이다. 고객들의 소비심리를 고려하는 것이 매우 중요하다는 점을 다시금 자각하기 바란다.

쇼윈도

쇼윈도는 지나가는 사람의 시선을 붙들어 매는 구실을 한다. 따라서 시각적인 자극을 주어 구매 욕구를 충동질하도록 꾸며야 한다. 형태는 취급업종에 따라서 차이가 크며, 속이 다 들여다보이는 완전 개방형과 반개방형, 그리고 완전 폐쇄형이 있다.

완전 개방형은 슈퍼마켓 등 가격이 저렴하고 편의품을 주로 취급하는 업종에 적합하다. 언제든지 마음 편히 들어가고 나갈 수 있는 분위기를 풍기기 때문에 부담 없는 업종에 적합하다.

반개방형은 주로 고객이 쇼핑의 목적을 어느 정도 정해놓은 업종에 적합하다. 의류점, 문구점, 완구점, 전자제품, 기타 일반음식점 등이 이에 속한다.

완전 폐쇄형은 고급품점에 어울린다. 특별한 디스플레이보다는 화려하고 고급스러운 분위기를 내어 손님이 점포에 들어서는 것 자체로도 우월감을 느끼도록 해주어야 한다.

하지만 이러한 구분이 최근에는 점차 사라져가고 있다. 자유와 개성을 추구하는 시대의 흐름에 따라서 점차 쇼윈도의 형태도 개방형으로 바뀌고 있음을 아울러 알아두기 바란다.

한편, 쇼윈도 조명과 진열에도 각별한 정성을 쏟아야 한다. 쇼윈도에 진열될 상품이나 디스플레이도 중요하지만 이에 걸맞는 조명은 더욱 중요하다. 예를 들어 주력상품에는 강렬한 스포트라이트를 비추는 등의 연출이 필요하다. 쇼윈도의 진열은 한 번에 메시지가 전달될 수 있도록 단순하며 파격적이어야 좋다. 또한 항상 청결을 유지해야 한다. 주력상품이나 베스트상품을 진열하는 것이 좋고, 계절행사나 특별행사 때에는 그에 맞게 민감한 진열을 하라. 1년 내내 변화 없는 쇼윈도는 죽은 점포의 상징이다.

04 골목장사에 효과적인 마케팅 전략

이제 만들면 팔리는 시대는 끝났다. 소비자들은 제각각 다른 것을 선호하는 개별적인 대상으로 바뀌어 가고 있다. 이러한 경쟁 속에서 가만히 앉아 있어서는 퇴출되고 마는 것이 현실이다. 이와 같은 현실 속에서 살아남기 위해서, 그보다 성공하기 위해서는 반드시 시장 개척이 필요하다. 시장을 개척하기 위해서는 마케팅 전략 수립과 실행이 필수다.

마케팅marketing이란 '시장에서 일어나는 일'이다. 즉 '소비자의 지속적인 구매활동을 촉진하기 위하여 만들고 행하는 모든 활동영역'을 마케팅이라고 한다. 기업에서 주로 사용되던 마케팅이란 단어가 어느덧 소점포 자영업에도 도입되었고, 점점 더 차별화된 마케팅이 절실히 요구되고 있는 시점에 있다.

마케팅 분야의 세계적 대가이면서 STP개념을 창안한 필립 코틀러는 "마케팅은 수익성 있는 고객을 찾고 유지하고 키우는 과학과 예술", 또는 "마케팅은 경쟁사보다 뛰어난 방식으로 고객을 만족시키는 예술행위"라고 했다. 이를 위해서는 마케팅의 기본으로 꼽히는 상품product, 가격price, 판매촉진promotion, 유통place의 '4P'를 생각하기 앞서 세분화segmentation, 목표targeting, 포지션position을 뜻하는 'STP를 따져봐야 한다.'고 강조하고 있다.

'4P가 전술'이라면 'STP는 전략'이며 각자 시장 위치에 걸맞는 전략을 추구해야 한다는 것이다. 따라서 마케팅을 기획하기 전에 반드시 STP에 관한 전략을 수립해야 올바른 마케팅 플랜이라고 할 수 있다. STP를 바탕으로 하여 제품, 가격, 유통, 판매촉진들로 구성된 전술적 마케팅 믹스를 개발하고 실행해야 한다는 것이다.

STP 전략 : 시장 세분화와 타깃마케팅 전략

경쟁 속에서 성공하기 위해서는 반드시 시장개척이 필요하다. 시장을 개척하기 위해서는 시장 통합화의 단점을 보완하고, 시장 세분화를 통해 적절한 마케팅 전략을 구사해야 한다. STP는 기존의 매스 마케팅, 즉 대량생산과 대중 마케팅 체제의 종언을 고하는 것이라 할 수 있다. 과거와 달리 경쟁제품이 많아지고 신속하게 진입할 수 있는 시대가 됨에 따라 마케팅의 목표가 점차 개별 고객을 찾고, 그들과의 장기적 관계를 유지할 수 있도록 고급 데이터 베이스 마케팅을 활용하는 것이 목표가 되고 있다.

대중 고객을 작은 그룹으로 쪼개면 쪼갤수록, 상품을 좀 더 고객의 니즈와 선호에 맞출 수 있다는 것이 STP 전략의 기본 가정이다. 하지만 현실적으로는 이렇게 고객군을 쪼개고, 거기에 맞춰 상품을 생산 판매하는 것이

비용·효익 측면에서 항상 바람직한 것은 아니다. 즉, 어느 정도 선까지 고객을 분류할 것이냐 하는 것이 현실적인 과제이다.

| 시장 세분화 선정과정 |

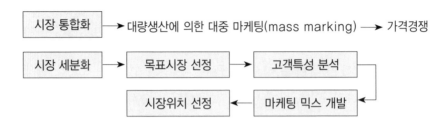

* **목표시장선정이란** 시장 세분화 전략의 가장 핵심적인 내용으로 집중적인 타깃시장을 설정하는 것을 말함
* **포지셔닝이란** 기업이 시장 세분화를 기초로 정해진 표적시장 내 고객들의 마음속에 시장분석, 고객분석, 경쟁분석 등을 기초로 하여 전략적 위치를 계획하는 것을 말함

정리하자면, 시장 세분화는 구매자들이 갖고 있는 상이한 욕구, 행동 및 특성 등을 기준으로 전체 시장을 세분하여 효율적인 마케팅 활동을 수행하려는 과정이다. 또한 특정 마케팅 활동에 대한 반응이 유사한 소비자들을 집단화하는 과정으로, 시간 경과에 따라 소비자의 반응이 변화하므로 동태적인 분석이 필요하다.

여성 미용실(속눈썹 연장 전문) STP 전략 사례

가. 세분화
- 속눈썹이 적거나 짧아 고민이 많은 여성 고객
- 메이크업이나 피부관리에 관심이 많은 여성 고객
- 최근의 트렌드에 맞는 아름다움을 추구하는 여성 고객

나. 목표
- 자신만의 개성을 강조한 아름다움을 추구하는 20~30대 여성층
- 새로운 것을 적극 수용하려 하는 호기심 많은 10대 후반 여성층
- 항상 젊음을 유지하고자 하는 40대 중년 여성층

다. 포지션
- 최근의 트렌드에 맞는 차별적 미용 서비스를 제공하는 여성 미용실
- 비교적 중저가의 고품질 서비스를 제공하는 여성 미용실

시장 세분화를 통한 타깃마케팅

시장 세분화를 통해 마케팅전략을 수립하기 위해서는 다음과 같은 과정을 거친다.

① 시장세분화이다

진입하고자 하는 시장의 환경을 분석한다. 모든 고객들은 전부 다 다른 구매습관을 가지고 있다. 하지만 이들 전부를 개별적으로 마케팅을 할 수는 없으므로, 성별, 종교, 나이, 구매습관, 소득, 심리적 특징 등으로 나눠서 관찰할 수밖에 없다. 대부분 실무에 있어서 단일 기준에 의한 시장 세분화보다는 여러 가지 기준을 가지고 시장 세분화를 하는 것이 보다 정확하다. 이처럼 전체 시장을 특성에 따라 세분화하고, 각각의 시장에 대해서 자신이 취급하고자 하는 상품과 서비스를 제공할 수 있는 기회가 있는지, 강한 경쟁자는 존재하지 않는지를 분석해야 한다.

② 표적시장의 설정이다

시장에 진입하는 초기 단계에서 전체 시장을 대상으로 마케팅 활동을 벌이는 것은 곤란하다. 현실적으로 이렇게 나눠진 모든 소규모 그룹에 다 맞출 수는 없으므로, 그 중에서 다른 것들에 비해 좀 더 매력적인 그룹을 찾아서 그 그룹에 포커싱할 수밖에 없다. 이것이 바로 타깃팅의 기본이 된다. 하지만 대부분 수익성이 가장 큰 시장을 노리는데, 이러한 시장의 경우 경쟁 강도가 높기 때문에 일반적으로 가장 좋은 기회는 아니다. 경쟁자들 간의 심한 경쟁과 더불어 소비자들이 기존 경쟁자의 제품과 브랜드 충성도가 높은 경우가 많기 때문이다. 따라서 경쟁자들이 무시하고 있는 세분 시장이 가장 좋은 선택이 될 수 있다. 이러한 시장의 경우 소비자들이 기존 경쟁자들의 제품과 브랜드에 불만족하는 경우가 많기 때문이다.

자신의 취급상품이나 서비스 중에서 경쟁우위가 높은 분야를 선정하고, 한 분야로 에너지를 집중해야 한다. 좀 더 뛰어난 화력firepower을 가져다 주는 세분 시장을 표적으로 삼아야 한다는 것이다. 일반적으로 수익성, 경쟁 강도, 시장의 반응성 등 세 가지 요소를 기준으로 해서 타깃 시장을 고른다. 각 세분 시장에서 자신의 경쟁역량과 성공 필요조건들을 비교 검토해 보면 목표시장을 더욱 지혜롭게 선택할 수 있다.

③ 포지셔닝 분석이다

포지셔닝은 소비자의 마인드에 제품과 브랜드에 대한 차별화된 특정한 위치를 차지하게 하는 것이다. 이미지는 제품에 대한 전체적인 인상인데 반해, 포지션은 일반적으로 경쟁자와 비교된 이미지가 소비자 마음속에 각인되는 것이라는 점에서 이미지와는 개념이 다르다. 자사의 제품이나 브랜드에서 경쟁자와 다른 한두 가지 특성을 찾아내는 것이 바로 전략적 포지셔닝이라 할 수 있다.

즉, 표적시장 중에서 자신의 상품과 서비스가 어떤 위치에 있는가, 경쟁자에 비해서 어떤 점이 강하고 그렇지 못한지에 대해 분석하고 자신의 위치를 정하는 것이 포지셔닝이다. 시장에서 의도된 대로 포지셔닝될 수 있도록 마케팅 프로그램을 디자인해서 실행하는 것이 대단히 중요하다. 그런 점에서 포지셔닝 전략은 촉진 전략으로 지속적으로 이어져야 한다.

마지막으로, 포지셔닝 분석의 결과 낮은 위치에 있다면 공격적인 마케팅을 펴고, 높은 위치에 있다면 방어적인 마케팅 전략을 구사한다. 하지만 시장에서 마케팅 활동이 먹혀들려면 어느 정도 시간이 필요하다. 따라서 최소한의 안정적인 상태가 유지되어야 한다. 시장이 너무나 유행에 민감할 경우 시장 세분화를 통한 STP 전략 수행에 많은 어려움이 따르게 된다.

여성 미용실(속눈썹 연장 전문) 포지셔닝 맵 사례

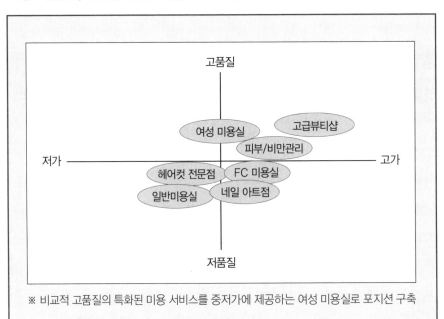

※ 비교적 고품질의 특화된 미용 서비스를 중저가에 제공하는 여성 미용실로 포지션 구축

마케팅 믹스 전략

일반적으로 마케팅 믹스 전략이라고 하면 마케팅의 4P인 상품Product, 유통Place, 가격Price, 프로모션Promotion의 4가지 측면에서 그 전략 방안을 적절하게 배합하여 수행하는 것이라고 할 수 있다. 이처럼 목표시장에 효과적으로 도달하기 위하여 관리하여야 할 통제 가능한 마케팅 요소들을 통일적이며 합리적으로 배합하여 최적의 마케팅 전략을 수립하는 것을 마케팅 믹스 전략이라고 한다.

4P 외에도 고객 관리 기법, 서비스, 유통경로 등의 통합도 마케팅 믹스로 본다. 이와 같이 마케팅 믹스는 마케팅의 모든 요소를 통합하여 그 효과를 최대한 발휘하는 것으로 최대 포인트는 각각의 마케팅 요소를 잘 혼합하여 전략적 측면과 시스템적 측면까지 고려함으로써 최대한의 상승효과를 얻는 것이다.

마케팅 믹스 시에는 상품을 기본으로 하여 유통과 촉진으로 부가적인 효용을 창출하되, 상품의 효율적인 판매를 위한 지원 기능 또한 고려해야 한다.

상품 전략

상품Product이야말로 마케팅 요소 중 가장 기본이 된다. 다른 마케팅 전략을 아무리 잘 구사해도 상품이 뒷받침되지 않으면 성공은 어렵기 때문이다. 상품을 잘 구성해야만 소비자들의 욕구를 충족시켜줄 수 있다.

가격전략

가격Price 결정은 경쟁과 수요 및 비용측면을 고려하여 결정한다. 좋은 상품도 합리적이고 현실적인 가격이 아니면 소비자는 외면한다. 상품들의 판매가격을 파악하여 비교경쟁 우위의 가격을 결정·유지해야 한다.

가격책정은 수요에 직접적인 영향을 미친다. 가격의 변동에 따라 일어나는 구매자의 수요에 대한 민감성 정도를 수요탄력성이라고 하는데, 일반적으로 필수품은 비탄력적이고 사치품은 탄력적이다.

또한 상품의 가격에 대한 심리적 하한선과 상한선이 있다. 심리적 가격결정에는 명성가격, 촉진가격, 가격단계화, 단수가격 등이 있다. 따라서 판매가격의 마지노선을 유지하며 고객심리를 활용하여 가격을 책정하는 것도 전략이다.

유통 전략

유통Place 전략이란 마케팅 목표를 달성하기 위하여 경로기관을 적절히 선정하고 통제하는 것이다. 매출액과 유통비용 간의 상충적인 관계에서 이익의 최적화를 도모하기 위해 경로를 최적화해야 한다.

판매촉진 전략

판매촉진Promotion 전략은 즉각적인 판매증대를 유도하기 위한 단기적인 유인책이다. 손님들은 어떤 상품을 팔고 있는지 알지 못하면 상품을 사러

오지 않는다. 따라서 취급하는 상품을 소개하기 위해 판매촉진 활동을 하는 것이다.

이러한 판매촉진 전략에는 광고, 판매촉진, 홍보, 인적판매 등이 있다.

구분	내용
광고	• 인지 효과는 극대화, 행동단계에 이를수록 효과 감소
인적 판매	• 인지 효과는 감소, 행동단계에 이를수록 극대화
홍보	• 인지 효과는 높으나 이해면에서 낮은 효과
판매촉진	• 판매를 자극하는 데 있어서 압도적인 영향

수정주기 상 촉진 관리	1. 도입기 : 높은 인지를 위해서는 광고와 홍보가 가장 효율적, 　　　　　조기 수용을 위해서는 판매촉진이 효과적 2. 성장기 : 광고와 홍보가 효과적이며 판매촉진은 그 효과가 작음 3. 성숙기 : 광고보다는 판매촉진이 증대 4. 쇠퇴기 : 판매촉진은 계속되지만 나머지는 거의 신경을 쓰지 않음

가장 중요하고 점포사업에 적합하기도 한 광고에 대해서 검토해보자.

개업 초에는 남들이 하니까 으레 하는 것으로 알고 광고를 한다. 그리고 장사가 생각만큼 안되면 다시 광고를 생각한다. 하지만 이처럼 소극적인 사고방식은 장사에 도움이 되지 않는다.

광고는 적극적으로 해야 한다. 이왕 할 바에는 효과적인 광고방법과 시기, 수량, 그리고 목표까지 구체적으로 계획을 세워 꾸준히, 반복적으로 하라. 그리고 그때그때 효과가 있었는지를 점검하면서 방법이 나빴으면 방법을, 시기가 적절하지 못했으면 그 시기를 수정하면서 계획성 있게 밀고 나가라.

광고를 하기 위해서는 우선 광고대상을 정해야 한다. 어느 계층과 어느 지역에 할 것인지, 상품을 광고할 것인지, 점포 자체를 부각시킬 것인지를 정해야 하는 것이다. 광고는 손님으로 하여금 보도록 만들어야 한다. 그저 미사여구만 나열되어 있을 뿐 아무도 쳐다보지 않는다면 소용이 없다. 때문에 어떻게 광고를 하느냐도 중요하다. 모든 광고방법을 동원한다면 좋지만 그것은 너무나 비효율적이다. 그러므로 그때그때의 목적에 맞게 광고방법을 선택하기 바란다.

오프라인 마케팅 전략

성공적인 브랜드 마케팅의 중심은 여전히 오프라인

페이스북은 소셜 미디어 산업의 최강자이며, 촘촘한 인맥을 자랑하는 사용자들의 충성도를 이끌어내는 귀감의 대상이다. 하지만, 브랜드 마케팅에 있어 소셜 네트워크는 해결사가 될 수 없다. 브랜드에 있어 가장 강력한 의사소통 수단은 현실에서 이루어지는 '직접대화'이다.

엄청난 수의 페이스북 팬들도 "좋아요"를 클릭한 브랜드에 적극적으로 관여하지 않는 것으로 드러난다. 특정 브랜드의 페이스북 팬 중 브랜드에 적극 관여하는 비율은 1% 미만이다. 겉으로 드러나는 숫자에 비해 현저하게 적은 수준이다.

한편, 브랜드에 대한 입소문의 90%는 집과 사무실, 식당과 매장 등 사람들이 모이는 현실공간에서 이루어지는 것으로 나타났다. 오프라인에서의 입소문은 온라인 입소문에 비해 더 높은 신뢰도를 가지며 남들과 공유되는 비율도 높고 해당 제품이나 서비스의 실제 구매로 연결될 가능성도 더 높다.

오늘날의 소비자시장은 높은 사회성을 띠고 있으나 특정 플랫폼이나 IT 기술 때문에 그런 것이 아니다. 앞으로 성공을 거두기 위해서는 기술이 아니라 사람을 제품과 캠페인, 마케팅전략의 핵심으로 삼고, 소비자의 사회성을 활용할 수 있는 다양한 방법이 존재한다는 사실을 인식해야만 한다.

소비의 사회성 증대변화는 무시해서도, 근시안적으로 접근해서도 안되는 현상이다. 생활 곳곳에서 관찰되는 이러한 변화는 놀랍게도 온라인이 아니라 오프라인에서 대다수 발생하고 있다.

온라인 마케팅 전략

온라인 마케팅의 종류

브랜드 마케팅	SEO 노출 마케팅	체험/리뷰 마케팅	SNS 마케팅	MPR 마케팅
• 브랜드 블로그 운영	• 웹문서 상위노출	• 체험단 마케팅	• 페이스북 운영	• 기획형 기명기사
• 브랜드 카페 운영	• 블로그 상위노출	• 파워블로그 마케팅	• 트위터 운영	• 배포형 브랜드 기사
• 연관 검색어	• 지식인 상위노출	• 프레스블로그 마케팅	• 판터레스트 운영	
• 자동인정 마케팅	• 카페 상위노출	• 카페커뮤니티 마케팅	• SNS 이벤트 기획	

온라인마케팅 전략

① 브랜드 마케팅

포털 사이트가 제공하는 블로그와 카페 커뮤니티 등의 서비스를 활용하여 브랜드 커뮤니티를 운영할 수 있다.

한편, 서브 마케팅은 연관 검색어, 자동완성, 브랜드 검색 등으로 인지도가 높은 브랜드라는 이미지를 심어주기 위해 브랜드 마케팅에 부수적으로 필요한 마케팅이다.

② SEO(검색엔진 최적화)

통합검색, 블로그, 카페, 지식인, 웹문서, 뉴스 등의 검색결과 첫 페이지 노출빈도를 증가시켜 검색자의 자발적인 정보검색에 의한 방문으로 구매 연결을 높여주는 것이다. 기본적인 작업방식은 특정한 검색어를 웹페이지에 적절히 배치하고 다른 웹페이지에 링크가 많이 연결되도록 하는 것이다.

③ 리뷰 마케팅 / 체험 마케팅

블로그를 통해 다른 사람들이 체험하고 느낀 사실을 자세히 알아낼 수 있기 때문에 많은 사람들이 관심있는 상품이나 서비스에 대한 정보를 블로그에서 찾고 있다. 최근에는 전문적인 견해를 갖고 있는 전문블로거가 쓴 블로그를 선호하고 있기 때문에 각 분야에서 전문 블로거의 중요성이 점점 높아지고 있다.

④ SNS 마케팅

SNS 마케팅은 최근 가장 이슈가 되고 있는 페이스북이나 트위터, 인스타그램 등을 활용한 마케팅 서비스를 말한다. 소셜 네트워킹서비스를 이용한 SNS 마케팅은 빠른 속도로 콘텐츠가 퍼지며 소셜 미디어의 활용을 통한 생생한 소통으로 실시간 반응의 확인 및 대응이 가능하다는 장점이 있다.

또한 스마트폰의 확산으로 페이스북과 트위터, 인스타그램은 마케팅적 활용도 면에서도 최근 가장 많은 시너지효과를 보여주고 있다.

고객이 만족하는 온라인 마케팅 전략

① 4가지 법칙

첫째, 고객이 필요로 하는 것을 찾아내기. 고객리뷰, 이메일, 웹로그 분석, 소셜 미디어, 마켓 트렌드, 유입 키워드를 통해 고객의 니즈를 파악한다.

둘째, 너무 많은 정보를 전달하려고 하지 않기. 백 마디의 미사여구보다는 핵심 키워드를 포함한 소수의 메시지를 전달한다.

셋째, 고객을 지루하게 만들지 않기. 복붙(복사 후 붙여넣기)하여 같은 메시지를 전달하지 않는다.

넷째, 고객을 (불편하게) 놀라게 하지 않기. 고객과 만나는 접점에 대한 관리를 착실히 한다.

② 고객만족의 중요성

현재 수익 가운데 65%가 기존 고객으로 창출되며, 신규 고객 창출 비용은 기존고객 유지비용의 최소 5배이다.

불만을 가진 96%의 고객은 불만을 이야기하지 않는다. 결국 접수된 불만 1건은 사실상 25명의 고객이 불만을 갖는다는 것을 의미하며 그중 6명 정도는 심각한 수준임을 알아야 한다. 또 불만고객 1명은 평균 9~10명에게 그 불만을 이야기한다. 상품개발의 80%가 고객으로부터 나온다.

반대로, 고충을 신속히 처리 받은 고객의 90% 이상은 우리의 고정고객이 됨을 기억하라.

05 | 단골고객을 만드는 장사의 기술

　잠재 고객을 신규 고객으로 만드는 데는 기존 고객보다 2.5배에서 많게
는 5배의 마케팅 비용이 들어가지만, 만족해하는 단골고객을 유지하는 데
드는 비용은 신규 고객을 얻기 위한 마케팅 비용의 25%(1/4) 정도면 충분
하다. 이와 같이 1명의 단골고객 가치는 20명의 신규고객보다 크며, 단골로
서 유지되는 기간이 길수록 점점 더 커지는 것이다.

단골고객을 만들기 위한 전략

　첫째, 경쟁점포와의 차별화를 꾀한다. 가격이나 품질의 차별화 등이 그러
한 차별화 전략이 될 수 있다.
　둘째, 일단 잠재고객과의 차별화를 꾀한다. 마일리지나 적립포인트, 리베
이트 등의 제공으로 재방문을 유도하는 것이다.
　셋째, 단골고객의 마음을 움직여야 한다. 고객감동을 주는 감성마케팅을
전개(생일이나 결혼기념일에 선물 제공 등)하라.

넷째, 본인의 마음자세를 낮추어야 한다. 체면이나 자존심, 과거는 반드시 버려야 한다.

단골고객을 만드는 요령

- 고객과는 절대로 다투지 말고 항상 고객을 칭찬해주도록 한다.
- 고객으로부터 문의나 확인 등이 있을 때에는 1분 안에 응답한다.
- '불가능합니다.', '반드시 해드리겠습니다.' 등의 말을 함부로 하면 안 된다.
- 전화는 벨이 3번 이상 울리기 전에 받아야 한다.
- 단골고객에게는 답례를 하여 단골대접을 해 주어야 한다.
- 고객을 속이려 하지 말고 클레임이 생기면 반드시 해결하거나, 지체 없이 보상을 해 주어야 한다.
- 단골고객과는 정기적으로 SNS나 이메일 등으로 연락을 주고받는다.
- 고객의 제안은 무시하지 말고 감사하게 받아들여야 한다.

06 신규 고객을 창출하는 데도 요령이 있다

　신규 고객들은 어떻게 우리 점포에 들르게 된 걸까? 대체로는 다음 4가지의 이유다. 우연히 지나가다가 간판을 보고, 광고나 홍보물 또는 이벤트 행사를 보고, 블로그나 SNS 등 온라인을 통해 알고, 소개나 추천 또는 입소문을 듣고 등이 그것이다. 신규 고객이 꾸준한 점포는 특히 마지막의 경우가 많다. 즉, 추천이나 입소문을 듣고 오는 손님이 많은 것이다. 따라서 입소문을 내는 마케팅을 적극적으로 전개할 필요가 있다.

　입소문 마케팅이 필요한 것은 이제 거의 대부분의 점포운영자가 알고 있는 사실이지만, 사실 말처럼 쉽지 않다. 어떻게 하면 좋을까? 우선, 지금 내 앞에 있는 고객에게 최선을 다하는 것이 가장 좋고 쉬운 방법이다.

　서비스에 만족해하는 고객이 있다면 다른 고객을 소개받는 프로그램을 개발하는 것도 좋다. 즉, 소개쿠폰 제도나 사은품, 명함 전달 등을 통해 입소문을 유발하는 것이다. 이때 우리 점포의 신규 고객은 결국 다른 점포의 이탈 고객이라는 점을 감안해야 한다. 즉, 우리의 단골고객이 될 용의가 있는 이들로, 원하는 서비스 외에 무리한 권유를 하는 것은 손님을 쫓아내는 행위에 다름 아닐 것이다.

신규 고객을 창출하는 마케팅 전략

신규 고객의 방문 동기를 지속적으로 파악해, 그러한 점에 집중하는 마케팅 활동을 전개하는 것이 기본이다. 또한 홍보 마케팅을 꾸준히 전개해야 한다. 예를 들면 다음과 같은 것들이 있다. 우선 시즌별 이벤트다. 여름이나 겨울방학 시즌에 우대 혜택을 주는 것이다. 관련 업종이나 외식업, 병의원, 학원 등과의 제휴를 통해 할인혜택을 부여하는 프로그램을 전개하는 것도 좋다. 마지막으로, 기존 고객이 신규 고객을 추천할 경우 쿠폰을 주거나 재방문 시 동행 고객에게 메리트를 주는 것도 좋은 마케팅 전략 중 하나다.

07 장사 운이 좋아지는 비결

'적은 자본으로 창업하기가 너무 어렵다'면서 창업을 아예 포기하는 사람들이 갈수록 많아지고 있다. 더구나 지금과 같이 코로나 19로 인해 경기가 곤두박질치는 불황기에는 성공확률이 더 낮아질 수밖에 없다. 하지만 경기는 순환한다. 사이클에 따라서 불황과 호황이 주기적으로 교차되는 것이다. 빠른 시간 안에 코로나 19도 백신 개발 등으로 인해 사그라들 것이다. 그러니 너무 절망하지는 말기 바란다. 얼마 안 있어 호황은 다시 찾아올 것이다. 그때까지 마냥 손 놓고만 있을 것인가? 그럴 필요도, 그럴 이유도 전혀 없다. 이러한 불황 속에서도 얼마든지 기회는 있다. 주변을 둘러보라. 저가 할인점이나 저가 전문음식점, 생활편의업종, 기타 차별화, 전문화된 서비스업 등은 여전히 호황이다.

이와 같이 적은 자본으로도 얼마든지 창업에 성공할 수 있는 길이 있다. 한 번도 해보지 않았던 일을 시작하려니 두렵고 막막하기 그지없을 것이다. 그렇다고 마냥 뒷짐만 지고 있을 수도 없지 않은가.

성공하려는 마인드가 중요하다.

창업은 확실한 자본과 시간을 투자하여 미래의 불확실한 대가를 얻고자 하는 일이다. 즉, 모험과 도전정신이 필요하다. 그렇다면 창업적 사고는 어떻게 지닐 수 있을까? 우선 창업이라는 단어를 일상생활 속으로 끌어들여야 한다. 삶의 지혜를 얻기 위해 '손자병법'을 읽듯, 보다 나은 인생을 위해 창업서적을 읽어야 할 때이다. 일상생활 속에 이런 창업적 사고가 뿌리를 내린다면 우리의 미래는 틀림없이 달라질 것이다.

아무리 여건이 좋지 않다고 하더라도 소비자와 시장이 어떻게 변하고 있는지를 읽고 그에 맞추어서 창업을 한다면 여전히 성공할 수 있는 길은 열려 있다. '큰 부자는 하늘이 내리지만 작은 부자는 노력하기에 달려 있다.'는 말 그대로다. 누구든지 노력만 하면 성공할 수 있다. 그것을 알고 노력하는 자만이 '장사운'도 잡게 된다. 실패하지 않기 위해서는 창업을 하고자 마음먹었을 때부터 계획을 세워 차분히 준비해야 한다는 것을 명심하기 바란다.

한편, 적극적이고도 유연한 사고를 가져라. 창업은 전쟁이다. 전쟁과 마찬가지로 창업에 있어서도 각종 무기로 무장해야 하며, 전략이나 전술이 필요하다. 창업 준비를 적극적으로 하라는 것인데, 대부분의 창업자들은 이것을 곡해하고 있다. 거의 막무가내식 밀어붙이기 창업을 하라는 것으로 말이다. 이는 절대 아니다.

'적극적으로 준비하라'는 것은 창업에 있어서 성공과 실패를 가르는 핵심 포인트는 무엇이며, 어떻게 습득하여 실제 창업으로 이끌어가야 하는지 등 창업에 대한 큰 줄기(핵심 포인트)를 꿰뚫어 보는 안목을 기르는데 진력하라는 것이다.

'유연한 사고를 가져라'라는 말 역시 마찬가지다. 유연한 사고를 마치 요령 습득 정도로 받아들여서는 안 된다. 유연한 사고란 창업 이후 점포경영, 특히 마케팅 전략에 있어서 매우 필요하다. 경쟁점포와의 경쟁력 우위를 지키기 위해서는 무언가 차별화된 전략이 필요하다. 이때에는 유연한 사고가 힘을 발휘한다. 하지만 창업을 준비할 때, 특히 창업의 핵심을 습득하는 데 있어서 유연성은 필요 없다. 적극적으로 해야 한다. 보수적 자세가 필요하다는 것이다.

소질과 능력에 맞지 않는 장사란 없다

무슨 일이든 자기가 좋아해야 재미있고 적성에 맞아야 일이 쉽게 풀린다. 창업도 마찬가지이다. 하지만 적성에 맞지 않는다고 걱정할 필요는 없다. 적성에 맞지 않아도 장사를 할 수 있고 성공도 할 수 있다.

옛말에 '아는 사람은 좋아하는 사람보다 못하며, 좋아하는 사람은 즐기는 사람보다 못하다.'는 말이 있다. 이것이 지知<호好<락樂이다. 사람마다 관심있는 분야가 있으며, 관심이 가야 그 일을 즐기면서 하게 된다. 공작기계 분야에 관심이 있는 사람이 있는가 하면, 말 그대로 형광등 하나 갈아 끼우지 못하는 '기계치'도 있다. 이와 같이 사람들은 제각기 다른 분야에 흥미를 갖고 있으며 흥미가 있으면 자연히 소질도 계발되고 능력도 갖춰진다. 직장을 선택할 때에도 관심분야로 가면 적응이 잘 되고 성공하지만 그렇지 못한 사람은 결국 사장되고 만다. 창업도 마찬가지다.

창업에도 여러 분야가 있고 각자의 소질과 능력에 맞는 업종도 있게 마련이다. 뚝딱거리는 데에 소질이 있는 사람의 경우, 가전제품 판매업이나 수리업을 한다면 다른 업종을 하는 것보다 재미도 있고 실력도 갖추어 장사가 잘될 것이다. 또한 먹고 노는 것에만 소질과 능력(?)이 있다면 그에 맞는 장사를 하면 된다. 한마디로 먹고 노는 업종을 선택하면 되는 것이다. 노래방, PC방 등 오락이나 스포츠 관련 업종이야말로 말 그대로 노는 곳 아닌가.

'장래 희망이 무엇이냐'고 물어 보면 신세대들에게서는 상당히 재미있는 결과가 나온다. 신세대 상당수가 놀고먹을 수 있는 업종을 하고 싶어 한다. 이를테면 오락실, 당구장, 패스트푸드점, PC방, 편의점 등에서 아르바이트를 한다거나 주인이 되고 싶다는 것이다. 참으로 격세지감이 느껴지는 대답이지만 이것이 시대흐름이다.

이처럼 놀고먹는 것밖에 소질이 없는 사람도 할 수 있는 장사가 있다. 더군다나 그러한 업종이 신세대의 선망(?)의 대상이니 얼마나 재미있는 세상인가. 여러분도 자신의 관심 분야를 택해서 소질과 능력을 계발하여 창업에 성공하기 바란다. 물론 적성에까지 맞는다면 더할 나위 없이 좋겠지만 말이다.

색깔이 있으면 장사하는 데에 유리하다

사람은 제각기 개성을 갖고 있다. 그 개성에 따라 각자의 색깔도 갖게 마련이며, 풍기는 향기도 각기 다르다. 꽃을 보라. 빨간 장미꽃은 강렬한 향을 풍기고, 백합은 그윽한 향을 풍기지 않는가. 사람도 이와 같다. 그 개성과 색깔에 따라 그에 맞는 향기를 갖고 있다.

이와 같이 각자 갖고 있는 색깔을 한껏 살려서 그에 맞는 창업을 하면 당연히 성공한다. 만약에 빨간색의 사람이 회색이 무난하다 하여 회색인 양 행동을 한다면 어찌되겠는가. 당연히 우중충한 색깔이 되어 이도 저도 아니게 되어버린다. 자기 고유의 색깔을 활용하여 성공한 사람은 무척 많다.

예를 들면, 욕쟁이 할머니로 유명해진 분 역시 마찬가지다. 자기 돈 내고 욕을 먹으면서도 그 음식점으로 모여든다. 자기만의 색깔을 그대로 보여준 대표적인 경우라고 할 수 있다. 본인의 색깔 그대로 장사를 하라. 자기만의 색깔은 중요한 것이다.

뒷모습이 박력 있어야 '장사운'을 잡는다

인간 본연의 모습은 뒷모습에 드러나게 마련이다. '기력이나 박력이 있는 무사는 등 뒤에서도 칼로 내리칠 수 없다.'고 한다. 뒷모습에서도 허점을 찾을 수 없기 때문이다. 이처럼 기력과 박력은 그 사람을 판단하는 기준이 되며 그러한 것은 뒷모습에서도 알아챌 수 있다는 사실을 명심하라.

허점투성이인 사람은 어깨를 축 늘어뜨린 채 자포자기하여 죽지 못해 사는 것처럼 보인다. 이러한 사람은 업계에서 인정받기 힘들다. 사람이 살다 보면 잘될 때도 있고 안될 때도 있다. 잠시 잠깐 상황이 힘들다고 기까지 죽어서야 되겠는가. 묘하게도 사람들은 타인이 행복하지 않은 것에 대해서는 당연하게 생각하면서도 자기 자신이 행복하지 않은 것에 대해서는 항상 납득할 수 없어 한다.

사실 주변에서 성공한 이야기를 들어보면 억대 이상의 돈을 투자해 성공한 경우가 많다. 원래 그러한 말은 더욱 가슴에 와닿기 때문에, 억대 이하 돈을 가지고 있다면 더욱 기가 죽을 수도 있다. 하지만 여러분은 그러할 필요가 전혀 없다. 3천~4천만 원대 창업을 하여 성공한 사람도 무수히 많다.

원래 '뱃삯 없는 놈이 배에 먼저 오른다.'고 했다. 실력이나 기력도 없는 사람들이 입으로만 떠드는 말에 주눅들 필요는 전혀 없다. 항상 등을 쫙 펴고 기력과 박력을 키워라. 이것만 있으면 돈이 없어도 '장사운'을 잡을 수 있다.

chapter 9

—

| 점포 개선과 매도 |

골목상권 살리기

01 | 포스트 코로나 시대의 골목상권 및 지역경제, 어떻게 살릴 것인가

점포의 상권과 입지에 의해 예상매출액은 결정된다. 점포 하나하나의 예상매출액 산정은 중요하고, 살아남는 것도 중요하다. 하지만 최근의 골목상권 상황을 보라. 2년에 걸친 최저임금의 급격한 인상과 과도한 임대료 상승으로 인해 소자본 창업시장이 허덕이고 있다. 전국에 걸쳐 고임대가로 인해 젠트리피케이션이 벌어지는 상황이다. 여기에 더해 2020년도에 들자마자 코로나 19로 인해 창업시장뿐만 아니라 경제 전 분야에 걸쳐서 심각한 타격을 입고 있다.

이제는 나 하나 잘되고 안되고의 문제가 아니라 골목상권 자체가 살고 죽는 문제가 대두되고 있다. 그중에서도 가장 어려운 한계상황에 빠져 있는 골목상권에 주목해야 할 때이다. 정부와 지방자치단체는 코로나 19로 변화된 환경에 맞게 전환할 수 있도록 지역경제를 지원해야 한다.

정부와 민간기관의 골목상권 살리기

소비패턴의 변화와 대형마켓의 등장 등 유통시장 변화로 중소형 점포 중심의 골목상권 쇠퇴와 지역경제 낙후, 이로 인한 지역공동체의 붕괴현상이 나타나고 있다. 이러한 문제점을 해결하고자 그동안 정부나 지방자치단체의 지원은 꾸준히 있어왔다. 일례로, 중소벤처기업부 산하기관인 소상공인시장진흥공단이 낙후화된 상권을 살리기 위해 심혈을 기울이고 있으며, 전통시장과 골목상권 살리기 예산을 집행하고 있다.

하지만 지금까지는 시장현대화 예산 집행에만 치중하였고, 골목상권을 살리겠다는 의지는 빈약하기 이를 데 없었다. 행정안전부도 전통시장 야시장과 골목경제 살리기를 하고 있다. 지방자치단체에게 특별교부세를 지원하여 낙후화한 전통시장과 골목경제를 활성화시키고자 하는 사업을 벌이고 있는 것이다. 전통시장 야시장은 2013년도부터 공모 및 선정하기 시작하였으며, 골목경제는 2015년도부터 공모 및 선정하기 시작하여 현재에 이르렀다. 2020년 10월 현재까지 야시장 25개소, 골목경제 35개소를 선정하여 시행하고 있다.

이러한 지원도 결국 지방자치단체가 집행하는바, 조직을 갖춘 상인회 및 번영회에 대한 지원에 머물러 골목상권의 특수성을 고려한 포괄적이고 거시적인 자금 및 컨설팅 지원은 없었다 해도 과언이 아니다. 골목상권이 활성화되기까지 컨설팅 지원은 지속되어야 함에도 불구하고, 단순 자금 지원으로 하드웨어 분야에만 치중하는 일회성에 그치고 말았다는 것이다.

골목상권을 살리려면 상점가를 지원할 수 있는 관련법령을 개정해야 한다. '상점가조합'을 구성하면 전통시장과 똑같이 정부의 각종 지원을 받아

골목상권을 살릴 수 있다. 그동안 상점가조합은 2,000㎡ 이내에 점포가 50개 이상이면 구성이 가능하였으나 2018년 1월 30일 유통산업발전법 시행령이 개정되면서, 30개 이상으로 완화되었다. 여기서 '30개 이상의 도매점포·소매점포 또는 용역점포가 밀집하여 있는 지구'란 문구가 문제가 된다. 즉, 흔히 우리가 보는 골목상권은 업종 구성상 여기에 해당되지 않아 지원을 받지 못하고 있다. 따라서 앞으로 골목상권을 살리기 위해서는 '도매점포·소매점포 또는 용역점포'란 문구를 '음식업과 소매업 및 서비스업'으로 변경할 필요가 있다.

두 번째로 골목상권 선정부터 심사숙고해야 한다.

지역 상권 및 지역경제가 침체된 골목을 대상으로 하되, 지원 사각지대의 한계자영업자가 모여 있는 골목상권에 대한 지원이 시급한 실정이다.

즉, 지금까지 자금 지원이 미치지 못했던 점포 수 30개 미만인 골목상권을 엄선해야 한다는 것이다. 당연히 지역경제의 근간인 골목상권 살리기를 통한 사회안전망 구축 및 지역경제 활성화가 목표여야 하며, 이는 자금 지원 이외에도 창업전문가로 구성된 컨설팅단이 꾸준히 골목상권 살리기에 심혈을 기울여야 함을 의미한다. 골목상권 살리기의 핵심은 5~6개 정도의 점포가 모여 동일 유사업종을 해야 힘을 받게 되고 결국은 그 골목상권 전체가 살아난다. SBS의 '백종원의 골목식당'도 골목상권 살리기의 일환이다. 다만, 식당 하나하나 살리기에 치중하다 보니 골목상권 전체를 살리기 어려울 수 있다는 것은 아쉬움이 있다. 그럼에도 불구하고 시설물 설치 등 하드웨어 분야에만 자금 지원을 해주는 현재의 정부 지원 시스템하에서 '백종원의 골목식당'은 골목상권 살리기에 매우 유용한 프로그램임에 틀림없다.

세 번째로 오프라인 중심의 지역상권을 코로나 19로 변화된 환경에 맞게 전환할 수 있도록 지원해야 한다. 정부의 다양한 포스트 코로나 지원정책을 골목상권을 포함한 지역경제 차원에서 효과적으로 활용할 수 있도록 해야 하는 것이다.

골목상권을 살리기 위한 두 가지 방법

골목상권 살리기에는 동일 유사업종 집적 방법과 대형화 방법, 두 가지가 있다.

① 동일 유사 업종 집적 방법 : 동일 유사업종이 모여 있으면 시너지효과를 발휘해 고객을 끌어들인다

각 입점 상가마다 차별화, 전문화로 승부하면서 상가 전체를 끌어 올리므로 그 시너지효과는 대단하다. 한 골목에 동일·유사업종 점포를 5~6개 같이 넣어서 특화골목(예를 들면 해산물 거리 5~6개, 곱창구이 거리5~6개, 대구탕 거리 5~6개 등)을 형성하면 그 일대 상권 전체가 살아난다. 물론 모든 업종이 시너지효과를 보는 것은 아니다. 이러한 전략을 구사할 수 있는 업종은 전문음식업과 선매품(여성의류 등 여성 관련 제품) 그리고 기술 서비스업이다. 전문음식업과 선매품 그리고 기술 서비스업이 모이면 시너지효과를 발휘하는 것이다.

② 대형화로 특화시키는 방법

대형점은 그 자체가 고객 흡인력이 강하다. 현대는 대형화, 전문화, 차별

화 시대이다. 대형화를 하면 소비자들이 스스로 찾아온다. 당연히 주차장 유무가 중요해진다. 하지만 대형화는 골목상권 살리기에 적합하지 않은 전략이다.

골목상권 사례 분석

창업 당시 상황

창업자는 2014년 가을에 서울시창업스쿨 외식업반(80시간 과정, 담임교수 박경환) 과정을 수료 후 2015년 5월에 창업을 하였다. 당시 그는 양재동에서 당구장을 운영하고 있었으나 위기의식을 느끼고 과감하게 음식업으

로 업종변경을 서두르게 된 것이다. 업종변경 초기에는 파전 집을 생각하고 있었으나 담임교수인 필자의 조언대로 생선구이 집으로 결심을 굳혔었다. 왜 생선구이였을까?

그 이유는 간단하다. 첫째, 아이템은 가장 대중적이고 지속적인 아이템으로 해야 하기 때문이다. 다시 말하면 유행업종은 안 된다는 것이다. 둘째, 아이템마다 적합한 상권과 입지가 있는데, 자금이 부족하다고 해서 입지를 낮추어서 가면 실패한다. 역으로 이 말은 입지가 떨어져도 되는 아이템을 선정하라는 뜻이다. 자금에서 여유로운 사람은 없다. 한정된 자금에서 창업을 해야 한다. 거기에 부합되는 것이 생선구이였던 것이다.

하지만 창업자는 생선구이를 사실 집에서 구워 먹은 경험 정도밖에 없는 생초보 수준이었다. 수소문 끝에 비법을 전수받았는데, 곧 본인만의 비법까지 터득하였다. 예비 창업자들이 알아두어야 할 것은 본인만의 비법을 터득하는 것이 매우 중요하다는 사실이다. 이것이 기본이다.

죽어 있는 골목상권에서 점포 구하기

점포 구하기는 만만한 일이 아니다. 어디에서 어떻게 구할 것인지 매우 지난한 문제가 도사리고 있다. 관건은 본인 자금에 맞는 곳을 선정해야 한다는 사실이다. 점포 구하기에서 그만 창업을 포기하는 예비 창업자들이 대부분이나, 그럴 필요는 전혀 없다. 자기 지역에서 상권 몇 군데를 집중적으로 다녀 보라. 생선구이 창업자도 그랬다. 3개월 이상 수없이 다니고 다니다가 2015년 3월 중순에 논현동 주택지 뒷골목에서 점포를 찾았다. 점포 규모는 실면적 36㎡(11평), 보증금 3천만 원, 월세 140만 원, 권리금 2천만 원이다. 여기에 시설비와 집기비를 포함하면 총투자비가 나온다. 이 정도 자금이 소요되는 것이 창업자들의 현주소이다. 이곳은 논현역과 신논현역 사이 먹자상권(소위 예전의 '백종원 거리')이 아니다. 먹자상권은 점포 구입비가 상상을 초월한다. 점포는 바로 도로 건너편 주택지 골목이다. 행정상으로는 서초구 반포동 736번지로, 당시에 본 골목상권은 죽어 있었다. 점포가 30여 개 중 불과 10여 개가 문만 열어놓고 있는 상황이었다.

이곳 골목상권은 가구수 1,780세대와 직장인 1,700명이 상주하는 곳이다. 대부분의 주민들은 주택지 중 상권이 좋은 곳, 즉 경쟁상권이라고 표시한 상권으로 가서 소비한다. 근처 직장인과 젊은이들은 도로 건너 신논현 상권으로 가서 소비한다(다음 페이지의 그림 참고). 따라서 이곳은 죽어 있는 상권이었다(이러한 곳은 패스트푸드와 생필품 그리고 일부 서비스업이 되는 곳이다). 100m에 걸친 골목상권에서 업종전환과 폐업이 지속적으로 이어져서 회생이 불가능해 보였다.

그러나 필자는 주변에 사무실 직원들이 있다는 것이 여타 주택지와는 조금 다르다고 생각했다. 사무실 직원들을 일부 끌어올 수 있다면 상권이 달라질 것이고 그리된다면 주택지 주민들도 이용하게 될 것이라는 확신이 있었던 것이다.

창업자는 담임인 필자로부터 상권 분석 컨설팅을 3회 받았는데 상권과 입지에 기초한 매출액은 일 매출 70만 원 정도여서 점포계약을 추진했다. 물론 그 이상 매출액을 올리기 위해 부단히 맛과 서비스 및 마케팅 노력을 해야 하는 것은 너무도 당연하다. 그것은 창업자의 역량, 노력에 달려있다.

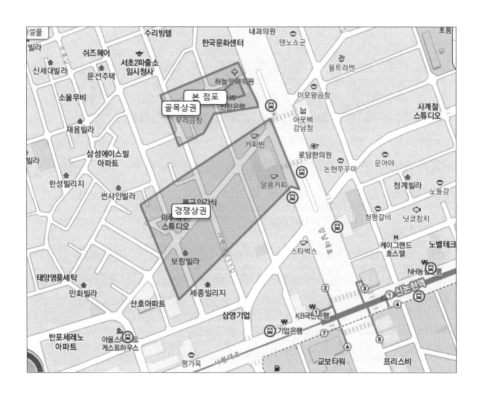

| [창업 전 점포 모습] | [창업 후 현재 상권과 점포 모습] |

컨설팅 전후 매출액과 경상이익

2015년 5월 중순에 개업한 이후 월 매출액 2천만 원대를 올리는 결과를 낳았는데, 이 정도도 그 골목상권에서 장사하는 분들은 대단한 성과로 받아들였다. 음식점들이 하나둘 들어오기 시작했다. 2016년도에 경영진단 컨설팅을 3회 받고 난 이후에는 월 매출액이 3천만 원으로 오르면서 상권은 급격하게 정비되기 시작했다. 일반 식당 및 카페와 주점이 생겨난 것이다. 따순밥, 걍우동, 강소식당, 엔가와돈까스전문점, 카페크리스마스, 복태포차, 와쇼쿠이자까와 등이 입점하면서 젊은이들, 특히 근처 젊은 직장인들이 몰려드는 결과를 낳았다. 골목상권이 완전하게 살아난 것이다. 현재는 음식업 점포가 늘어나서 약 30여 개에 이른다.

한편, 2017년에도 경영진단 컨설팅을 5회 받으면서 영업체제에 대한 변화를 추구했다. 즉 배달까지 겸하는 전략을 세웠는데, 이것이 주효했다. 총매출의 15~20% 도움이 되며, 배달 월 매출은 약 800만~1천만 원 정도이다. 여기에 점포매출도 동반 상승하여 현재는 월 매출액 4,800만 원대이다.

이처럼 쇠락해가는 주택지 골목상권도 점포주와 외부전문가, 지역주민 등 다자간 노력이 합쳐질 때 얼마든지 재생이 가능하다. 여기에 정부와 지자체가 협력한다면 효과는 배가될 것이다.

| | 컨설팅 효과 | |

항 목	개업(상권 분석 후)	경영진단 컨설팅 후			비 고
	2015년	2016년	2017년	현재	
월 매출	2,000만 원	3,000만 원	4,500만 원	4,800만 원	
순수익(경상이익)	250만 원	618만 원	○○○만 원	○○○만 원	

- 개업 후 2016년 매출액 증가 150%, 경상이익 증가 240%
- 개업 후 2017년 매출액 증가 250%, 경상이익 증가 660%

향후 계획

돈을 벌면 사업을 더욱 확장하고 싶어 진다. 하지만 사업 확장은 매우 신중히 검토하고 계획을 세워 추진해야 한다. 손님이 많아지면 점포를 확장해야 좋은 업종도 있고, 아예 다른 곳에 점포를 하나 더 내는 것이 좋은 업종도 있다. 사업을 확장할 때는 처음 그 장사를 시작했을 때처럼 상권력을 파악하는 등 온갖 노력을 기울여야 하고, 당연히 투자 대비 수익률도 고려해야 한다. 본 점포는 다점포보다는 점포확장 전략이 더 나은 업종이다. 물론 다점포 전략도 가능하며, 이 경우 특히 프랜차이즈 사업 전개를 제고해 볼 필요가 있다.

상권 살리기, 창업자의 수익구조 속에 해답이 있다

챕터 1의 '부동산 시장이 침체일수록 창업이 답이다'에서 가볍게 언급했던 내용을 여기서 자세히 설명한다. 자영업자의 수익구조를 보자. 총매출액에서 매출원가와 판매 및 일반관리비(인건비, 임대료 등) 그리고 기타 세금 등을 제한 나머지가 수익이 된다. 즉, 자영업자가 수익을 내려면 매출액을 올리든지 아니면 비용을 줄여야 한다.

| 월 매출액 | − | 월 비용 | = | 월 수익 |

이 구조에 해답이 있다. 불경기 심화 및 내수소비 둔화로 월 매출액은 떨어지고 반면에 임대료는 지속적인 상승으로 인해 비용이 턱없이 높아져 자영업자들의 몰락을 초래하고 있다.

창업시장의 몰락 요인

아래 그림에서 보듯이 창업시장과 부동산시장 주기를 보면 자영업자 몰락의 원인이 보인다. 2002년도 이후 창업시장은 끝없는 나락으로 떨어지고 있다. 반면에 부동산시장은 2002년도에서 2005년도까지의 짧은 기간에 2배 가까이 가격이 폭등하였으며, 이후 지속적인 부동산 가격의 상승을 낳았다. 당연한 결과로 부동산 가격의 상승은 상가 가격의 상승(분양가 등)을 낳고, 상가 가격의 상승은 곧바로 임대가의 상승으로 이어졌다. 임대가의 상승은 창업자의 사업성을 잠식한다.

① 창업자의 매출액 하락 요인

소자본 창업자들의 주고객은 서민이다. 서민이 살아나야 창업시장이 산다. 창업자의 매출액 하락의 원인을 세 가지로 요약할 수 있다.

| 창업시장과 부동산시장 흐름 |

[매출액 하락 요인]
1. 빈부격차 심화, 소비심리 위축
2. 2002년도 이후 신용불량자 260만 명
3. 대형할인점과 SSM(슈퍼슈퍼마켓)의
   무분별한 진출로 인한 소상공인 몰락

[임대료 상승 요인]
1. 부동산 가격 상승
2. 상가개발업자들의 지나친 개발이익 추구
3. 상가건물임대차보호법령 제정과 시행
4. SSM(슈퍼슈퍼마켓)과 커피숍의 난립

첫째, 빈부격차 심화, 소비심리위축 등으로 내수부진.

둘째, 2002년도 이후 신용불량자 260만 명 소비자 이탈.

셋째, 대형할인점과 SSM(슈퍼슈퍼마켓)의 무분별한 진출로 인한 소상공인들의 몰락이 그것이다.

② 창업자의 고비용 요인

고비용의 주요인은 임대료 폭등이다. 2002년도의 임대료 폭등과 그 이후 지속적인 임대료 상승에는 크게 4가지 요인이 작용하고 있다.

첫째, 부동산 가격 폭등과 상승이다.

둘째, 상가개발업자들의 지나친 개발이익 추구에 기인한다.

상가개발자들이 부동산 가격 상승에 기대어서 미래의 상가 가격 상승분까지 분양가에 흡수, 고가로 분양하여 투자자들의 일정 임대소득과 창업자의 사업성을 근본적으로 불가능하게 한 것이 문제점이다. 이와 같이 상가개발자의 이익만 가져다주는 상가분양가 상승은 상가투자자나 창업자에게 전혀 도움이 되지 않는다. 한편, 신규 상가의 고임대료는 해당 상가만의 문제로 끝나는 것이 아니라는 데에 문제가 있다. 바로 기존 상가들의 임대료를 폭등시키는 견인차 역할을 하고 있기 때문이다. 기존 상가 임대료 폭등은 어떻게 하든 막아야 했다. 이는 이미 예견되었던 일이다. 뒤늦게 2018년 1월 28일 상가건물임대차보호법 시행령이 개정되면서 임대료 인상은 연 5%를 초과하지 못하도록 했지만 '사후약방문' 격이다.

셋째, 상가건물임대차보호법령이 임대료를 폭등시키는 악법 구실을 톡톡히 하였다.

① 상가건물임대차보호법의 제정과 시행시기 유예로 인해 2002년도와 2003년도 1년 사이에 상가임대료가 상상할 수도 없을 만큼 폭등(보통 30%에서 100%까지 폭등함)했다. 결국 이는 보호법이 악법(?)구실만 했다는 것을 방증하고 있다. 임대차보호법 제정(2001년 12월 28일 제정)과 동시에 바로 시행해야 했었던 것이다.

② 상가건물임대차보호법령이 적용되는 상가가 그다지 많지 않았다. 더불어 임대차보호법령의 시행 5년이 지난 2007년도 이후에는 오히려 임대료가 또다시 곳곳에서 폭등하였었다.

넷째, SSM(슈퍼슈퍼마켓)과 커피숍 등도 임대료 상승에 한몫을 하고 있다. 2008년도부터 부쩍 늘어난 SSM과 커피숍이 문제를 야기했다. SSM이 늘어나면서 소상공인의 매출 하락 등 직접적인 피해는 차치하고라도 임대료가 올라가는 데 큰 몫을 했었다. 커피숍 역시 마찬가지다.

창업시장의 침체를 해결하기 위한 방안

앞에서 살펴본 대로 창업자가 수익을 내려면 매출액을 올리든지 아니면 비용을 줄여야 한다.

매출액을 올리려면 내수가 진작되어야 한다

첫째, 빈부격차를 줄이고, 소비심리를 살려서 소비를 진작시켜야 한다.

빈부격차를 줄이고, 소비를 늘리기 위해서는 대출만기 연장 등 가계대출 부담을 완화해 줄 수 있는 방안의 검토가 필요하다. 고용창출 및 소득세율 인하 등 좀 더 과감한 세제지원을 통해 가처분소득을 늘리는 것도 동시에 진행해야 한다.

또한, 뚜렷한 해법이 없다는 문제가 있기는 하지만 내수 진작 대책을 세워야 한다. 이는 경기 활성화를 의미하는 것은 아니다. 경기 활성화의 결과물이 서민에게 오기까지는 많은 시간이 소요된다. 소자본 창업자들의 주고객은 서민이다. 서민이 살아나야 창업시장이 산다.

2018년도와 2019년도 들면서 2년에 걸친 최저임금 대폭 인상으로 인해 영세소상공인들이 폐업으로 내몰리고 있는 상황이다. 따라서 무엇보다도 중요한 것은 정부의 최저임금인상에 대한 속도조절이다. 애초 소상공인들의 입장에서는 정부의 '분별없는 소득주도성장'이 반가울 리 없다. 최저임금의 과도한 인상이 창업자들의 수익을 잠식하는 것은 불 보듯 뻔하기 때문이다. 정부가 한시바삐 이에 대한 해결책을 내놓아야 할 것이다.

다만, 최근 코로나로 인해 소상공인들에 대한 긴급자금지원이나 전 국민에게 재난기본소득지원 등을 결정한 것은 모처럼 적절한 대책이라고 할 수 있다. 현금보다는 상품권이나 카드를 주어서 일정 기간 내에 사용하게끔 유도한 것은 소비를 진작시키는 유용한 대책이다.

둘째, 2002년도 이후 신용불량자로 전락한 260만 명에 이르는 이탈된 소비자를 살려줘서 소비시장에 유입해야 한다. 형평성이나 도덕적 해이 문제는 그다음 일이다. 내수를 진작시키기 위해서 소비자를 창출하는 것만큼 확실한 대책은 없다. 하루빨리 시행하길 기대해 본다.

셋째, 대형할인점과 SSM(슈퍼슈퍼마켓)의 무분별한 진출을 막기 위해 허가제로 해야 한다. 특히 SSM이 골목까지 진출함에 따라 판매품목이 겹치는 슈퍼, 야채가게, 과일가게, 생선가게, 정육점 등 소상공인들의 피해가 이루 말할 수 없이 컸다. 때늦은 감이 없지 않지만 이에 대한 규제가 필요하다.

① 비용을 줄이기 위해서는 과도한 인건비를 낮춰야 한다

지금까지는 '인건비 문제는 자영업자 개인들이 알아서 할 일이고 또 실제로 장사가 안되면 안되는 만큼 저절로 조정이 되고 있기 때문에 논의의 대상이 되지 않는다.'고 하였다. 하지만 과도한 임금 인상으로 인한 인건비 과다 비중으로 소상공인들이 몰락하고 있다. 이에 대한 대책이 필요하다.

② 비용을 줄이는 것 중 그 으뜸은 임대료를 낮추는 것이다

임대료를 낮추는 데에 있어서 정부가 개입할 문제는 아니지만 임대료를

낮추어야 하는 당위성 등 분위기를 조성하는 데 있어서나 파급효과에 있어서나 정부만큼 힘을 발휘하는 곳은 없다. 2002년도의 임대료 폭등과 그 이후 지속적인 임대료 상승에는 크게 4가지 요인이 작용하고 있다. 바로 이를 시정해야 한다.

첫째, 부동산 가격이 하향 안정되어야 한다.

부동산 가격의 상승은 상가 가격의 상승(분양가 등)을 낳고, 상가 가격의 상승은 곧바로 임대가의 상승으로 이어진다. 부동산 가격의 안정 기조를 강조하는 당위성이 여기에 있는 것이다. 정부의 적극적인 부동산 대책이 있어야 한다는 것이다.

최근 코로나로 인한 소상공인들의 피해를 보전하고자 할인한 임차료의 50%를 지원하는 것도 그중 하나다. 다만, 할인을 해주는 상가임대인이 많지 않아서 파급력도 약하고 효과도 미미하다. 공연히 상가 임대인과 임차인 간의 간극만 더 유발시킨 것은 아닌가 한다. 차라리 코로나 19가 끝나는 시점을 정해 한시적으로 모든 소상공인들의 임차료를 일정 부분 보전해주는 방법이 훨씬 깔끔하고 합리적이지 않은가. 좀 더 적극적인 정부의 대책을 바라 마지않는다. 모래알처럼 적은 착한(?) 임대인의 선처만 바라보아서는 안 된다.

한편, 코로나 19의 지역 확산으로 매출 하락을 겪는 가맹점들이 늘어나고 있는 가운데 100여 개 가맹본부가 '착한 프랜차이즈' 행렬에 동참한 것은 매우 바람직한 일이다. 공정거래위원회에 따르면 '가맹본부들은 가맹수수료(로열티) 인하·면제, 식자재 지원, 광고·판촉 지원, 휴점 지원, 임대료 등 자금지원, 방역지원 등 다양한 방법으로 가맹점주를 지원하고 있다.'고 한다. 더불어 '가맹점주의 부담을 완화하는 착한 프랜차이즈에 대한 정책자금 지원(금리인하)이 가능하게 됐다.'고 했다. 정부의 지지부진한 대책에 비해 프랜차이즈업계가 발 벗고 나서고 있는 모습은 보기 좋다. 정부가 타산지석으로 삼아 하루빨리 대책을 세우고 집행하기를 기대해본다.

둘째, 상가개발업자들이 자발적으로 지나친 이익 추구를 버려야 한다. 상가 분양가가 떨어지지 않고 있는 이유 중에 가장 큰 요인은 상가를 개발하고 분양하는 개발자들에게서 찾을 수밖에 없다.

셋째, 상가건물임대차보호법령을 개정해야 한다(2018년 1월 26일 개정, 2018년 10월 16일 개정, 2019년 4월 2일 시행령 개정, 2020년 7월 31일 개정, 2020년 9월 29일 개정 및 2020년 10월 13일 시행령 개정 등). 상가건물임대차보호법령은 이제 제대로 임차인을 보호하게 되었다. 2002년에 상가건물임대차보호법이 제정된 지 18년이 흘러서 비로소 그 구실을 하기에 이른 것이다. 2020년 9월 29일 임대차보호법 개정의 주요 골자는 코로나 19로 인해 소상공인들의 몰락이 현실로 다가옴에 따라 소상공인들을 보호하기 위해 계약갱신 요구 등에 관한 임시특례를 둔 것이다. 하지만 이러한 법 개정이 실효적일지는 지켜볼 일이다.

① 2018년 10월 16일 상가건물임대차보호법 개정이 되면서 계약갱신 기간이 10년으로 늘어나서 그나마 임대료 상승을 둔화시키는 구실을 한다.
② 2019년 4월 2일에 상가건물임대차보호법시행령이 개정되었다. 주요 내용은 주요상권의 상가임차인 95% 이상이 법의 보호를 받을 수 있도록 '상가건물임대차보호법'의 적용범위를 정하는 기준인 보증금 상한액을 지역별로 대폭 인상한 것이다. 이제부터는 그동안 곳곳에서

일부 악덕 건물주의 과도한 임대료 인상과 점포 뺏기가 현저히 줄어들게 되었다.

넷째, 임대료 하향에 따르는 부수적인 해결방안이 있어야 한다.

영세자영업자의 부담을 줄이는 것으로 세금 감면이나 경감 등의 조치가 필요하다. 자영업자대책은 어느 한두 가지 정책으로서만 해결되는 것이 아니다. 물론 그렇기 때문에 종합적인 대책을 마련함에 있어서 정부가 곤혹스러울 수 있다. 부처 간의 협의가 있어야 가능한 것도 있고, 형평성의 문제도 대두될 수 있기 때문이다.

임대료 하향운동과 더불어 상가건물주에게는 그에 상응하는 혜택(세금 경감조치 등)을 줄 수 있을 것이다. 더불어 악덕 건물주에게는 세무조사 등을 실시하는 등 불이익을 주어 악행을 근절시켜야 하는데, 이의 실천을 위해서는 특별히 팀을 구성해 운영하는 방안 등이 있을 수 있다. 자영업자 문제가 심각하다는 것을 인식하고 해결하고자 기왕에 칼을 빼 든다면 약간의 저항이나 불협화음을 감수하고서라도 확실하게 휘둘러보기를 기대해 본다.

포스트 코로나 시대, 구체적인 지역경제 살리기

핵심 일자리 창출과 서민 대책

지역경제 살리기의 핵심은 일자리 창출과 서민 대책에 있다. 일자리 창출과 관련해서는 중소기업 지원에 의한 고용 창출 외에 소상공인의 몰락을 막는 등 소상공인의 지원을 통한 고용 창출도 매우 중요하다. 또한 귀농 귀촌 지원을 통한 일자리 창출도 있다. 귀농인과 소상공인 간의 판로망 연계 구축을 통해 귀농귀촌을 증진시키며, 판로망을 구축해 일자리를 창출하고, 나아가 SSM과 대형마트 등 대기업과의 경쟁에서 소상공인들의 경쟁력을 증진시켜 소상공인들의 자생력을 제고해야 한다.

귀농인과 소상공인 간의 판로망 연계

2020년 10월 현재 지방자치단체가 온라인으로 판매하는 지역특산물이 불티나게 팔리고 있다고 한다. 농가와 소비자가 직접 연결돼 좋은 품질의 물건을 싸게 구입할 수 있다는 입소문이 나면서다. 여기에 코로나 19 여파로 침체에 빠진 지역 경기에 힘을 싣는 '착한 소비' 운동이 더해지면서 '지자체 온라인 직판'이 새로운 유통문화로 자리 잡고 있다.

착한 소비란 상품 또는 서비스가 지닌 단편적인 가치뿐만 아니라 소비에 따르는 사회적 영향까지 고려하는 지출을 뜻한다. 지자체가 운영하는 직배송몰은 임대료 부담과 중간 유통마진이 없어 판매 가격이 시중가보다 낮다는 장점도 소비자들을 움직이는 주요 요인 중 하나로 꼽힌다. 이제 이러한 직배송몰 체계는 코로나 이후에도 지속되어야 한다.

이와 관련해 노동력이 있는 퇴직자 등 중장년층의 농어촌 귀향('귀농인'이라 칭함)을 정부차원에서 적극 지원하여 일자리를 창출해야 하는데, 귀농인의 유기농 제품을 판매하는 판로망을 구축하여 귀농인은 오로지 재배에만 신경 쓰도록 하고, 판매는 정부와 지방자치단체가 적극 추진하는 판로망을 통하는 것이다. 소비자에게는 믿을 수 있는 유기농제품을 공급하여 도시와 농어촌 간 균형 발전을 촉진하는 신모델이 될 수 있다.

판로망은 유기농 대형물류센터(신설 또는 현재 정부나 서울시 등 지방자치단체가 추진하고 있는 물류센터 이용), 지역마다 있는 전통시장을 활용한 지역 중소형물류센터, 그리고 동네 골목마다 있는 슈퍼·야채가게·과일가게·생선가게·정육점 등을 활용한 지역 밀착형 소형센터로 구분해 구축하면 가능하다.

이러한 판로망 구축은 SSM의 무분별한 진출로 인해 몰락의 길을 걷고 있는 중소형 슈퍼 등 소상공인들의 몰락을 뒤늦게나마 막을 수 있으며, 나아가 장기적인 소상공인 회생전략이 가능해져서 지역경제 살리기의 초석이 될 것이다.

이 같은 귀농 촉진과 판로망 구축 등은 일자리 창출효과가 있으며, 5만 개 이상 점포 회생이 가능하다. 점포주 가족과 중형점포 종사자 가족의 해체를 막는 중요한 문제이다. 더불어 코로나 19로 인한 소비 전환도 가능할 것이다. 즉, 대면소비를 비대면 소비로 전환하기 쉬워진다. 귀농인의 유기농 제품과 지역 특산물 등을 아우르는 종합쇼핑 공공플랫폼으로의 확대도 가능하다.

협업 시스템	지원계획	유관기관	기대효과
귀농인	○ '귀농인 자금 지원법' 제정 – 자금지원과 판매 지원	농림수산식품부	귀농귀촌 효과 배가, 2018년 5만 가구
	○ 지원법 제정 이전 협동조합기본법(2012년 1월 26일 제정, 2012년 12월 1일 시행)에 근거하여 귀농인 협동조합 구성하여 집중 지원	기획재정부	
귀농인 제품 대형 물류센터	○ 물류센터 등 개설 지원– 판로망 구축	행정안전부, 지식경제부, 중소벤처기업부, 서울특별시	
	○ 귀농인 유기농 제품(이력제) 전문 대형 물류센터 개설	○ 지식경제부 대형물류센터 개설 추진	○ 전국 소재 슈퍼 등 생필품 판매점포 5만 개 이상 활성화 가능, 소상공인들의 희망 제고 효과 지대할 것임
지역 중소형 물류센터	○ 지역마다 있는 전통시장 활용, 지역 중소형 물류센터 개설 또는 지방자치단체 중 일부 중소물류센터 활용	○ 지방자치단체 중 일부 중소물류센터 개설 – 행정안전부와 농림수산식품부 적극 지원 필요	○ 기존 입점 SSM 고사 가능
소형 센터	○ 동네 골목 슈퍼 등 생필품가게 소형센터로 전환하여 경쟁력 강화	○ 적극 컨설팅 필요	○ SSM 입점 저지 효과 * SSM 입점에 따르는 중소형점포 활성화 방안이 별도 계획

02 | 개별 상가를 살리기 위한 묘책

'소비자는 거리가 멀더라도 상권력이 좋은 곳(번성한 곳)에 가서 소비한다.'고 하였다. 상가투자 시에도, 부진 점포 살리기에도 이 기본 원리는 매우 중요하다. 단순히 업종전환이나 인테리어 또는 리모델링만으로 점포가 살 것으로 안다면 커다란 오산이다. 상권 전체가 죽으면 그 상권 내의 개별적인 점포도 죽기 때문이다.

그러므로 개별적인 점포 분석보다 우선해야 할 것은 바로 상권 전체를 분석하여 그 진단 결과에 따라 점포를 매도할 것인지, 업종전환을 시도할 것인지, 그도 아니면 리모델링을 할 것인지 등 적절한 해결책을 강구하는 것이다. 하지만 상권 전체가 무너져 있으면 이러한 시도가 모두 물거품이 될 수 있다. 점포를 살리려다 오히려 이중의 비용 부담을 떠안게 되는 우를 범하게 된다. 물론 상권 전체가 좋은데도 불구하고 개별적인 점포의 입지 등이 문제가 있을 경우에는 좀 더 쉽게 해결이 가능하다.

점포가 부진에 빠져 있으면 창업 단계에서부터 점포 경영에 이르기까지 제반사항을 재점검하고, 문제점을 발견해야 한다. 그리고 해결하기 위해 모든 노력을 쏟아부어야 한다. 재점검 사항은 다음과 같다. 상권과 업종의 적합성, 경쟁점포와의 경쟁력, 점포 관리의 적정성, 마케팅 전략의 적정성 등을 차례대로 재점검한다.

| 점포진단과 대책 |

구 분	진단 항목		진단 결과	대책
1단계 상권 입지와 업종의 적합성 재분석	상권 전체 재분석	상권 전체 활성화 여부	상권 전체가 부진한 경우	점포 매도 전략
	입지조건 재분석	상권이 좋은 경우, 개별 점포 입지와 업종의 적합성 분석	입지가 나쁜 경우	점포 매도 전략 또는 업종 전환
			입지는 적정한데도 업종이 부적합한 경우	업종 전환 재투자 필요시 매도 전략
2단계 경쟁점포와의 경쟁력 및 점포 부문별 분석	입지력	입지, 규모	경쟁력 상실	매도 또는 업종 전환
	상품력	품질, 가격, 수량 등	점포 입지는 좋은데도 경쟁력 상실의 경우, 점포 자체 문제점	활성화 전략
	경영능력	서비스, 마케팅 등		
	브랜드력	브랜드이미지		
2단계 진단결과 부문별 분석 (상품력 세부분석)	음식업	맛	점포 입지는 좋은데도 경쟁력 상실의 경우 상품력 문제점	상품력 개선과 차별화 전략
	판매업	상품		
	서비스업	서비스 질		
2단계 진단결과 부문별 분석 (경영능력 세부 분석)	점포 관리(직원 및 고객 관리), 마케팅 관리		점포 입지는 좋은데도 경쟁력 상실의 경우 경영능력의 문제점	경영능력 제고
점포진단 종합결론				

상권 입지와 업종의 적합성 재분석

상권은 모두 특성도 다르고 변화도 다르다. 앞에서 상권 분석을 강조하고 분석법을 설명한 것을 최대한 활용해야 상가 살리기가 가능하므로 상권 분석법을 다시 한번 숙독하기 바란다.

상권이 쇠퇴기에 있어서 부진한 경우

상권은 점포사업을 할 때 가장 중요한 요소이다. 따라서 상권의 활성화와 변화 여부를 꼼꼼히 재점검해야 한다. 처음 점포 구입 단계에서는 상권이 좋았다고 하더라도 추후 상권 배후지의 재개발·재건축이 있다든가, 대형 편의시설 등의 이전으로 상권이 쇠퇴기에 접어들고 있다면 이때는 즉시 점포를 매도하라. 이 경우는 더 이상 회생방법이 없다. 매도 전략은 뒤에서 항목을 달리하여 설명한다.

상권이 좋고 개별 점포 입지가 나쁜 경우

상권 전체는 좋은데도 불구하고 개별 점포 입지가 나쁜 경우에는 점포를 매도하는 것이 현명할 수 있다. 입지가 떨어지면 경쟁점포를 이기기는 어려운 것이 사실이다. 이때는 하루라도 빨리 매도 전략을 강구하는 것이 좋다.

물론 점포를 회생시킬 수 있는 유일한 방법이 있기는 하다. 상가를 대형화 또는 특화시키는 방법으로 동일 또는 유사 업종을 상가건물 전체에 입점시키는 것이다. '중대형점은 그 자체가 고객흡인력이 강하다.'고 한 것을 기억할 것이다. 따라서 대형점이라면 특화를 꾀해 멀리서도 차량을 이용하여 오도록 강구해야 한다. 하지만 특화를 위해서 메뉴 개발이나 업종을 전환하는 경우 투자비가 막대할 수 있다. 따라서 이는 매우 신중해야 한다.

또한 '동일 유사업종이 모여 있으면 시너지효과를 발휘해 고객을 끌어들인다.'고 업종별 창업핵심키워드와 입지전략에서 설명한 것을 상기하라. 각 입점 점포마다 차별화, 전문화로 승부하면서 상가 전체를 끌어올리므로 그 시너지효과는 대단하다. 물론 모든 업종이 시너지효과를 보는 것은 아니다. 이러한 전략을 구사할 수 있는 업종은 전문외식업과 선매품(여성의류 등 여성 관련 제품) 그리고 기술 서비스업이다. 전문외식업과 선매품, 기술 서비스업이 모이면 시너지효과를 발휘하는 것이다.

이러한 사례는 매우 많다. 유사 모델의 실제 사례를 보자.

- 용산 삼각지 대구탕 골목
- 신촌 상권에서 창서초등학교쪽 골목은 불과 2004년도 이전만 하더라도 C급지였으나 드럼통구이 전문점이 모여들면서 상가가 활성화되어 준 A급지로 변화했다. 물론 현재는 가격파괴 점포가 들어와서 드럼통구이집 모두 힘들게 하고는 있지만 말이다. (이렇게 가격 파괴를 하는 것은 결코 바람직한 현상이 아니다. 서로 죽기 때문이다.)
- 경기도 안산 중앙역 상권 내 곱창구이 특화골목
- 은평구 응암오거리 뼈다귀해장국 골목

상권 입지가 좋은데도 업종이 맞지 않은 경우

이때는 유사업종으로 변경이 가능한 경우와 다른 업종으로 변경해야 할 경우로 나누어볼 수 있다. 먼저 유사업종으로 변경하는 데에는 시설비가 별로 들지 않는다. 약간 수리하는 정도로 가능하다. 조명, 간판, 집기비용도 많이 들지 않는다. 주점에서 호프집으로, 갈빗집에서 칼국수전문점으로 변경하는 데는 불과 몇백만 원이면 가능하다. 이러한 경우는 즉시 바꾸라.

다른 업종으로만 변경이 가능한 경우에는 매우 심사숙고해야 한다. 창업할 때는 이런 점포의 경우 과감히 바꾸고 시설비 등의 투자도 해야 한다. 하지만 지금의 경우는 이것과는 다르다. 이미 장사를 하면서 부진의 늪에 빠졌기 때문에 시설을 새로이 할 여윳돈도 없거니와, 설사 돈이 있다 하더라도 주인이 바뀌지 않고 업종만 바뀌기 때문에 주위 고객들에게 그 전문성을 인정받기 힘들어 성공할 확률은 매우 낮다. 따라서 이때는 점포를 매도하는 것이 나은 방법이다.

경쟁점포와의 경쟁력 분석

애초에 경쟁점포를 파악하고 장사를 시작했지만 막상 부딪쳐보니 경쟁력에서 뒤지는 경우도 있고, 자기 점포보다 더 강력한 경쟁점포가 새로이 출현하는 경우도 있다. 어쨌든 경쟁점포와의 경쟁력을 점검하기 위해서는 먼저 입지와 점포 크기 등을 비교해야 한다. 입지와 점포 크기에서 경쟁점포보다 열위에 있다면 이때는 회생방법이 없다. 당연히 매도를 하는 것이 좋다. 만약에 입지나 점포 크기에서 동등 또는 우위에 있는 데도 경쟁력을 상실하고 있다면 이는 상품력이나 경영능력 그리고 브랜드력에서 뒤지고 있는 경우이다. 이러한 경우는 상품력이나 고객 서비스 등의 문제점을 개선하면 된다.

경쟁점포 평가 항목과 평가 잣대

입지조건 분석 시에 내 점포의 고객을 끊어 버리는 요인 중 중요한 또 하나의 변수가 바로 경쟁점포이다. 따라서 경쟁점포와의 경쟁력 우위를 지키는 것이 중요한데 경쟁력은 입지 우위에 있든 점포 규모 우위에 있든지 해야 한다. 물론 상품력이나 영업력(서비스나 마케팅 능력 등)이 중요한 경우도 있지만 모든 아이템에서 공통적으로 중요한 것은 바로 입지나 점포 크기가 우위에 있어야 한다는 점이다.

경쟁점포 평가항목으로는 입지력, 상품력, 영업력, 브랜드력이 있다. 업종의 특성에 따라 약간 수정 보완하여 사용하면 된다. 평가 결과는 어떻게 활용하여야 하는가. 경쟁력에서 확연하게 지고 있다면 당연히 피해야 한다. 더군다나 후발주자가 선발주자를 이긴다는 것이 쉽지 않은 현실에서 경쟁력이 없다면 애초에 피하는 것이 당연하다.

상품력 분석과 활성화 전략

사업장 규모나 입지 이외의 평가요소를 보라. 상품이나 영업체제 및 경영능력에 관한 것이다. 이는 노력하면 개선이 가능한 것이다. 즉, 상대적 우위에 있을 뿐이다. 상품이나 영업체제 및 경영능력이 우월하다고 경쟁력이 있다고 착각하지 말기 바란다. 상대방도 똑같이 개선한다면 경쟁요소 중 남는 것이 무엇이겠는가. 때문에 노력으로 되지 않는 입지나 점포 규모를 경쟁력의 중요한 잣대로 삼는 것이다.

경영능력 분석과 활성화 전략

점포 관리 적정성 점검

점포 관리나 마케팅 전략은 점포 내부요인이다. 점포 관리란 무엇인가?
직원 관리, 상품 관리, 고객 관리, 자금 관리 등이므로 이를 다시 한번 차례
차례 점검하여 개선하라. 고객의 입장에서 불쾌한 서비스가 부지불식간에
장기적으로 지속되고 있는 것은 아닌지 점포의 외관이나 내부 등을 수시로
체크하라.

마케팅 전략 적정성 점검

상권 입지와 업종의 적합성이나 점포 관리에 있어서 모두 문제가 없는데
도 점포가 부진하다면 이것은 마케팅 전략이 잘못된 것이다.

점포가 위치하고 있는 상권이나 취급하는 업종에 맞지 않는 마케팅 전략
을 구사한 것이 아닌지 재점검해 보아야 한다. 어떻게 해야 상쾌한 매출로
이어질 수 있는지 마케팅 요소를 업그레이드하고 강화해야 할 것이다.

03 | 상권 확장 전략으로 상가 살리기

개별 상가 하나하나를 살리다 보면 결국은 상권 전체가 살아나기도 한다. 개별 상가를 살리기는 앞에서 설명한 대로다. 하지만 상권 확장을 해서 좀 더 상권의 범위를 넓힐 필요가 있다.

상권 확장이란 점포의 상권 범위를 더욱더 넓혀 나가는 것을 말한다. 여기에는 더 큰 범위 내 거주하는 지역 주민들과 관광객들이 차별화를 믿고 찾아오게 하는 방법이 있으며, 소비자들에게 배달을 해주는 방법, 그리고 드라이브스루 등 세 가지 방법이 있다.

'차별화'로 소비자들이 찾아오게 하는 방법

소비자들이 찾아오게 하는 방법으로는 앞에서 설명한 골목상권 살리기와 대형화 등이 있다. 물론 그 지역의 특산품이나 그 지역을 대표하는 상품을 개발하는 것도 차별화이다. 여기서는 차별화 전략으로 판매품목 개발

(메뉴 개발)이나 판매품목 구성(메뉴 구성, 데코레이션)을 잘해서 극복해 나가는 방법에 대해 실제 사례를 들어 설명하기로 한다.

1998년도 이전만 해도 '여성'이란 키워드는 여성과 직접 관련 있는 품목만으로 인식을 하였다. 1999년도 이후 여성과 직접관련이 없는 품목도 여성을 소비자로 하는 방향으로 업그레이드한 결과 큰 성공을 거두었다. '뼈다귀해장국'이나 '쪼○쪼○맥주전문점'을 보라. 대성공의 핵심 바로 '여성'을 공략한 데에 있었다.

예전에 뼈다귀해장국이나 호프집의 주고객은 모두 30~40대 이상 남성들로 한정되어 있었다. 여기에 착안하여 여성고객을 늘리는 데 초점을 맞춘 것이 대성공을 낳았던 것이다. 여성은 무엇에 약한가. 바로 분위기의 차별화와 깔끔한 메뉴, 이 두 가지에 있다. 칙칙했던 실내를 깔끔한 인테리어로 바꿔 분위기를 일신하고 여성이 좋아할 만한 맛(깊은 맛을 깔끔한 맛으로)과 메뉴로 구성하였던 것이 주효했다. 이것이 차별화이다.

메뉴 구성과 데코레이션을 여성에 맞추어서 실행하여 대성공을 거둔 사례는 매우 많다. 몇 년 전에 대유행했던 '○○○ 보쌈전문점'이 그랬다. 물론 그곳은 메뉴 구성뿐만 아니라 상호에서도 여성의 심리를 활용한 측면이 있다. 여러분은 '접시꽃'이라고 하면 어떤 느낌이 오는가. 무언가 '아련함'이 부지불식간에 들지 않는가. 바로 이러한 느낌을 상호에 접목하였던 것이다. 더불어서 메뉴구성 역시 해산물로 접시를 둘러싸고 문어를 데쳐서 접시꽃처럼 중심부를 데코레이션하여 내놓았다. 기대대로 대성공을 거두었다. 중장년 여성들의 심장을 건드린 것이다. 다만, 오래가지 못한 것은 데코레이션에 지나치게 치중한 나머지 음식의 기본인 맛이 형편없었던 데에 기인한다.

창업 성공을 바라본다면 모든 업종에 걸쳐서 품목의 기본에 충실하되 반드시 데코레이션을 신경 써야 한다. 이것이 차별화 전략이다. 소비자들이 찾아오게 하는 확실한 방법이다.

소비자들에게 '배달'해주는 방법

최근 코로나 19 확산으로 비대면 소비가 급증하는 가운데 외식업계를 중심으로 매장에 방문할 필요 없이 언제 어디서든 편하게 즐길 수 있는 딜리버리 서비스가 더욱 주목받고 있다.

지금까지 배달전문 앱은 '요○○' '배달의○○' 등 두 업체가 대표적이었는데, 합병으로 인해 독과점 형태를 띠게 되었다. 두 업체의 합병으로 인해 변경된 수수료 체계가 2020년 4월 1일 발표되었는데, 울트라콜 월 88,000원 정액제를 오픈서비스 5.8% 정률제로 바꾼 것이 그 내용이었다. 이번 오픈서비스 방식을 도입하기 전 배달의○○은 울트라콜과 오픈리스트 두 가지 방식을 사용해왔다.

울트라콜은 월 정액을 내고 매장을 홍보하는 방식이다. 자본력을 가진 업체가 다수의 광고비를 집행해 '깃발 꽂기'를 하는 부작용이 있었다. 오픈리스트는 음식 카테고리 상단에 3개 업체를 무작위 노출하는 방식으로 6.8%의 수수료가 부과됐다. 배달의○○측은 울트라콜을 한 업체당 3개로 제한하고, 오픈리스트를 오픈서비스로 개편해 주문 성사 시 5.8%의 수수료를 부과하기로 했다.

하지만 정액제에서 정률제 중심의 이번 변경에 대해 소상공인과 자영업자들은 수수료 부담이 기존보다 늘었다는 문제를 잇달아 제기했다. 언론을 통해 비판적 기사가 쏟아지고 배달의○○ 앱 대신 전화로 주문하는 '착한 소비' 운동이 일어나기도 했다. '수수료 3배 인상' 이외에 어떠한 변명도 의미가 없다는 각계각층의 비난을 받다가 결국에는 수수료 인상 철회를 결정하게 되었다. 현재 배달앱 1위와 2위 업체의 기업결합 심사를 하고 있는 공정거래위원회가 '수수료 인상을 잘 살펴보겠다.'고 밝힌 점도 새 수수료 방식을 포기한 배경이 된 것으로 여겨지고 있다.

시장 질서를 선도해가야 하는 업체들의 이러한 행위는 비난받아 마땅하다. 그래서 공공 배달 앱에 대한 사회적 관심이 뜨겁다.

한편, 배달이 상권을 확장시키는 장점이 있는가 하면, 오히려 동 업종끼리의 경쟁을 부추기는 역효과를 낳고 있기도 하다. 특히 전문 배달 앱으로 인해 경쟁이 더욱 심화되고 있는 것 또한 사실이다.

드라이브스루 판매

세계 최초로 도입한 드라이브스루 검사 방식은 '코로나 바이러스 검사 속도가 빠르고 전파 위험은 낮다.'는 극찬을 받으며 전 세계적 방역 모델로 떠올랐다. 더불어 음식점에서도 드라이브스루를 적극 활용해서 판매부진을 극복하고 있다.

드라이브스루는 1921년 미국 텍사스주 패스트푸드점 '커비스 피그 스탠드Kirby's Pig Stand'가 세계 최초로 도입했고, 한국에는 1992년 맥도널드가 부산 해운대점에서 처음 선보였다. 그동안 드라이브스루는 햄버거·치킨 등을 파는 패스트푸드 매장이나 커피 전문점에서 볼 수 있었을 뿐 다른 업종에서는 흔하지 않았다. 저렴하고 대중적이라는 인식 때문에 고급 음식점에서는 도입을 꺼렸으며, 추가 비용과 인력이 만만찮게 든다는 어려움도 있다.

배달 서비스가 워낙 오래전부터 뿌리내린 데다, 소비자들도 익숙하지 않아 불편해하는 경우가 많았다.

하지만 코로나 사태가 모든 걸 바꿔놓았다. 많은 사람이 모이는 장소에 가기 꺼리던 이들이 이제는 '배달도 불안하다'며 드라이브스루 매장을 찾아가 음식이나 물건을 직접 받기를 선호하기 때문이다. 최근, 코로나 감염을 방지하기 위한 비대면 소비 수요가 늘면서 '드라이브 스루'를 활용하는 매장들이 업종불문하고 늘어나고 있다.

공공 배달 앱과 드라이브스루 활용

공공 배달 앱 활용

경기도가 배달앱 1위 업체인 '배달의○○'의 수수료 부과 방식 변경에 대해 독과점의 횡포라고 비판한 데 이어 공공 배달앱 개발 방안을 제시하며 즉각적인 대응에 나섰다. 군산 시장과 경기도 지사는 4월 9일 경기도청에서 '배달의 명수' 기술자문과 상표 무상사용을 위한 업무협약을 체결했다. 이날 협약에 따라 양측은 공공 배달 앱 기술자문과 상표 무상사용에 관한 사항과 협력내용을 효율적으로 추진하기 위해 실무협의체를 구성하기로 약속했다.

군산시가 전국 최초로 개발해 운영하고 있는 공공 배달 앱 '배달의명수' 인기가 천정부지로 치솟고 있다. 군산시 성공사례를 배우기 위한 전국 자치단체들의 문의도 줄을 잇고 있으며, 벤치마킹을 위해 도움을 청한 곳도

4월 20일 현재까지 100곳을 훌쩍 넘겼다.

이처럼 '배달의명수' 홀릭에 빠진 이유는 민간 배달 앱과 달리 이용 수수료와 광고료를 한 푼도 낼 필요가 없기 때문이다. 배달의명수가 톡톡한 효과를 보고 있는 이유는 코로나 19 사태가 장기화되면서 배달문화가 급격히 확산됐기 때문이다. 여기에다 국내 최대 배달앱 수수료 인상에 반발하는 소상공인과 이에 동조하는 시민들의 이용이 늘면서 전국적인 성공사례로 자리 잡을 수 있었던 것이다.

배달의명수 앱을 활용하면 가맹점들은 업소당 월 평균 25만 원 정도를 절약할 수 있으며, 소비자들은 '군산사랑 상품권'으로 결제할 수 있어 실질적으로 음식값을 10% 할인받는 셈이 되며, 공공 배달 앱을 이용함으로써 지역 경제 살리기에 동참하는 것이 되어 이중의 자부심을 갖게 되는 장점이 있다.

소비자들은 앞으로 이러한 공공 배달 앱을 적극 활용하는 지혜가 필요하며, 지방자치단체들은 적극적으로 공공 배달 앱 개발과 운용을 해나가야 할 것이다. 지역 영세상권의 자생기반 마련을 위해 시작된 군산시 공공배달앱 '배달의 명수'는 지역 특산물 등을 아우르는 종합쇼핑 공공플랫폼으로 확대될 예정이다. 이러한 적극적인 지방자치단체의 디지털 지역경제 플랫폼 구축과 운용 계획이 용두사미가 되어서는 절대 안 된다.

드라이브스루의 활용

코로나 감염을 방지하기 위한 비대면 소비 수요가 늘면서, 드라이브 스루로 불리는 '승차 구매' 주문이 급증하고 있다. 한국은 지금 '드라이브스루drive-through' 선진국으로서, 패스트푸드점이나 커피 매장을 넘어 호텔·수산시장·편의점·백화점 등으로 영역이 확장되고 있다. 지자체에서 후원물품을 전달하거나 학교에서 교과서를 배포할 때도, 도서관에서 책을 빌리거나 심지어 군 입대에도 드라이브스루 방식이 도입되었다.

고급 이미지가 특히 중요한 특급 호텔 중에서는 서울 ○○호텔이 처음으로 드라이브스루를 2020년 3월 19일 도입했다. 전화나 인터넷 홈페이지, 네이버 예약 페이지를 통해 원하는 품목에 따라 최소 1시간 30분~2시간 전 선택·결제하고 정해진 시간 호텔 앞에 차를 세우면 호텔 내 중식·일식·양식·뷔페 매장 인기 메뉴 중에서 손님이 선택한 품목으로 채운 도시락을 직원이 들고나와 건네준다. 코로나 사태 이후 드라이브스루에 대한 인식이 크게 좋아진 탓이다.

서울 노량진수산시장은 18일간 드라이브스루 회 판매를 진행했다. 코로나 이후 100만 원에서 30만 원으로 떨어졌던 가게 한 곳당 하루 매출이 드라이브스루 도입 후 60만 원으로 회복됐다고 했다. 드라이브스루 도입을 통한 홍보 효과가 상당하다는 말이다. 고급 음식점들도 드라이브스루를 도입하고 있다. 드라이브스루와 픽업 서비스는 어차피 가야 될 방향이고, 코로나는 단지 그 속도를 앞당겼을 뿐이라는 것이다.

"소자본으로 창업하기 어렵다."고 말한다. 당연하다. 장사를 해서 성공할 확률은 10~20%밖에 되지 않는다. 더욱이 지금과 같은 불경기에는 성공확률이 더 낮을 수밖에 없다.

그럼에도 불구하고 여전히 성공하는 점포들이 있다. 아무리 여건이 좋지 않아도 소비시장이 어떻게 변화하는지를 읽고 그에 맞춰 창업한다면 성공할 수 있는 길이 열려 있다는 것이다. 이때 성공한 점포주에게는 고민 아닌 고민이 생긴다. 실패의 위험을 무릅쓰고 창업하여 성공했는데, 그 조그만 성공에 안주할 것인가 말 것인가 고민이 되는 것이다.

돈을 벌면 사업을 더욱 확장하고 싶어진다. 하지만 사업 확장은 매우 신중히 검토하고 계획을 세워 추진해야 한다. 고객이 많아지면 현재의 점포를 확장해야 좋은 업종도 있고, 아예 다른 곳에 점포를 하나 더 내는 것이 나은 업종도 있다.

한편, 영업부진이 계속되는 경우도 있다. 상권 입지와 업종의 적합성 점검, 경쟁점포와의 경쟁력 점검, 점포 관리 적정성 점검, 그리고 마케팅 전략의 적정성 점검을 통하여 부진점포의 활성화를 강구하였는데도 불구하고 영업부진이 계속되는 경우가 창업 현장에서는 비일비재하게 벌어진다. 이 때에 이러한 난국을 어떻게 대처하느냐에 따라서 명암이 갈리는 것을 흔히 볼 수 있다. 사실 창업의 전 과정을 통틀어서 가장 결단력이 요구된다고 해도 과언이 아니다. 창업을 결심하고 준비를 거쳐서 창업할 때에 어느 누가 실패하고 싶었겠는가. 모든 창업자들이 막연하게 두려움을 가지고는 있었지만 실패가 눈앞에 현실로 나타났을 때 정면 돌파를 시도하기보다 현실을 인정하기 싫어서 애써 외면하려 하는 것은 인지상정이다. 그래서 차일피일 미루고 우물쭈물하다가 그만 업종 전환이나 매도시기를 놓쳐서 실패에 따르는 비용을 최소화할 수 있었음에도 불구하고 그만 완전히 망하는 경우가 많다.

창업과정에서 최소비용으로 최대효과를 보려고 각종 노력을 했던 것처럼 이제 그 마무리도 깔끔한 정리가 필요하다. 비록 창업실패로 귀결되고 말았지만 그 마무리를 어떻게 하느냐에 따라서 완전 실패자로 남을 것인지 아니면 더 큰 성공자로 가기 위한 하나의 과정이었는지가 가름된다. 점포의 업종 전환이나 매도 전략이 필요한 이유가 여기에 있다.

점포 확장과 다점포 전략

사업을 확장할 때는 상권력과 투자 대비 수익성, 점포주의 매출 영향도, 직원 관리의 용이성 등을 아울러 검토하여 확장 전략을 종합적으로 수립하되, 투자 대비 수익성이 비슷하다면 점포주의 매출 영향도와 직원 관리의 용이성을 기준으로 하여 확장 전략을 세워야 한다. 즉, 점포 자체를 확장할 것인지 아니면 다른 곳에 지점을 더 낼 것인지(다점포 전략)가 달라야 한다는 것이다.

일반적으로 음식점 중 전문음식점은 지점보다는 현재 점포를 확장하는 편이 더 낫다. 전문음식점은 주인에 의해 영향을 많이 받는 업종이다. 특히 전문음식점은 그 고유의 맛과 청결성 및 서비스 때문에 주인의 영향이 크다. 따라서 이런 경우에는 지점보다는 현재 점포를 확장하는 것이 좋다. 지점을 낼 경우 관리가 쉽지 않기 때문이다. 동일한 맛을 유지할 수 있는 가맹점 같은 경우에는 무방하지만 말이다.

분식점 등 패스트푸드의 경우에는 전문음식점보다는 한결 관리가 쉽다. 따라서 일반음식점은 점포 확장보다 지점을 내는 것이 더 나은 경우가 많다. 또한 판매업은 비교적 지점을 내기에 좋다. 주인의 영향을 비교적 덜 받는 업종인 판매업은 직원을 교육시키는 것으로 점포 관리가 가능하기 때문이다. 하지만 서비스업은 아이템마다 각기 다르다. 기술 위주의 서비스업은 점포주의 영향을 많이 받는 업종이므로 점포 자체 확장이 낫고, 시설 대여업은 특별한 기술을 요하는 아이템이 아니므로 다점포 전략이 가능하다.

물론 점포 자체의 확장이냐 아니면 지점을 더 내느냐의 판단을 점포주의 영향도만 가지고 따질 수는 없다. 그 점포가 속하는 상권의 규모에 따라서도 다를 수밖에 없다. 즉, 전문음식점이 잘 되어 확장할 때에 상권의 규모가 작아서 더 이상 고객이 늘어날 여지가 없다면 이때는 점포 자체의 확장이 의미가 없다. 오히려 다점포 전략을 강구해 다른 상권에 지점을 내는 것이 나을 수도 있다. 이처럼 판단기준은 일반적으로 점포주의 매출 영향도와 상권 규모를 판단하여 결정하면 된다.

업종 전환과 매도 전략

① **업종전환** : 상권이 좋아도 입지가 나쁠 때
　　　　　　　상권 입지와 업종이 맞지 않아 유사업종으로 변경이 가능할 때
　　　　　　　경쟁점포와의 경쟁력 상실 때

② **점포의 매도** : 쇠퇴기 상권일 때
　　　　　　　상권이 좋아도 입지가 나쁠 때
　　　　　　　상권 입지와 업종이 맞지 않아 타업종으로 변경해야 할 때
　　　　　　　경쟁점포와의 경쟁력(입지력) 상실 때
　　　　　　　적자가 3개월 이상 누적되었을 때

업종 전환

상권이 좋아도 입지가 나쁜 경우나 상권 입지와 업종이 맞지 않아 유사업종으로 변경이 가능할 때, 그리고 경쟁점포와의 경쟁력 상실 때 업종을 변경한다. 업종 전환을 시도하는 궁극적 이유는 유동하는 고객의 시선을 붙잡는 점포의 요소가 현저하게 떨어져 평균매출액의 지속성을 유지하기 어렵고, 경쟁우위를 사수하기 힘들기 때문이다.

고객이 점포를 이용할지 말아야 할지 결정하는 시간은 불과 5~6초 내외인데 간판이나 외관의 컬러나 분위기가 고객의 입장에서 식상해졌거나 소비하려는 마음을 충동적으로 사로잡지 못한다면 이만저만한 손해가 아닐 수 없다. 이때 유의해야 할 것이 있다. 유사업종으로의 변경은 좋다. 시설비 등의 부담이 적기 때문이다. 하지만 시설을 다 바꿔야 하는 다른 업종으로의 변경은 그다지 권장할 만한 것이 못 된다. 최후의 순간에는 시설비가 커다란 실패를 안겨주게 되기 때문이다. 그래서 이때는 매도하는 것이 더 나을 수 있다.

물론 타 업종으로 변경하지 않으면 성공길이 요원하고, 그 점포 입지에 딱 맞는 업종이 있다면 과감히 변경해야 하겠지만 말이다. 이것도 고객의 심리를 충분히 검토한 후에 해야 한다. 즉, 점포 주인이 바뀌지 않은 상태에서의 업종 변경은 고객들에게는 좋지 않은 요소로 작용한다. 점포의 겉모습만 바뀌고 변했을 뿐 서비스 수준은 그대로여서 고객에게 기대감이나 만족감을 주지 못한다면 업종 전환은 비용만 투자됐을 뿐 수익성 측면에서 양화가 아닌 악화일 수도 있다는 것을 염두에 두어야 한다.

점포 매도 전략

쇠퇴기 상권일 때에는 조만간 망하게 되리라는 것이 불 보듯 뻔하다. 상권이 좋아도 입지가 나쁜 경우나 경쟁점포와의 경쟁력(입지력) 상실 때 역시 조만간 같은 처지에 놓이게 된다. 이때는 업종 전환보다는 매도를 하는 것이 현명한 처사이다. 유사업종으로의 변경도 안 되기 때문이다. 그리고 적자가 3개월 이상 누적되었을 때 역시 과감히 매도 전략을 강구해야 한다.

점포를 매도할 경우 몇 가지 유의할 사항이 있다.

① 이미 실패는 기정사실로 받아들이고 그다음을 생각하는 자세가 필요하다

그래야 매도 시에 항상 걸림돌로 작용하는 '권리금'에 대하여 대범해질 수 있다. 포기할 때는 과감히 포기하는 결단이 필요하다.

② 인터넷이나 생활정보지 게재는 매수자를 찾기 위한 목적으로 활용해야 한다

인터넷이나 생활정보지 이용은 꼭 필요한 매수자를 찾기 위한 목적이다. 때문에 2주 게재 후 2주 끊고, 다시 같은 방법으로 게재하는 것이 효과면에서 좋다.

③ 부동산 중개업소 이용은 1~2군데로 적게 하는 것이 효과적이다

당연히 믿을 수 있는 중개업소라는 전제하에서 말이다. 좋지 않은 매물은 그 일대의 모든 부동산 중개업소에 매물로 등재되어 있는 경우가 흔하다. 좋은 매물은 1~2군데 이상 매물로 내놓지 않는다.

④ 직원에게는 비밀로 하는 것이 좋다

점포를 매도하려는 것을 직원이 알게 되면 아무래도 점포 운영이 어려워진다. 당연히 매도에 악영향을 미칠 확률이 높아진다는 점을 유념하기 바란다. 물론, 끝까지 직원에게 비밀로 하라는 것이 아니다. 점포 권리양도 계약이 이루어지기 전까지 비밀로 하고 계약 이후에는 즉시 알려서 직원들의 장래를 고려해 주어야 한다.

'실패를 자양분 삼아 결점을 극복하고 재기하는 과정은 그 결실보다 더 소중하다.' 설령 사업이 부진하더라도 깔끔한 마무리, 업종 전환과 매도 전략으로 더 큰 성공을 이루어나가기를 바란다.

가장 불행한 경우는 업종 전환이나 점포 매도도 어려운 경우이다.

돈을 벌어 사업을 확장해 나간다면 얼마나 좋겠는가. 하지만 정반대의 경우도 많이 발생한다. 보증금 이외에는 시설비, 권리금도 받지 못하고 망해 나가는 경우이다. 이것이야말로 가장 비극적인 사태이다. 더구나 이러한 일은 미리 막을 수도 있는 것이기 때문에 더욱 안쓰럽다. 점포 폐업을 문만 닫으면 끝나는 것으로 착각해서는 안 된다. 점포 폐업에 따르는 제반절차도 알아야 하며, 부동산과 세무분야도 알고 있어야 피해를 보지 않는다.

하지만 아무리 알고 폐업을 해야 피해를 입지 않는다고 해도, 각종 시설비와 집기비용은커녕 권리금도 챙기지 못하고, 말 그대로 폭삭 망해 나가는 상황에 놓이면 아무것도 보이지 않는 게 일반적이다. 모든 게 귀찮을 수 있다. 이때는 어떠한 좋은 말도, 이로운 이야기도 귀에 들어오지 않는다.

인생에서 가장 중요한 것은 자신이 획득한 것을 자본으로 하는 게 아니다. 그런 것은 누구라도 할 수 있다. 참으로 중요한 것은 자기의 실패로부터 교훈을 이끌어내고 취득해내는 것이다. 냉정하게 처한 입장을 재정리하고 차근차근 피해를 줄이는 전략을 강구해야 한다.

과도한 임대료 상승과 내수 부진, 여기에 코로나 19와 같은 전 세계적인 전염병 확산으로 인한 불경기 심화로 인해 창업시장이 몰락으로 이어지는 상황에서는 어쩔 수 없이 폐업을 고려할 수밖에 없는 상황에 처해진다. 이때에 국가에서 소상공인에게 무료로 컨설팅을 해주는 제도 중 하나인 희망리턴패키지(www.hope.sbiz.or.kr) 사업을 이용하는 지혜가 필요하다.

희망리턴패키지 사업은 폐업 단계와 폐업 이후 단계로 구분된다.
폐업 단계에는 사업정리 컨설팅과 점포철거 컨설팅(철거비 최대 200만 원 이내 지원) 및 재기교육 등을 지원한다.
폐업 이후 단계에는 취업성공패키지(최대 200만~300만 원) 추천서 발급 및 전직장려수당(최대 100만 원) 지급 등을 지원한다.

자세한 내용은 저자를 포함한 사업정리 컨설턴트나 중소벤처기업부(구 중소기업청) 산하 소상공인시장진흥공단 희망리턴패키지(전화 : 1357)에 연락해서 알아보기 바란다.

박경환의 한누리창업연구소

한누리창업연구소는 소자본 점포 창업 전문 컨설팅업체로, 점포 개발에서부터 업종분석 및 경영에 이르기까지 완벽한 성공 창업을 이끌고 있습니다.

특히 상권 분석과 권리금 분석 및 A급 점포 개발 분야에서 타의 추종을 불허하는 독보적인 권위를 자랑하고 있습니다. 여러분의 점포 창업을 성공으로 이끌어 드리는 가장 믿음직한 길잡이가 되도록 더욱 노력할 것을 약속드립니다.

언제든지 문을 두드리십시오.

【컨설팅 및 강좌 안내】

컨설팅	강좌
❖ 상권 분석과 입지조건 분석 　　출장 상담(조사) ❖ 시장조사 및 사업타당성 조사 ❖ A급 점포 개발, 추천 ❖ 창업 전반에 관한 상담 ❖ 부진한 점포 진단 및 해결	❖ 상가 전문가 양성 과정 ❖ 창업 전문가 양성 과정 　－ 상권분석과 입지조건 분석 　－ A급 점포개발 전략 및 권리금 분석 ❖ 일반 창업과정 　－ 상권·입지조건 분석과 업종 분석 　－ 권리금 분석과 A급 점포 판별법 　－ 계약과 개업 실무

【컨설팅 및 강좌 문의】

Tel : (02) 815-4474

H.P. : 010-7751-7455

홈페이지 : www.hannuri119.co.kr/www.changupcafe.co.kr

상가 평가 분석사 양성 과정

○ 과정세부내용

일차	모듈	시간	세부주제	학습진행 내용	강사	학습방식
1	1. 상권 평가분석 전망과 이해	10:00~11:00 (1시간)	오리엔테이션	① 개강식 ② 교육과정 안내 ③ 교육생 자기소개	교육팀/박경환 소장	교류
		11:00~13:00 (2시간)	부동산과 상가시장 및 창업시장 전망	① 창업의 핵심과 입지 ② 부동산시장 전망 ③ 상가시장 전망 ④ 창업시장 전망과 이해 ⑤ 상권 및 입지분석의 이해	박경환 소장	강의/사례
	2. 상가상권 평가분석(1)	14:00~17:00 (3시간)	업종별 핵심 키워드와 입지선정전략/상권분석시스템 활용 방법	① 업종별 소비자분석에 따른 입지선정 ② 업종별 핵심 키워드 ③ 업종별 경쟁과 보완 및 입지선정 전략 ④ 동선조사가 필수인 아이템과 상권분석시스템 이용방법 ⑤ 주거지와 상업지의 차이 ⑥ 중대형점과 중소형점 분석방법	박경환 소장	강의/사례/실습
2	3. 상가상권 평가분석(2)	10:00~13:00 (3시간)	실전 상권 평가분석	① 전체 분석이 핵심인 상권분석 ② 상권과 지형지세 ③ 유동인구 조사 요령 ④ 흘러가는 유동인구와 대책	박경환 소장	강의/사례
	4. 상가상권 평가분석(3)	14:00~17:00 (3시간)	실전 입지조건분석과 출점전략 프로세스	① 개별 점포 분석이 핵심인 입지조건 분석 ② 점포 조건 평가 및 권리분석 ③ 실전! 주택지, 아파트단지 상권분석 ④ 프랜차이즈 가맹점 출점전략 프로세스의 이해	박경환 소장	강의/사례
3	5. 상가상권 평가분석(4)	10:00~13:00 (3시간)	상권분석시스템 활용과 예상매출액산정 기법	① 상가임대차보호법과 가맹사업거래법 이해 ② 상권분석시스템 활용과 매출액 예측 기법 ③ 상권/입지단계별 임대가/권리금 산정법	박경환 소장	강의/사례
	6. 상가상권 투자전략	13:00~17:00 (3시간)	상가투자공략법과 상가건물 적정업종 구성	① 상가투자 공략법 ② 주택지 상권 A급지 공략 ③ 신도시 상권 A급지 공략법 ④ 사양업종과 유행업종/ 유망업종 ⑤ 상가건물 적정업종 구성 ⑥ 상가규모별/층별 업종구성	박경환 소장	강의/사례
4	7. 점포개발 보고서 사례연구	10:00~15:00 (4시간)	점포개발보고서 사례연구 및 현장실습	① 예상매출액산정에 관한 표준양식에 근거한 실제 점포개발보고서 사례 연구 ② 현장상권분석실습 ③ 직접 개발한 점포/상가 분석 ④ 역세권이나 주택지상권 분석	박경환 소장	강의/사례/현장
	5. 상가 활성화전략 수립	17:00~18:00 (2시간)	부진점포진단과 활성화전략	① 경영진단의 이해 ② 부진점포진단과 대책 ④ 수료식	박경환 소장	강의/사례

어디서 어떤 장사를 해야
돈을 벌까

초판 1판 1쇄 인쇄일 2020년 10월 28일   초판 1판 1쇄 발행일 2020년 11월 5일
지은이 박경환
펴낸곳 (주)도서출판 예문   펴낸이 이주현
등록번호 제307-2009-48호   등록일 1995년 3월 22일   전화 02-765-2306
팩스 02-765-9306   홈페이지 www.yemun.co.kr
주소 서울시 강북구 솔샘로 67길 62(코리아나빌딩) 9F

ⓒ 2020, 박경환
ISBN 978-89-5659-387-6 (13320)